Ao.Univ.-Prof. Dr. Michael Trimmel

Allgemeine Psychologie

Motivation

Emotion

Kognition

Unter Mitarbeit von
Mag. Gabriele Gmeiner
Mag. Eva-Maria Vouk

Facultas Verlags- und Buchhandels AG

Bibliografische Information Der Deutschen Bibliothek

Die Deutsche Bibliothek verzeichnet diese Publikation in der Deutschen Nationalbibliografie;
detaillierte bibliografische Daten sind im Internet über http://dnb.ddb.de abrufbar.

Umschlaggestaltung: Haller + Haller
Druck: Facultas AG
Printed in Austria
ISBN 3-85114-806-1

Inhaltsübersicht

Inhaltsverzeichnis

10

Vorwort

Als ich gebeten wurde, die Allgemeine Psychologie 4 zu lesen, erfüllte mich das mit dem Gefühl der Heimkehr zu einem mir sehr vertrauten Gegenstand. Hatte ich doch bereits als Student in den 70er Jahren ein 2-bändiges und dann 5-bändiges Skriptum zu der von Giselher Guttmann gelesenen Allgemeinen Psychologie erstellt, welches jahrelang als Lernunterlage verwendete wurde.

Mit dem vorliegenden Beitrag soll dem Studienanfänger, bzw. den Studierenden im Grundstudium, ein Überblick über die Bereiche der Motivation, Emotion und vor allem der Kognitiven Psychologie gegeben werden. An manchen Stellen konnte deshalb nicht weiter in die Tiefe gegangen werden, weil damit eben dieser Rahmen gesprengt worden wäre. Andererseits sollte so viel Tiefgang vermittelt werden – im Gegensatz zu manchen US-amerikanischen Lehrbüchern –, dass mir wichtige Quellen, Befunde und Argumente nachvollziehbar dargestellt werden, was aber andererseits wegen der umfangmäßigen Begrenzung nicht konsequent in allen Punkten durchgezogen werden konnte.

Inhaltlich basiert der Beitrag auf den von mir abgehaltenen Seminaren zur Kognitiven Psychologie sowie zur Motivation und Emotion. Trotz meines Engagements in der biologischen Psychologie – oder eben deswegen – begann ich bereits 1990 mit der Abhaltung der Seminare zur Allgemeinen Psychologie, weil sie mir auch die ständige Auseinandersetzung mit den aktuellen Entwicklungen des Faches erlaubten. Bald kristallisierten sich für mich bestimmte Autoren als richtungsgebend heraus, deren Handschrift sich naturgemäß auch in meiner Schriftlegung widerspiegelt. So verwundert es auch nicht, dass ich – vermutlich öfter als mir bewusst ist – auch auf deren Inhalte und Strukturierungen zurückgreife. Neben kollegialen Quellen wurde auch auf einige studentische Beiträge partial zurückgegriffen (Allesch, Asenbaum, Demetz, Deubel, Dura, Eckes, Fegerl, Fritz, Gattringer, Huber, Knauf, Kühberger, Mallich, Oddo & Neinhold, Rabenstein, Reisinger, Schiller, Schneider, Schützwohl, Schwarz, Tidl, Tingler) wofür ich mich an dieser Stelle herzlich bedanken möchte.

Die vorliegende Abfassung basiert auf den Lehrveranstaltungsunterlagen und wurde von Frau Mag. Eva-Maria Vouk weitgehend in einen Text umgewandelt. Ein weiterer Teil der Bearbeitung, sowie wie die Komposition von Grafiken, wurde von Mag. Gabriele Gmeiner erbracht. Bei beiden möchte ich mich für die Zusammenarbeit herzlich bedanken, zumal alles unter relativ großem Zeitdruck erfolgte. Bei Karin

Trimmel bedanke ich mich für das Korrekturlesen. Dennoch soll klar gesagt sein, dass für alle – noch immer vorhandenen – Fehler die Verantwortung bei mir liegt.

Wie schon angeklungen, wurde das Projekt unter einem gewissen Zeitdruck realisiert. Das hatte zu Folge, dass in einer ersten *pre-print* Version kein Literaturverzeichnis erstellt wurde, sondern eine ausführliche Bibliografie. Diesem Mangel wurde nun dadurch begegnet, indem ein Literaturverzeichnis erstellt und in die Bibliografie integriert wurde.

Zu guter Letzt möchte ich mich auch bei Herrn Dr. Michael Huter vom Facultas Verlag für die problemlose und effektive Zusammenarbeit recht herzlich bedanken.

Michael Trimmel
September 2003

14

Motivation

Die Motivation galt über viele Jahre hinweg als die „Königsdisziplin" der Psychologie. Das äußerte sich sowohl an der Anzahl der zu diesem Thema vorgelegten Arbeiten als auch an den damit einhergehenden umfangreichen Zitationen der Motivationsforscher – z. B. von Clark Hull. Das hat sich insofern etwas verlagert, als mit der „kognitiven Wende" (die ja so nie stattgefunden hat, aber davon später) der Bereich der Kognitionsforschung und derzeit die Thematik der Emotionen gleichsam „modern" wurden.

Weiters hat sich das Feld der Motivationsforschung immer mehr von *„einer Motivationstheorie"* zu diversen spezialisierten (*mini-*) Theorien – sowohl bezogen auf die Zielrichtung als auch den Umfang an Erkärungsanspruch – entwickelt.

Gegenstand der Motivationspsychologie

Die Motivationspsychologie hat die Bedingungen und Prozesse der Auswahl, Aufnahme, Aufrechterhaltung und Beendigung des Verhaltens zum Gegenstand.

Diese pregnante Definition basiert auf Jones (1955): "Motivation has to do with why behaviour gets started, is energized, is sustained, is directed, is stopped and what kind of subjective reaction is present in the organism when all this is going on." Demnach beschäftigt sich die Motivationspsychologie mit der Erklärung der

- Aufnahme und Beendigung des Verhaltens,
- Zielausrichtung und Steuerung des Verhaltens,
- Aufrechterhaltung und Energetisierung des Verhaltens, und den
- begleitenden sowie steuernden bzw. leitenden psychischen (bzw. physiologischen) Vorgängen.

Die grundlegenden Fragen und Probleme der Motivationspsychologie waren und sind von relativ gleich bleibender und die Zeit überdauernder Gültigkeit. Allerdings wandeln sich die Antworten, die von der Motivationspsychologie auf diese Fragen hin gegeben werden.

Wenn wir von Motivation sprechen, so handelt es sich dabei um ein hypothetisches Konstrukt – eine theoretische Abstraktion und Generalisierung, die aus Beobachtungen abgeleitet wird – welches sich normalerweise einer direkten Beobachtung entzieht. Die dem hypothetischen Konstrukt der Motivation zugrunde liegenden Prozesse und Strukturen stellen

- organismische (speziell neurophysiologische),
- mentale (die sowohl bewusst als auch nicht bewusst sein können) und

- intervenierende Variablen dar. Sie sind durch ihre Beziehungen zu beobachtbaren Größen bestimmt und erlauben aufgrund ihrer Identifikation eine bessere Beschreibung der Mechanismen. Dabei kann es sich um eine Vielfalt von „relevanten" Bedingungen handeln, wie z. B.: Tageszeit, Lerngeschichte, Kontext, …

Definitionen

Motive

Motive sind Inhaltsklassen von Wertungen, von denen menschliches Handeln geleitet wird.

Motive sind gelernte, überdauernde Dispositionen, welche das Verhalten bestimmen (Verhaltensdispositionen) und somit ein Individuum charakterisieren. Die Bezeichnung „Motiv" steht für thematisch abgrenzbare und zugleich sehr allgemeine Klassen von Verhaltensdispositionen. Dispositionen können als Klassen wertorientierter Folgen des eigenen Handelns aufgefasst werden („bewertete Erlebnisse"). Jedes Motiv umfasst bestimmte Handlungsziele wie z. B. Hilfeverhalten, Macht, Aggression, sportliche oder berufliche Leistung usw.

Die Einteilung in Klassen von Motiven bzw. Verhaltensdispositionen und Wertungsdispositionen orientiert sich an den letzten Zielen oder Zwecken dieser Dispositionen. Als Motive werden aber nur „höhere" überdauernde und konstante Wertungsdispositionen verstanden, die für das Überleben des Organismus *nicht* bestimmend sind. Dementsprechend sind sie nicht angeboren, sondern entwickeln sich im Laufe der Ontogenese und entstehen im Zusammenwirken mit sozialen und kulturellen Normen.

Nachdem Motive auch bei den uns nächst verwandten Primaten nachgewiesen sind, werden sie als Ausdruck einer stammesgeschichtlichen Anpassung verstanden. Sofern sie den natürlichen Bedürfnissen entsprechen, werden sie als Antworten der Evolution auf die Erfordernisse des Überlebens und die Weitergabe des Erbgutes verstanden. In gewisser Weise ähneln sie den Organen – als „angepasste morphologische Strukturen".

Relativ allgemeine Motivsysteme sind z. B.

- Ängstlichkeit,
- Neugier,
- Sexualmotivation,
- aber auch das Leistungs-, Anschluss- und Machtstreben.

Den Motiven wird eine genetische Basis zugeschrieben, weil sie Anpassungen an Überlebens- und Fortpflanzungserfordernisse der chemisch-physikalischen und sozialen Umwelt darstellen.

Jedem Motiv kann man eine Vielzahl von Parametern zuordnen – es bleibt aber ein hypothetisches Konstrukt, d. h. es soll einen Beitrag zur Erklärung des Verhaltens und Erlebens leisten (Erklärungsbegriff), es ist aber an sich nicht direkt beobachtbar.

Motivation

Unter Motivation versteht man begleitende Prozesse der Person-Situation-Interaktionen.

Motivation bezeichnet die Gesamtheit der emotionalen, kognitiven und physiologischen Prozesse, sowie jene Effekte, welche das Verhalten steuern und antreiben. Durch den aktuellen Zustand des Motiviertseins (einschließlich der Willensprozesse, Vorsätze und Entschlüsse – welche sich allerdings durch den Grad der Bewusstheit und Intentionalität unterscheiden), werden Wahrnehmungen, sowie kognitive und motorische Funktionen aktiviert und der weitere Verlauf der Aktivität reguliert. Nach Heckhausen (1989) sind mit Motivation vor allem jene Prozesse und Effekte gemeint, welche durch gegebene oder aufgesuchte Situationen, antizipierte Anreize und erwartete Folgen des eigenen Handelns verursacht sind. Somit betont der Motivationsbegriff die Person-Umwelt-Interaktion.

Volition

Unter Volition versteht man jene psychischen Prozesse, die für die Realisierung der gefassten Intentionen sorgen.

Die Volitionspsychologie hat die Intentionsbildung (das ist der „Willensakt"), die Auswahl der Intention, die Handlungsinitiierung und die Aufrechterhaltung von Handlungen (Persistenz des Verhaltens) zum Gegenstand. Nach Heckhausen (1989) lässt sich die gesamte Motivationspsychologie in 3 Problemgebiete unterteilen:

- Motive: individuelle Wertungsdispositionen und deren Abgrenzung;
- Motivation: Determinanten und Prozesse der Motivationstendenzen;
- Volition: Bildung („Willensakt") und Realisation von Intentionen (Handlungstendenzen).

Trieb

Der Trieb ist ein erlebter Drang zu einer Verhaltenweise – er bezeichnet den Zustand des Motiviertseins.

Trieb (bezeichnet ebenso wie Motivation) den aktuellen Zustand des Motiviertseins, also die Gesamtheit der emotionalen und kognitiven Prozesse, die Verhalten steuern und antreiben. Allerdings unterscheidet sich der Triebbegriff vom Motivationsbegriff – wie auch aus der o. g. Definition von Rohracher (1971) hervorgeht – durch den höheren hypothetischen Gehalt und durch die (implizite) Hervorhebung der inneren biologischen Mechanismen beim Motivationsbegriff.

Instinkt

Instinkte sind angeborene Dispositionen für Wahrnehmungsfähigkeiten und Handlungen (ungelernte Verhaltensdispositionen).

Angeborene Verhaltensdispositionen werden als Instinkte bezeichnet. Die Instinktkonzepte variieren zwar mit den Forschern, aber ihnen gemeinsame Aspekte sind die Ungelerntheit, die Zielgerichtetheit und Zweckmäßigkeit des instinktiv gesteuerten Verhaltens. Nach McDougalls (1908) sind angeborene Dispositionsfaktoren Instinkte:

> ... ererbte oder angeborene psychophysische Disposition, welche ihren Besitzer befähigt, bestimmte Gegenstände wahrzunehmen und ihnen Aufmerksamkeit zu schenken, durch die Wahrnehmung eines solchen Gegenstandes eine emotionale Erregung von ganz bestimmter Qualität zu erleben und daraufhin in einer bestimmten Weise zu handeln oder wenigstens den Impuls zu solch einer Handlung zu erleben (McDougall, 1928, S. 24).

Diese Definition war richtunggebend, weil die Abhängigkeit der kognitiven Funktionen, wie z. B. Wahrnehmung, Informationsverarbeitung und Handlung, von der ererbten Disposition ebenso betont wird, wie die Rolle der Emotionen bei der Bewertung von Sachverhalten und des Handlungsablaufes.

Anreiz

Anreize sind situative Momente, welche Motive ansprechen und damit die Ausbildung einer Motivation bewirken.

Motive und Anreize sind eng aufeinander bezogene – in gewisser Weise komplementäre – Begriffe. Situative Anreize kennzeichnen die konkreten Motivziele, die angestrebt oder auch vermieden werden. Mit jeder emotionalen Bewertung eines Sachverhalts geht ein „primitiver Verhaltensimpuls" einher, der entweder auf eine Sache (Person) hin oder von einer Sache (Person) weg orientiert ist. Wie sich die Person (ein Individuum) in einer solchen Situation verhält, hängt von ihrer Gesamteinschätzung der Situation und den darin enthaltenen (wahrgenommenen) Handlungsmöglichkeiten ab.

Handlung

Die Handlung hat einen bewussten Bezug zu Zielvorstellungen (antizipierte Endzustände) und das Bedürfnis nach Zielerreichung. Durch Abwägen von Erwartungen, Antizipation der Ergebnisse der Handlungsschritte und die fortlaufende Einbeziehung von Rückmeldungen vor der Entscheidung über die folgenden Schritte, werden Ziele erreicht.

Einstellungen und Interessen

Unter Einstellungen und Interessen werden im Unterschied zu Motiven Dispositionen zu spezielleren Bewertungen und Betätigungen in enger umschriebenen Bereichen, wie z. B. bei zu bestimmten sportlichen, geistigen oder künstlerischen Tätigkeiten, verstanden. Sie sind eher Ausdruck der individuellen Lerngeschichte, allerdings auch mitbeeinflusst von Begabungen (James, 1890; Krapp, 1989; Schiefele, 1991).

Operationalisierungen

Motivation kann durch das offene Verhalten, die physiologischen Prozesse und die Selbstbeobachtung erschlossen werden.

1. Verhaltensaspekte die das Vorhandensein und die Intensität von Motivation ausdrücken sind z. B.:

- Die Anstrengung, die jemand auf sich nimmt
- Latenz (die Zeitspanne bis zum Einsetzen des Verhaltens)
- Dauer des gezeigten Verhaltens
- Die Auswahl des Verhaltens
- Reaktionswahrscheinlichkei des betreffenden Verhaltens
- Gesichtsausdruck, Mimik
- Körpersprache

2. Psychophysiologische Körpersysteme, die Motivation und Emotion reflektieren:

- Augenaktivität
- Elektrodermale Aktivitäten
- Muskuläre Aktivität
- Im kardiovaskulären System: Herzrate (HR), Blutdruck, Pulswellengeschwindigkeit (PWG)
- Endokrinologie: Adrenalin, Noradrenalin, Corticostereoide, …
- Zentralnervöse Aktivität: EEG, DC-EEG, ERP

3. Die Selbstbeobachtung kann u. a. mittels

- Beschreibungen (lautes Denken, Berichte, …),
- Skalierungen und
- Interviews erhoben werden.

Vor- und Nachteile von Fragebögen:

- leichte Anwendung und Vorgabe (+)
- gleichzeitige Befragung mehrerer Personen (+)

- Erfassen spezifischer Informationen (+)
- Angabe sozial erwünschter Antworten (-)
- Oft das Nicht-Kennen der eigenen Motive (es sind vielen Menschen rel. oft die eigenen Motive nicht bewusst!) (-)
- Beantwortungsgenauigkeit kann – je nach Fragestellung – vom Gedächtnis der Person abhängig sein (-)

Theoretische Positionen der Motivationspsychologie

Derzeit findet man fast ebenso viele Systematisierungen der Motivationstheorien wie Autoren. Die übergeordneten Konzepte – und somit die Einordnungsmöglichkeiten der Theorien – sind weitgehend überlappend, wenn auch von unterschiedlichen Perspektiven motiviert. So überschneiden sich die Konzeptionen der „Zug- bzw. Druck-theorien" mit der „Maschinenmetapher versus *Godlikemetapher*" (Weiner, 1992) und weiters mit der Konzeption nach „biologischer versus kognitiver Motivation". Heckhausen (1989) unterscheidet „5 Problemstränge" und ordnet diese den „Pionieren" der Psychologie bzw. der Entwicklung der Motivationspsychologie zu.

Entwicklung der Motivationspsychologie

Im Menschenbild der Philosophie und der Theologie ist der Mensch von alters her ein Lebewesen ausgestattet mit Vernunft und freiem Willen. Diese Eigenschaften unter-scheiden ihn auch vom Tier und sind somit grundlegend. Da Menschen den freien Willen besitzen, braucht man auch nicht nach anderen bestimmenden Kräften suchen. Eine Einschränkung ergibt sich lediglich dadurch, dass „vernünftiges Handeln durch die Aufwallung niederer Gefühle und Leidenschaften beeinträchtigt werden könnte".

In der – zwar vorhandenen, aber gesellschaftlich nicht bedeutsamen – historischen Gegenposition wird zwar (1) menschliches Handeln als von physiologischen Gegeben-heiten abhängig gesehen und (2) als „psychologisches Gesetz" das hedonistische Prin-zip betrachtet, wonach Handeln der Suche nach Lust und der Vermeidung von Unlust gehorcht, doch kam dieser Position damals (vor Darwin) keine relevante Bedeutung zu. Bis Darwin (1859) herrschte ein Dualismus der Verhaltenserklärung vor, danach: besitzt der Mensch Vernunft und Wille – und handelt danach, während Tiere instinktgesteuert und somit den „blinden naturhaften Triebkräften" ausgeliefert sind.

Mit dem – nicht nur für die Motivationsforschung – bedeutsamen Werk Darwins (1859) dem „Ursprung der Arten" wird die bis dahin als weitgehend gültig anerkannte und prinzipielle Unterscheidung zwischen Mensch und Tier aufgegeben. Nach Darwin sind nämlich die Unterschiede in den Verhaltensweisen und dem Körperbau auf Zufallsvariation und natürliche Auslese zurückzuführen (kausale Determination). Aus der Evolutionstheorie wurden 3 Überzeugungen abgeleitet:

20

- Wenn zwischen Mensch und Tier keine Wesenskluft besteht, so müssen Erklärungen für tierisches Verhalten auch für menschliches Verhalten eine gewisse Gültigkeit haben.

- Untersuchungen zur Intelligenzleistung (als Ausdruck der Anpassung an veränderte Umweltbedingungen) führten zur experimentellen Lernforschung (Thorndike, 1898, 1911).

- Das Interesse an individuellen Unterschieden (als Ausdruck der Anpassungsleistung bzw. -fähigkeit) führte zur Testpsychologie (Galton; Binet).

Problemstränge der Motivationsforschung

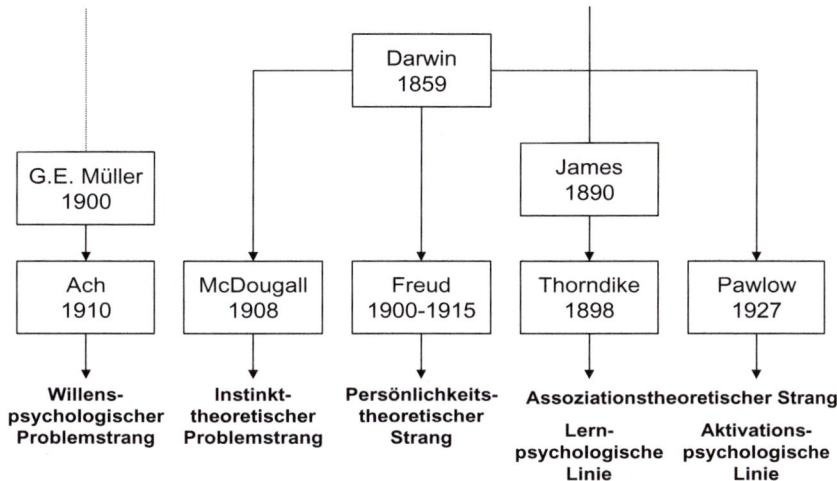

Abbildung 1: Problemstränge der Motivationsforschung nach Heckhausen (1989).

Heckhausen (1989) unterscheidet 5 Problemstränge der Motivationsforschung. Sie unterscheiden sich in ihrer (Forschungs-)Tradition, Methodik und auch im Gegenstand der Untersuchungsproblematik, welche im Folgenden bezüglich Motiv, Motivation und Volition bzw. Entscheidungstheorie grob unterschieden wird:

- Der **Willenspsychologische Problemstrang** (in der Philosophie; Wundt, 1894; Müller, 1900; Ach, 1910) behandelt sowohl Motivation und Volition als auch Entscheidungen. Anwendung dieses Problemstranges findet man in der Volitions- und Handlungspsychologie mit Vertretern wie Heckhausen, Kuhl, Gollwitzer, ...

- Der **Instinkttheoretische Problemstrang** (Darwin, 1859; McDougall, 1908) beschäftigt sich ausschließlich mit Motivation. Vertreter dieses Zweiges wären Tinbergen, Lorenz, Eibel-Eibelsfeld, Grammer, ... Anwendungsgebiete sind z. B. die Ethologie und Soziobiologie.

21

- Der **Persönlichkeitstheoretische Problemstrang** (Darwin, 1859; Freud, 1900-1915) befasst sich sowohl mit Motiven als auch mit Motivation. Anwendungen findet man in der „modernen" Persönlichkeitspsychologie mit Vertretern wie Cattell, Kelly, Thomae, …

- Bei der **Lernpsychologischen Linie** (Philosophie; Darwin, 1859; James, 1890; Thorndike, 1898) des Assoziationstheoretischen Stranges steht die Motivation im Mittelpunkt des Interesses. Anwendungsbereiche sind die („kognitive") Lerntheorie, die Pädagogik und die Verhaltenstherapie (-modifikation).

- In der **Aktivationspsychologischen Linie** (Darwin, 1859; Pawlow, 1927) des assoziationstheoretischen Stranges ist die Motivation von zentralem Interesse. Ihre Anwendung findet man bei (Eysenck, Berlyne) Lang, Sokolov, Öhman, Simons,… in der kognitiven Neuropsychophysiologie.

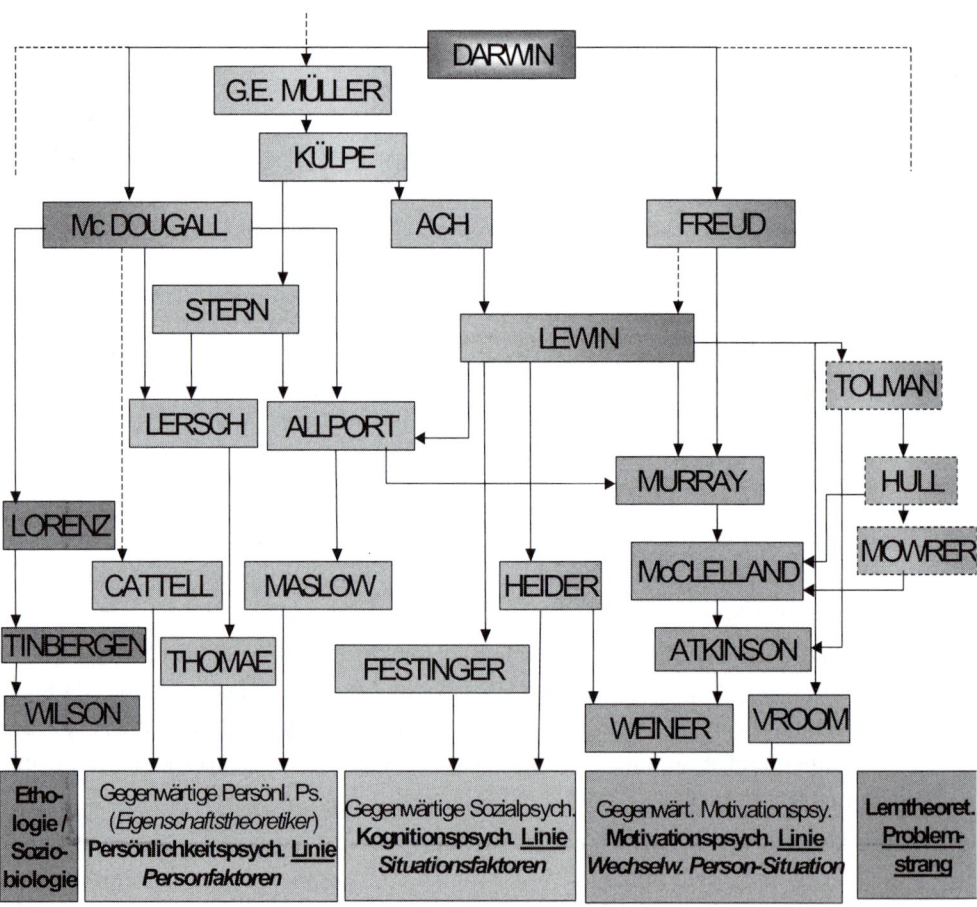

Abbildung 2: Problemstränge der Motivationsforschung mit ihren Vertretern (nach Heckhausen, 1989).

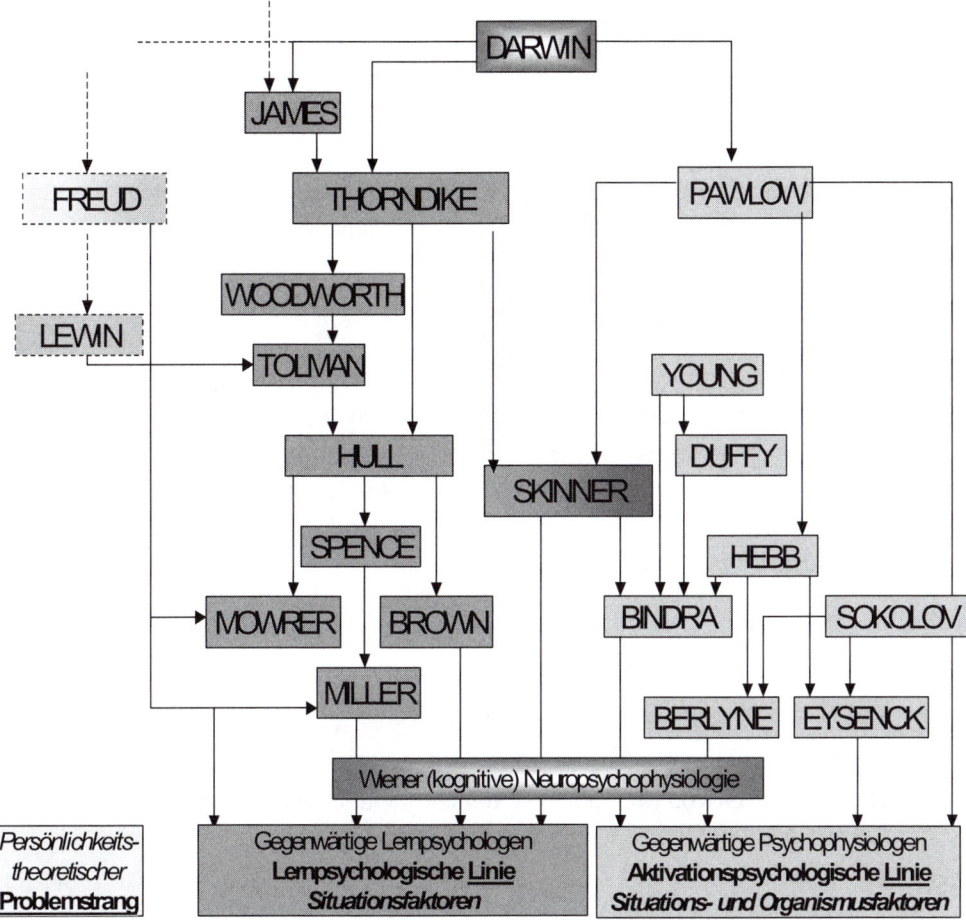

Abbildung 3: Problemstränge der Motivationsforschung mit ihren Vertreten (nach Heckhausen, 1989).

Die Problemstränge unterscheiden sich aber auch in Bezug auf den Einfluss Darwins (1859). So blieb der willenspsychologische Problemstrang von Darwin unbeeinflusst, während beim assoziationstheoretischen Problemstrang seine Beiträge hervorgehoben werden

„Sonstige" Klassifikationen

Typen nach Persons- versus Situationsbezug

- *Personenmodell*: die bedeutsamen Faktoren liegen innerhalb der Person.
- *Situationsmodell*: die bedeutsamen Faktoren liegen in der Situation.
- *Interaktionistisches Modell*: ein Gemisch aus beiden, wonach die „Person-Situation-Interaktion" als relevant betrachtet wird.

Zug- und Drucktheorien

Druck: innerorganismische Prozesse (Triebe), die eine als unangenehm erlebte Spannung aufbauen, die „abgeführt" werden soll (wie z. B. in den Theorien von Freud und Hull).

Zug steht für die Antizipation positiv bewerteter Endzustände, welche angestrebt werden und die somit das Verhalten steuern (die so genannten kognitiven Motivationstheorien).

Metaphern der Motivation

Metaphern ([griech.] sprachliche Bilder) *dienen zur Veranschaulichung einer Bedeutungsübertragung im Sinne einer physikalischen oder begrifflichen Ähnlichkeit.*

Weiner (1992) stellt eine Dichotomie von Metaphern auf, bei der die Maschinenmetapher einer *godlike*-Metapher gegenübersteht. In der europäischen (Philosophie-) Tradition würde man dieser Dichotomie wohl die extremen Auffassungen zur Problematik der Willensfreiheit zuordnen.

Maschinenmetapher

Charakteristika von Maschinen:

- Das Verhalten von Maschinen ist unbeabsichtigt, (ohne Willen) daher reflexiv
- und verläuft ohne „bewusster Bewusstheit" (*conscious awareness*).
- Die Reaktionen von Maschinen sind unvermeidlich und vordefiniert. Sie werden von bestimmten Umständen oder Stimuli ausgelöst.
- Die Aktionen sind fixiert und „Routine" (d. h. ein genau umrissener Teilablauf innerhalb eines größeren Ablaufes).
- Maschinen bestehen aus Teilen und haben damit eine Struktur.
- Die Maschine ist eine Einheit verschiedener ineinander wirkender Teile.
- Maschinen übertragen Kraft und Energie. Keine Veränderung bei Balance aber Veränderungstendenzen bei einem Ungleichgewicht.
- Maschinen sind für einen bestimmten Zweck konstruiert und haben bestimmte Funktionen.

Charakteristika der „*godlike*-Metapher"

- allwissend
- „der oberste Richter"
- unkörperlich
- unendlich liebend und barmherzig (gnädig)
- allmächtig

Während die psychoanalytische Theorie (Freud), die ethologische (Lorenz, Tinbergen), soziobiologische (Wilson), Trieb- (Hull, Spencer, Festinger), Gestalt- (Lewin) und Balancetheorie (Heider) – zumindest teilweise – Aspekte der Maschinen-Metapher enthalten, sind vor allem die Erwartung-mal-Wert-Theorien, die Attributionstheorien und auch die humanistischen Theorien eher von der „*godlike*-Metapher" geleitet.

Klassifikation nach Reeve (2001)

„Grand Theories"

- Willenstheorie
- Instinkttheorie
- Triebtheorie

„Mini Theories" (beschreiben spezifische motivationale Phänome)

- Theorie der Leistungsmotivation (Atkinson, 1964)
- Kognitive Dissonanztheorie (Festinger, 1957)
- Erwartung-mal-Wert Theorie (Vroom, 1964)
- Intrinsische Motivation (Deci, 1975)
- Die Theorie der erlernten Hilflosigkeit (Seligman, 1975)

Willens- bzw. Volitionspsychologie

Reeve (2001) bezeichnet den Willen als „*the first grand theory*" der Motivation. Und nimmt Bezug auf Descartes, für den der Wille die ultimative motivationale Kraft war, welche für den Beginn und die Ausrichtung von Aktivitäten ausschlaggebend war.

Der Weg von der Motivation zum Handeln

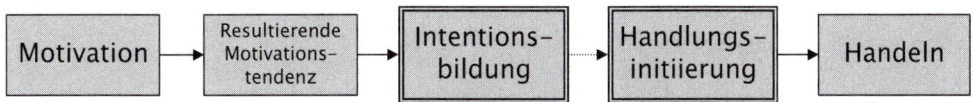

Abbildung 4: Kritische Übergänge von der Motivation zum Handeln (Heckhausen, 1989).

Am „Weg" von der Motivation zum Handeln identifiziert Heckhausen (1989) die Intentionsbildung und die Handlungsinitiierung als „kritische" Übergänge:

- Intentionsbildung: Beschreibt die Elaboration der wichtigsten Aspekte von Wünschbarkeit und Realisierbarkeit des Handlungszieles.
- Die Handlungsinitiierung regelt, welche Intentionen wann zum Zug kommen.

Achs Willenspsychologie

Ach (1905) hat eine ausgebaute Willenspsychologie vorgestellt, in der er nur die volitionale Seite des Motivationsproblems untersuchte.

Die *Determination* war sein zentraler Begriff. In Wahrnehmungs-, Vorstellungs- und Reaktionsversuchen zeigte sich, dass der Vorstellungs- und Tätigkeitsablauf nicht bloß den *Gesetzen der Assoziation* gehorcht, sondern dass *Zielvorstellungen* einen für den Ablauf des Geschehens leitenden Einfluss ausüben – welcher den Personen normalerweise nicht bewusst ist.

Wortassoziationsversuche von Watt (1905) zeigten, dass „eingeengte" Assoziationen (z. B. nur Unter- oder Oberbegriffe) schneller abliefen als freie Antworten und die „einengende Instruktion" während der Bearbeitung nicht bewusst war.

Untersuchungsbeispiel:

Vp lernten Assoziationen zwischen 2 Silben (Röl – Tub). Danach sollten sie reimen (z. B.: Röl – Söl). Es entstand ein Konflikt zwischen der Assoziation und der aufgetragenen Reaktion – der determinierten Tendenz, also dem Reimen (Konflikt zwischen Tub und Söl als Reaktion auf Röl). Dieser Konflikt konnte mit mehr Lerndurchgängen verschärft werden, bis die Vp gerade noch mit der determinierten Tendenz, also dem Reimen, antwortete. Reaktionszeiten und Fehlreaktionen waren das Maß für den Wirkungsgrad des Wollens. Aus der Selbstbeobachtung rekonstruierte Ach den primären Willensakt.

Diese determinierenden Tendenzen werden nicht nur „willentlich", also von der Person selbst erzeugt, sondern können auch durch andere Personen z.B. durch Instruktion, Kommando, Suggestion usw. erfolgen.

Primärer Willensakt

Aufgrund von Selbstbeobachtungen beschrieb Ach (1910) den primären Willensakt (rein phänomenologisch) als ein „energisches Wollen". Dieser trat vor allem in Situationen auf, wo es schwierig war, Instruktionen zu folgen. Dabei unterschied er vier Momente des primären Willensaktes:

1. Anschaulicher Moment: das Empfinden körperlicher Spannungen.

2. Gegenständlicher Moment: „Ziel- und Bezugsvorstellungen" über das Ziel und die auslösende Gelegenheit.

3. Aktueller Moment: Zentraler Bestandteil des Erlebens, nämlich die Bestätigung einer ursprünglichen Absicht im Sinne von „ich will wirklich" und der Ausschließung jeder anderen Handlungsalternative.

4. Zuständlicher Moment: als Ausdruck des erlebten Anstrengungsaufwands. Später bezeichnete er es als „Schwierigkeitsgesetz der Motivation", wonach mit der Schwierigkeit der Aufgabe auch die „Willenskraft" steigt – nicht aufgrund von Überlegungen, sondern „automatisch".

Drei Arten von Volitionsproblemen: Mit der *determinierten Tendenz* erklärte Ach das Phänomen, dass Vorstellungs- und Handlungsabläufe von einer Zielvorstellung geleitet werden. Die determinierende Tendenz von Ach (1910) betrifft verschiedene Probleme, die in Persistenz, Handlungsinitiierung und Überwindung von Handlungshindernissen geteilt werden.

Persistenz der Handlung

Unter Persistenz versteht man das Andauern der Handlungstendenz bis zur Zielerreichung.

- Handeln muss persistent sein, um Ziele zu erreichen, die nicht leicht erreichbar sind.
- Handlungstendenz muss möglichst lange andauern, um Handeln zu steuern und
- bei Unterbrechung zur Wiederaufnahme führen.

Bis zur Erreichung des Handlungszieles beschreibt Heckhausen (1989) drei Stufen der Persistenz:

- *Erste Stufe*: Die unerledigte Handlungstendenz meldet sich nur dann, wenn die Aufmerksamkeit wieder verfügbar ist und keine weitere Handlungstendenz im Augenblick stärker ist.
- *Zweite Stufe*: Die unerledigte Handlungstendenz ist so stark, dass sie die Anregungswirkung anderer starker Stimuli aus der Umgebung durch Aufmerksamkeitssteuerung ausblendet.
- *Dritte Stufe*: Bei dieser Persistenz ist die Handlungstendenz so groß, dass selbst „konkurrierende Handlungstendenzen von größter Stärke" keinen Einfluss auf die aktuelle Handlungstendenz haben.

Aufbauend auf dem Grundgedanken, dass viele unerledigte Handlungstendenzen auf Zugang zum Handeln drängen, dieses aber nur von einer bestimmt werden kann, beschreiben Atkinson und Birch die „dynamische Handlungstheorie".

Zeigarnik-Effekt (Zeigarnik, 1927)

Unter dem Zeigarnik-Effekt versteht man das bevorzugte Erinnern von unterbrochenen Handlungen im Vergleich zu abgeschlossenen. Er gilt als Beleg für das Aufrechterhalten einer determinierenden Tendenz, nämlich der Beendigung des begonnenen Verhaltens durch den intendierten Abschluss.

Dynamische Handlungstheorie von Atkinson und Birch

Viele Intentionen warten auf ihre Realisierung, aber immer nur eine Handlungstendenz kann zu einem bestimmten Zeitpunkt das Handeln bestimmen. Die Theorie von Atkinson und Birch (1970, 1974, 1978) bestimmt die relative Stärke konkurrierender Handlungstendenzen als kritischen – und somit bestimmenden – Faktor dafür, welche Handlung initiiert wird.

Stärke der Handlungstendenz erfährt eine:

- *Steigerung,* wenn umgebende Situation diese Handlungstendenz anregt.
- *Abnahme,* wenn Handlungstendenzen bereits das Verhalten bestimmen.

Die Autoren gehen davon aus, dass Handlungstendenzen sowohl ansteigen als auch abfallen können. Handlungstendenzen steigen dann an, wenn sie von der umgebenden Situation Anreize bekommen – vergleichbar mit der ersten Stufe. Die so genannte zweite Stufe wird dadurch erreicht, dass die Stärke der Handlungstendenz durch innere Denk- und Vorstellungsprozesse beeinflusst wird. Bei der dritten Stufe gehen sie davon aus, dass die Stärke der Handlungstendenzen auch abfallen könnte. Somit kann eine bestehende, obzwar niedrigere Handlungstendenz der Anreiz einer anderen – augenblicklich stärkeren – abwehren.

Handlungsinitiierung

„Gesetz der speziellen Determination": Je spezieller der Inhalt einer Determination ist, desto rascher und sicherer wird die Verwirklichung erreicht.

In Achs Modell wird die Handlungsinitiierung eng an die Bezugsvorstellung gekoppelt. Er meint, dass erst äußere Umstände auftreten müssen, die Gelegenheit geben, intentionsgemäß zu handeln. Im „Gesetz der speziellen Determination" (Ach, 1935, S. 244) meint er: „Je spezieller der Inhalt einer Determination ist, desto rascher und sicherer wird die Verwirklichung erreicht".

Rubikon-Modell

Mit der Überschreitung des Rubikon (Grenzfluss zwischen Italien und Gallia cisalpina) eröffnete Caesar 49 v. Chr. den Bürgerkrieg gegen Pompeius. Daher kommt die übertragene Bedeutung: den Rubikon überschreiten – einen entscheidenden Schritt tun. Das Rubikon-Modell (Heckhausen, 1987; Heckhausen & Gollwitzer, 1987) ist ein Volitionsmodell mit großer Akzeptanz und Weiterentwicklung (z.B. Gollwitzer, 1996). Es wird eine klare Trennlinie zwischen den motivationalen Prozessen der prädezisionalen Phase und den volitionalen Prozessen der postdezisionalen Phase gezogen.

Es werden 4 Handlungsphasen unterschieden:

- In der *prädezisionalen Motivationsphase* (dem Wählen) erfolgt das Abwägen von Handlungsalternativen bis hin zur Bildung einer Intention.

- In der *präaktionalen Volitionsphase* (der Absichtsbildung bzw. Intentionsbildung) wird auf eine geeignete Gelegenheit gewartet, oder eine solche aktiv herbeigeführt, damit kommt es zu einer Gelegenheit der Initiierung.

- In der *aktionalen Volitionsphase* (dem Handeln) wird die Intention durch eine Handlung realisiert, in der Folge kommt es zur Intentionsdeaktivierung.

- In der *postaktionalen Motivationsphase* (dem Bewerten) wird die Handlung bewertet, dem Ergebnis werden Ursachen zugeschrieben und der Prozess selbst wird Teil der Erfahrung.

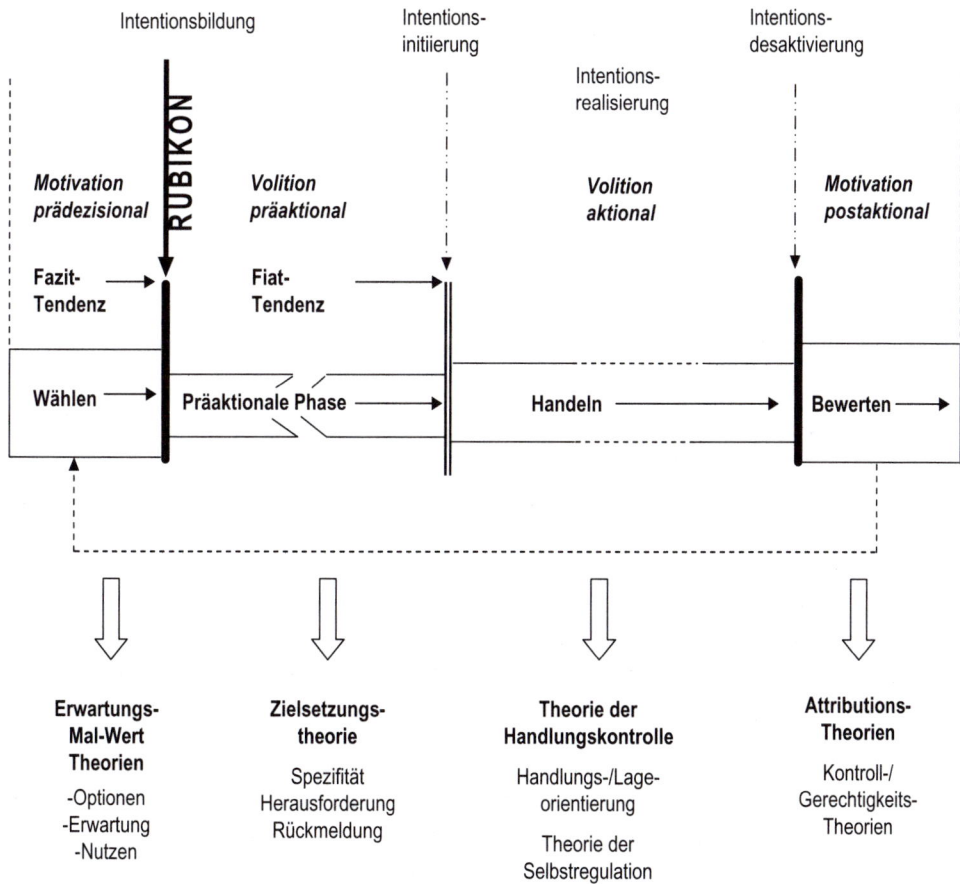

Abbildung 5: Das Rubikon-Modell mit den Handlungssequenzen (von links nach rechts) Wählen, Absichtsbildung, Handeln und Bewerten und deren Theorien (Heckhausen, 1989; Nerdinger, 1995).

Im Rubikon-Modell kommt der ersten Trennlinie, der von motivationaler zu volitionaler Bewusstseinslage – eben die Intentionsbildung – eine markante Bedeutung zu. Sie hat den „Charakter eines Rubikon" (Heckhausen, 1989, S. 203), indem sie die motivationalen Prozesse der prädezisionalen von den volitionalen Prozessen der postdezisionalen Phase scheidet. Die weiteren Trennlinien, welche die Phasen eingrenzen, sind bei der Aufnahme und dem Abschluss einer Handlung zu finden.

Als Anfang der motivationspsychologischen Prozesse stehen Wünsche und Befürchtungen. Sie regen an, zu prüfen, ob das Gewünschte herbeigeführt oder das Befürchtete gemieden werden kann, und wen ja, ob es sich „lohnt", sich zu bemühen.

Inhalte motivationaler Gedanken

Gollwitzer (1988, 1991; Heckhausen & Gollwitzer, 1987) beschreibt als Inhalte motivationaler Kognitionen die (1) anreizbetonte Vergegenwärtigung der möglichen Folge des Handelns (Wert) und (2) das Abwägen der Eintrittswahrscheinlichkeit verschiedener Ereignisse (Erwartungen).

Mögliche Erwartungen klassifiziert Heckhausen (1989, S. 468) im erweiterten Motivationsmodell (mit den Ereignisstadien: Situation, Handlung, Ergebnis, Folge):

- *Situations-Ergebnis-Erwartung*: Die subjektive Wahrscheinlichkeit, mit der eine Situation ohne eigenes Zutun zu einem bestimmten Ergebniszustand kommt.
- *Handlungs-Ergebnis-Erwartung*: Die subjektive Wahrscheinlichkeit, mit der die Situation durch eigene Handlungen in erwarteter Weise geändert werden kann.
- *Handlung-bei-Situation-Ergebnis-Erwartung*: Die subjektive Wahrscheinlichkeit, mit der „äußere und variable Umstände" die Handlungs-Ergebnis-Erwartungen beeinflussen (erhöhen oder verringern).
- *Ergebnis-Folge-Erwartung* oder die „*Instrumentalität des herbeigeführten Handlungsergebnisses*": Die Ergebnis-Folge-Erwartung bezeichnet den Grad mit dem ein Ergebnis instrumental für eine Folge mit bestimmtem Anreiz ist. Entsprechend der Instumentalitätstheorie handelt es sich dabei nicht um eine Wahrscheinlichkeit ($0 < p < 1$) sondern um die Instrumentalität ($-1 < i < +1$), demgemäß kann sie auch durch eigenes Handeln nicht (zumindest nicht unmittelbar) beeinflusst werden.

Bei den Inhalten der motivationalen Kognitionen (Gollwitzer, 1988) kommen auch den Metamotivationen Bedeutung zu. Metamotivationen "sind Überlegungen, wie das Abwägen von Anreizen und Erwartungen verschärft oder verbessert oder zu einem verlässlichen Ende gebracht werden können" (Heckhausen, 1989, S.204).

Auswahl motivationaler Gedanken

Die Auswahl der Gedanken zur Aufnahme von Information in der motivationalen Phase ist nicht eng, sondern sehr offen, um „alle" wahrscheinlichen Möglichkeiten zu bedenken. Selbst relativ unwichtige Inhalte werden nach ihrer Relevanz für den Entscheidungsprozess geprüft.

Bearbeitung motivationaler Gedanken

Die Bearbeitung anreizbezogener und erwartungsbezogener Informationen in der motivationalen Phase sollte möglichst realitätsorientiert sein (in der Volitionsphase sind sie dann realitätsorientiert) und nicht von Wunschdenken oder anderen Voreingenommenheiten beeinflusst sein.

Kontrollprozesse im Rubikon-Modell

- *Fazit-Tendenz*: Im Zusammenhang mit metamotivationalen Prozessen in der prädezisionalen Phase sei auf die so genannte „Fazit Tendenz" verwiesen: „je vollständiger man Gründe und Gegengründe für einen Entschluss abgewogen hat, umso näher fühlt man sich dem Akt des Entschlusses" (Heckhausen, 1989, S.213). Es handelt sich also um einen metavolitionalen Kontrollprozess, der – in Abhängigkeit von der Tragweite des Entschlusses – zum Abschluss der Überlegungen drängt, und somit zum Überschreiten des Rubikon.

- *Fiat-Tendenz*: Bei der Intentionsbildung in der präaktionalen Phase ist die Fiat-Tendenz eine variable Größe jeder Intention (Heckhausen, 1989). Bei konkurrierenden Intentionen findet jene mit der stärksten Fiat-Tendenz Zugang zur Exekutive. Allerdings ist die Stärke der Fiat-Tendenz nicht allein von der Intention abhängig, sondern auch von der Günstigkeit der Gelegenheit die Zielintention zu realisieren. Aber auch andere Faktoren, wie die Dringlichkeit oder die Anzahl verpasster Gelegenheiten beeinflussen die (hypothetische) Fiat-Tendenz.

Kognitition in Motivation und Handlung

Rubikon-Modell als Rahmenmodell

Derzeit stellt das Rubikon-Modell eine Rahmentheorie für die verschiedenen Phasen und Prozesse eines motivierten Handlungsgeschehens dar, indem es andere Ansätze in spezifischer Form integriert und zugleich einen übergeordneten Rahmen für die Gültigkeit der verschiedenen Konzeptionen liefert. (Eine genauere Beschreibung erfolgt im Rahmen der Handlungstheorien, siehe weiter unten.)

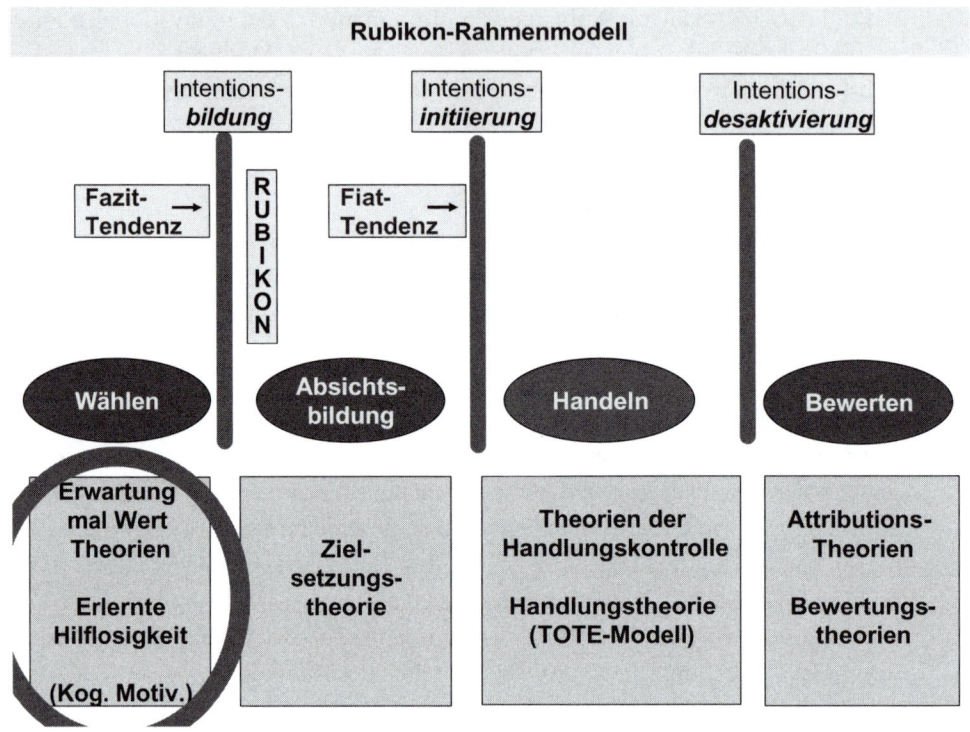

Abbildung 6: Die Einordnung der kognitiven Motivationstheoreien in das Rubikon-Rahmenmodell.

Grundlagen der kognitiven Motivationstheorien

Die zentrale Auffassung der auf den Konstrukten von Erwartung und Anreiz basierenden (kognitiven) Motivationstheorien ist die Hypothese, dass das Verhalten von vorweggenommenen Zielzuständen geleitet wird („*godlike*"-Metapher).

Betonen die Lern- und Triebtheorien den „Effekt der Zielzustände", so wird in den kognitivistischen Motivationstheorien die Anstrebung von Zielzuständen in das Zentrum der Betrachtung gerückt. Um einen Zielzustand bewusst anstreben zu können, braucht es die Fähigkeit der Voraussicht. Somit stellt die Annahme der Voraussicht und der ihr zugrunde liegenden Elemente (zumindest Erwartung und Anreiz) die Basis der kognitivistischen Motivationstheorien dar:

Erwartung

Sie beschreibt die Vorwegnahme und zugleich Vergegenwärtigung eines Ereignisses. Somit basiert sie auf vorangegangenen Erfahrungen, besitzt aber auch eine gewisse

„zweifelnde Spannung" (denn die Zukunft ist prinzipiell unvorhersehbar!). Nachdem Erwartungen der Fremdbeobachtung nicht unmittelbar zugänglich sind, werden sie erschlossen und sind deshalb hypothetische Konstrukte. Sie unterscheiden sich in der Zeitspanne, Art und Umfang von Handlungssequenzen. Nach Bolles (1972) lassen sich z. B.

- Erwartungen vom *Typ der Situations-Folge-Kontingenz* (S-S*) etwa wie beim klassischen Konditionieren (bei der Erwartung des Zielzustandes bleibt eigenes Zutun unberücksichtigt – was wird eintreten?) und

- Erwartungen vom *Typ der Handlungs-Folge-Kontingenz* (R-S*) – was muss man tun, um einen Zielzustand herbeizuführen? – unterscheiden.

Bandura (1977) unterscheidet zwischen *Effizienzerwartungen* und *Konsequenzerwartungen*:

- *Effizienzerwartung* ist der Grad an subjektiver Gewissheit, ein bestimmtes Verhalten ausführen zu können.

- *Einflüsse auf die Effizienzerwartung*: Direkte Erfahrung (Lernen an sich), indirekte Erfahrung (Modelllernen), Verbale Beeinflussung, Physiologische Zustände.

- *Konsequenzerwartung* ist das Ausmaß der subjektiven Gewissheit, das auf ein bestimmtes Verhalten eine bestimmte Konsequenz folgen wird.

- *Einflüsse auf die Konsequenzerwartung*: Rückmeldungen, Aufgabenschwierigkeit, soziale Vergleichsprozesse, individuelle Unterschiede (besonders: Ängstlichkeit).

Wie sehr Erwartung manipuliert werden kann, wird anhand eines Experiments von Feather (1966) veranschaulicht. Versuchspersonen bearbeiteten eine Reihe von 15 Buchstabenrätseln. Die ersten 5 waren entweder sehr leicht oder sehr schwer gehalten. Die Hälfte der Versuchspersonen bearbeitete zu Beginn die 5 leichten Rätsel und kam so zu einem Erfolgserlebnis, während bei der anderen Hälfte, welche die schweren Aufgaben zu lösen hatte, für ein Misserfolgserlebnis gesorgt wurde. Ab der sechsten Aufgabe bearbeiteten beide Gruppen die gleichen Rätsel einer mittleren Schwierigkeitsstufe.

Wie in Abbildung 7 ersichtlich ist, beeinflusste das anfängliche Erfolgs- bzw. Misserfolgserlebnis (Aufgabe 1-5) die spätere (Aufgabe 6-15) Konsequenzerwartung. Der anfängliche Erfolg verzerrt die spätere Konsequenzerwartung positiv, während anfänglicher Misserfolg sie negativ verzerrt. Diese Daten sind bemerkenswert, da die Versuchspersonen ab dem sechsten Durchgang die gleichen Aufgaben bearbeiteten. Nicht ihre Fähigkeiten, sondern ihre persönlichen Erfolgs/Misserfolgserlebnisse unterschieden sich.

Relationship Between Performance Feedback and Outcome Expectations

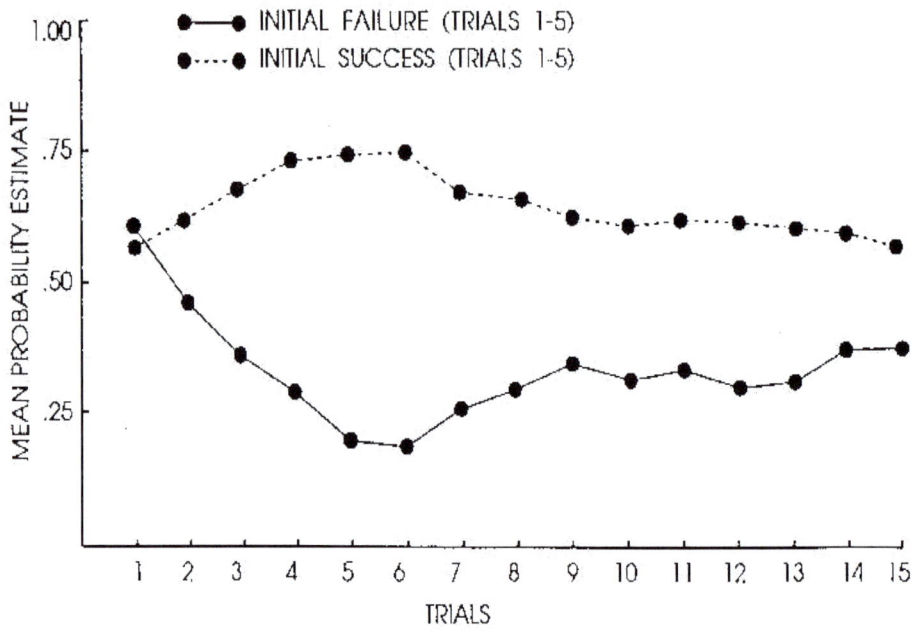

Abbildung 7: *„Effects of Prior Success and Failure on Expectation of Subsequent Failure"*
(Feather, 1966, aus Reeve, 2001).

Anreiz (Wert)

Zielzustände haben einen mehr oder weniger positiven oder negativen Anreiz. Auch Anreize sind hypothetische Konstrukte. Für den Wertcharakter gibt es auch noch andere Bezeichnungen als Anreiz. Lewin spricht zum Beispiel von Valenz oder Aufforderungscharakter, Tolman von Zielverlangen.

Der Anreiz kann *angeboren* oder *erlernt* sein und *mehr oder weniger* von den momentanen *Bedürfnissen abhängig* sein. Anreize energetisieren und leiten das Handeln, indem sie es über Raum und Zeit anziehen.

Lewins Feldtheorie

Kurt Lewin stellt die Schlüsselfigur zwischen den psychoanalytischen bzw. mechanistischen Triebreduktionstheorien von Freud und Hull und den gegenwärtig vorherrschenden kognitiven Motivationstheorien dar. Er behält die Idee der Spannungsreduktion – als grundlegenden Mechanismus der Verhaltenssteuerung – bei, allerdings im Sinne eines Kräfteausgleiches und nicht einer Reduktion auf null und integriert sie in ein kognitives Modell.

Als Gestaltpsychologe war er um eine ganzheitliche Betrachtung bemüht, was ihn (auch vor dem Hintergrund der damaligen wissenschaftlichen Erfolge in der Physik) zum Modell des „Feldes" führte. In einem physikalischen Feld beeinflusst die Änderung eines beliebigen Teiles dieses Feldes die anderen Teile. Aus dem Modell des Feldes lieh er seine Begriffe: Struktur des Feldes, Beziehungen zwischen den Teilen, Reorganisation des Feldes, Kraft, Energie und Anziehung.

Die Feldtheorie ist „ahistorisch"! Bestimmend sind die Kräfte, die in der unmittelbaren Gegenwart vor dem Hintergrund der Gesamtsituation (Umwelt) auf die Person einwirken. Vergangenheit und Zukunft sind in der Gegenwart repräsentiert – entsprechend lautet die Devise in den auf Lewin zurückgehenden Trainings-Gruppen (T-Gruppen): „hier und jetzt".

Der Begriff des Feldes (des Lebensraumes) umfasst die Bedingungsfaktoren der „äußeren" Situation (Umwelt) und der „inneren" Situation (Person). Diese Forderung Lewins nach Analyse des Lebensraumes resultiert in der Verhaltensgleichung (Lewin, 1946): Verhalten (V) ist eine Funktion von Personenfaktoren (P) und Umweltfaktoren (U):

$$V = f(P, U).$$

Der Lebensraum ist die *psychologische Realität* der Person. Die subjektive Repräsentation der Umwelt ist durch Personeneigenschaften wie Bedürfnisse, Werte, Einstellungen und Motive gegeben.

Zur Verhaltenserklärung hat Lewin zwei verschiedene Modelle entwickelt: das *Personenmodell* und das *Umweltmodell*. Das Personenmodell bezieht sich auf Volitionsprobleme und operiert mit Energien und Spannungen, also mit skalaren Größen. Das Umweltmodell bezieht sich auf Motivationsprobleme und operiert mit Kräften und zielgerichtetem Verhalten, also mit vektoriellen Größen. Beide Modelle basieren auf einer homöostatischen Dynamik: Die dargestellten Zustände tendieren nach einem Gleichgewichtszustand der Spannungsverteilung bzw. der Kräfteverteilung. Dabei ist aber nicht Spannungsminderung, sondern Spannungsausgleich das regulierende Prinzip.

Personenmodell

Das Modell bezieht sich auf Volitionsprobleme und operiert mit skalaren Größen (Energien und Spannungen). Die Person wird durch verschiedene Bereiche charakterisiert, die jeweils ein bestimmtes Handlungsziel darstellen. Die Bereiche haben eine unterschiedlich enge Nachbarschaft (bzw. Ähnlichkeit). Sie unterscheiden sich in Bezug auf zentrale oder periphere Lage (Ich-Nähe, persönliche Bedeutung). Weiters weisen sie unterschiedliche Zugänglichkeit zur Grenzzone, die den innerpersonalen Gesamtbereich umschließt, auf. Die Grenzzone enthält jene Funktionen, welche zwischen Person und Umwelt vermitteln. Die Grenzen können verschiedene Wandfestigkeit (das entspricht der „Durchlässigkeit") haben.

Einzelne Bereiche können unter verschiedenen Spannungszuständen stehen, wobei gespannte Systeme nach Spannungsausgleich streben. Gespannte Systeme gehen mit spezifischen Änderungen der wahrgenommenen Umwelt einher. Objekte, die der Entspannung dienen, können Aufforderungscharakter gewinnen (Valenz). Gespannte Systeme sind nach Lewin immer zielspezifisch. Sie sind auf das Erreichen von Zielzuständen fixiert.

So lässt sich erklären, welche Handlungen nach einer Unterbrechung wieder aufgenommen werden. Der Zeigarnik-Effekt (1927) besagt, dass unterbrochene Aufgaben besser behalten werden als erledigte.

Ein gespanntes System (egal ob Bedürfnis oder quasi-Bedürfnis) geht mit spezifischen Änderungen der wahrgenommenen Umwelt einher: Objekte, die der Entspannung dienen können, gewinnen Aufforderungscharakter (Valenz), was diese Objekte dann aus ihrer Umgebung hervorhebt und ein zielgerichtetes Aufsuchverhalten anzieht. Die Stärke der Valenz ist abhängig von der Stärke des gespannten Systems (direkt proportional). (Allerdings bleiben motivierende Erwartungen und Anreize im Personenmodell unberücksichtigt. Dafür hat Lewin das Umweltmodell entwickelt.)

Umweltmodell

Der Kern dieses Models ist das psychologische Feld, das aus verschiedenen Bereichen besteht, wobei diese Bereiche die Möglichkeiten von Handlungen und Ereignissen (positive und negative) darstellen. Es handelt sich also um Zielregionen mit positiven Valenzen oder um Abschreckungsregionen mit negativen Valenzen. In einem der Bereiche des Modells ist die Person lokalisiert. Will sie eine Zielregion mit positiver Valenz erreichen, so muss die Person die zwischen ihr und der Zielregion liegenden Bereiche nacheinander durchlaufen; sie muss sie handlungsmäßig realisieren (z. B.: jemand will ein Auto besitzen und selbst fahren: zuerst muss er den Führerschein machen, dann Geld sparen, sich für ein Auto entscheiden, zum Händler gehen, es kaufen ...).

In diesem Modell wird gezeigt, wie sich für eine Person die Handlungsmöglichkeiten zur Erreichung eines angestrebten Zieles „ausstrukturiert" haben. Es handelt sich um motivierende Erwartungen (strukturelle Komponente des Umweltmodells). Die dynamische Komponente zeigt sich in einem Kräftefeld. Die Person wird von Kräften angegriffen. Diese Kräfte geben als resultierende Vektorsumme der psychologischen Lokomotion der Person Richtung und Stärke. Wenn einander entgegen gerichtete Kräfte von annähernd gleicher Stäke angreifen, so kommt es zum Konflikt.

Handlungspfade sind die Verbindung zwischen dem Bereich, in dem sich die Person befindet und dem Zielbereich (Lewin, 1934). Es gibt jeweils einen ausgezeichneten Pfad (abhängig von der Anzahl der zu durchlaufenden Bereiche, der Schwierigkeit, der Anstrengung oder der Gefährdung), der bevorzugt wird. In diesem Modell wird Verhalten „nachkonstruierend" dargestellt. Es ist also ein postdikitves und kein prädiktives Modell. Mit dem Umweltmodell ist eine Bedingungsanalyse von Verhalten in relativ freien Situationen möglich. Laut Lewin ermöglicht es eine Darstellung des Lebensraumes der Person (Lewin, 1951).

Tolmans Beitrag

Anreizeffekt

Die Tatsache, dass Ratten ein Labyrinth schneller lernen, wenn sie in der Zielbox ein begehrtes, im Gegensatz zu einem weniger begehrten, Futter vorfinden (Simmons, 1924), erklärte Tolman (1932) damit, dass zwar unter beiden Anreizbedingungen gleich gut gelernt wird, die Tiere aber bei geringem Zielanreiz weniger motiviert sind, das Ziel so schnell als möglich zu erreichen. (In der damaligen Terminologie wurde auf eine peinlich genaue Trennung von Lernen und Motivation geachtet!) Sein Postulat besagt also, dass die Stärke des „*Zielverlangens*" eine Determinante ist, die neben dem jewieligen Lernstand, das Verhalten im Labyrinth unmittelbar beeinflusst.

Mit dieser Interpretation wurde der „rein behavioristische Rahmen" der lerntheoretischen Betrachtungen bereits 1932 von Tolman gesprengt!

Die Interpretation wurde in der Folge weiter belegt, u. a. fand Crespi (1942; 1944), dass auch die Quantität des Zielobjekts eine Rolle spielt. Eine größere Futtermenge verbessert die Verhaltensleistung hungriger Tiere schlagartig (Crespi-Effekt).

Latentes Lernen

Ein Grenzfall der Anreizvariation besteht im Wegfall jeden Anreizes. Es zeigte sich, dass auch in solchen Fällen gelernt werden kann (latentes Lernen). Das macht sich im Verhalten bemerkbar. Folgender Versuch: Drei Gruppen von Ratten; VG1 fand vom ersten Tag an Futter in der Zielkammer vor; VG2 vom dritten und VG3 vom siebten Tag an. Jeweils nach Einführung des Zielobjekts (Futter) fiel in VG2 und VG3 die Fehleranzahl rapide und sie erreichten schlagartig die Verhaltensleistung der ersten Gruppe. Das zeigt, dass Lernen ohne Bekräftigung stattgefunden hat. Lernen kann also latent bleiben, es muss sich nicht während es stattfindet im Verhalten manifesticren. Lernergebnisse lassen sich erst dann im Verhalten beobachten, wenn sie zur Erreichung eines Zieles dienlich sind, d. h. wenn Motivation vorliegt.

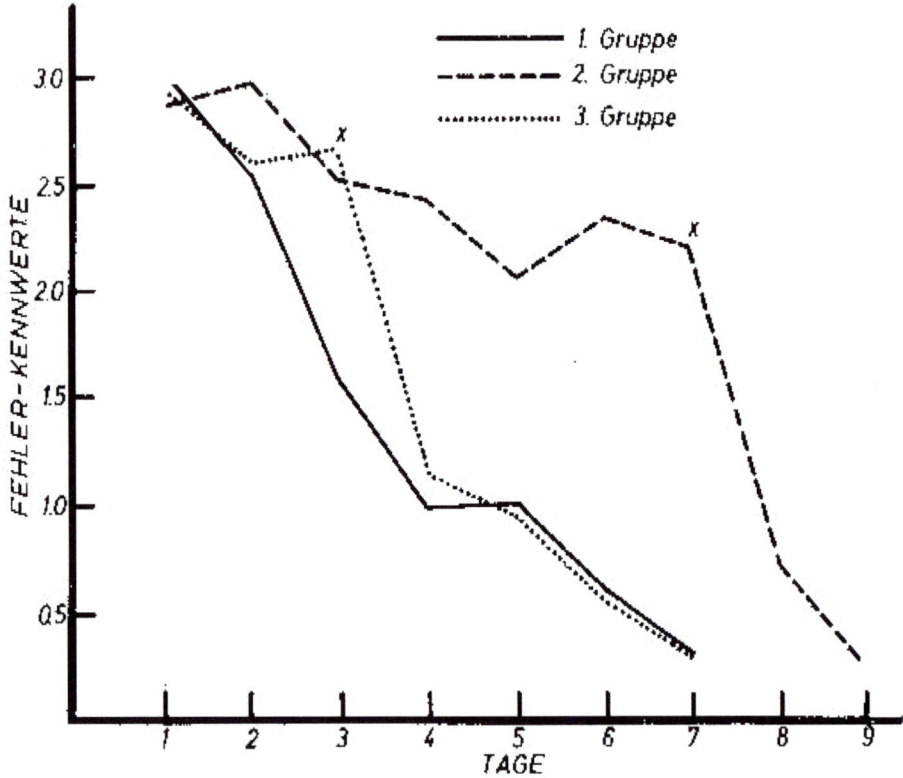

Abbildung 8: Wirkung von latentem Lernen und von späterer Einführung einer Bekräftigung auf die Verhaltensleistung. Die erste Gruppe erhielt bei jedem Durchgang Futter, die anderen beiden Gruppen erst vom dritten bzw. siebten Durchgang an – an dem mit X bezeichneten Punkten (Blodgett, 1929, S. 120, aus Heckhausen, 1989, S. 154).

Das Verhalten lässt sich aus dem Zusammenwirken von zwei Faktoren erklären, einem Lernfaktor und einem Motivationsfaktor (Heckhausen, 1989). Für Tolman besteht der Lernfaktor in dem Wissen darüber, welches Wegstück zu einem weiteren Wegstück führt. Der Motivationsfaktor ist das Zielverlangen, welches vom physiologischen Bedürfniszustand oder Trieb und vom Anreiz des Zielobjekts abhängig ist.

Das Zielverlangen und die Zielerwartung sind die beiden intervenierenden Variablen bei Tolman (z. B. 1932).

Erwartung-mal-Wert-Matrix

Neben den Bedürfniszuständen motivieren auch die beiden (intervenierenden) kognitiven Variablen: Erwartung und Wert. Sie sind aber nicht frei kombinierbar, sondern hängen nach Tolman (1951, 1959) matrizenartig zusammen, woraus sich die Erwartung-Wert-Matrix ergibt. Die Matrix stellt Entscheidungen dar, bei denen es nicht nur um verschiedene Handlungsmöglichkeiten geht, sondern auch um Wertentscheidungen.

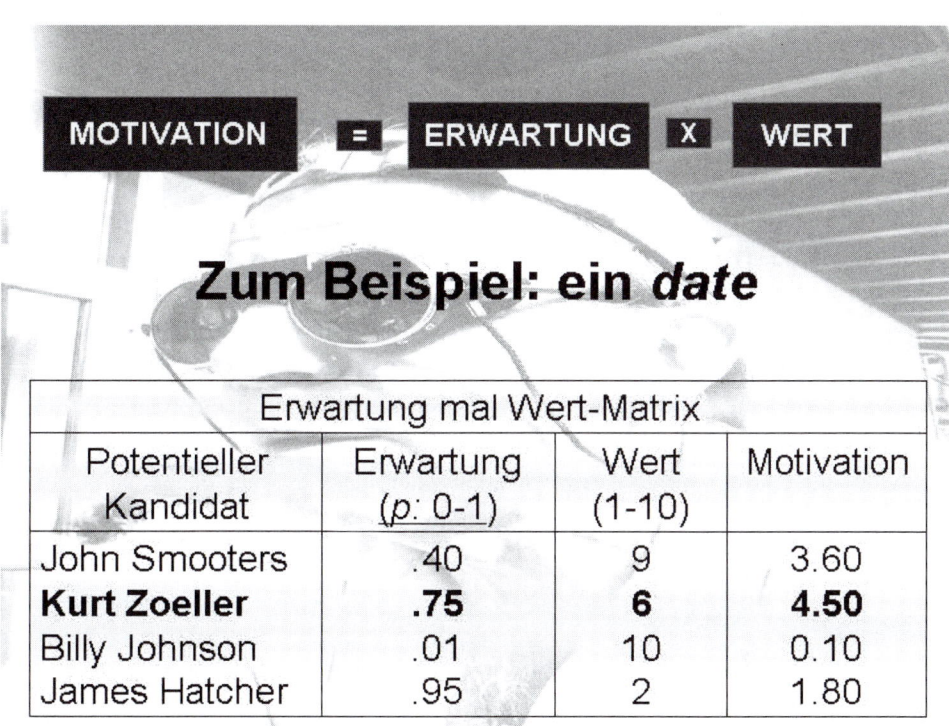

Abbildung 9: Beispiel für eine Erwartung x Wert Matrix für ein *date* mit
John, Kurt, Billy oder James.

Um in einer Bedürfnissituation den Zielzustand der Befriedigung zu erreichen, bieten sich meist mehrere Möglichkeiten in Form von Handlungs-Folge-Erwartungen (R-S*). D. h. es gibt einerseits Erwartungen von Handlungsmöglichkeiten und andererseits daran gekoppelte Zielzustände (S*) von unterschiedlichem Wert. Das ist besonders in Wahlsituationen der Fall. Beispiel: Hat man Hunger, so stehen verschiedene Restaurants mit verschiedenen Speiseangeboten und verschiedenen Preisklassen zur Verfügung. Es geht also nicht nur um die unterschiedlichen Handlungsmöglichkeiten, sondern auch um Wertentscheidungen. Die Erwartungs-Wert-Matrix bildet diese Komponenten und deren Gewichtung ab.

Gelernte Hilflosigkeit

Erlernte Hilflosigkeit ist ein psychologischer Zustand, der aus der (wiederholten) Wahrnehmung der Unkontrollierbarkeit von Ereignissen und deren Konsequenzen resultiert (Seligman, 1975).

Menschen in unkontrollierbaren und unvorhersehbaren Situationen reagieren wie Versuchstiere auf Hilflosigkeit (Hiroto & Seligman, 1975).

Auswirkungen der gelernten Hilflosigkeit sind:

- *Motivationale Defizite*: „so why try?"
- *Kognitive Defizite*: negative Kognitionen werden generalisiert und beeinflussen spätere Lernprozesse.
- *Affektive Defizite*: Hilflosigkeit führt zu Apathie, Niedergeschlagenheit und emotionaler Lustlosigkeit.

Seligman (1975), Depue und Monroe (1978) beschreiben auch Ähnlichkeiten in Ursache und Konsequenzen von erlernter Hilflosigkeit und Depression. Bei beiden besteht eine generelle Annahme, dass das eigene Verhalten ineffektiv ist und Ereignisse unkontrollierbar sind. Es sind auch ähnliche Symptome (Passivität, geringe Selbstachtung etc.) und Anwendung gleicher therapeutischer Strategien vorzufinden.

Alternative Erklärungen für Hilflosigkeit wären beispielsweise, dass es sich bei Passivität um eine *Coping-Strategie* handelt oder, dass es sich dabei mehr um ein *physiologisches Phänomen*, als um ein kognitives handelt (unter unkontrollierbaren Schockbedingungen kommt es zu einer Reduktion von Noradrenalin).

Reaktanz

Das Phänomen der Reaktanz beschreibt die negativen Reaktionen auf Bedrohung oder Einschränkung der Handlungsfreiheit (z. B. durch Kontrollverlust) und steht so im Widerspruch zu gelernter Hilflosigkeit.

Eines der stärksten Motive des Menschen ist auf den Erhalt seiner Freiheit gerichtet; die Freiheit, selbstständig denken, handeln und entscheiden zu dürfen, ohne durch äußere Umstände darin behindert zu werden. Wird diese Handlungsfreiheit bedroht, indem z. B. eine (bisher verfügbare) Verhaltens- oder Ergebnisalternative nur noch eingeschränkt zur Verfügung steht, oder noch schlimmer, gar verunmöglicht wird, entsteht ein „motivationaler Erregungszustand, nämlich psychologische Reaktanz" (Dickenberger, Gniech & Grabitz, 1993, S. 244). Dessen Ziel ist es, die verlorengegangene Freiheit wieder herzustellen (Brehm & Brehm, 1981; Wortman & Brehm, 1975).

Integrative Model of Reactance Theory and the Learned Helplessness Model

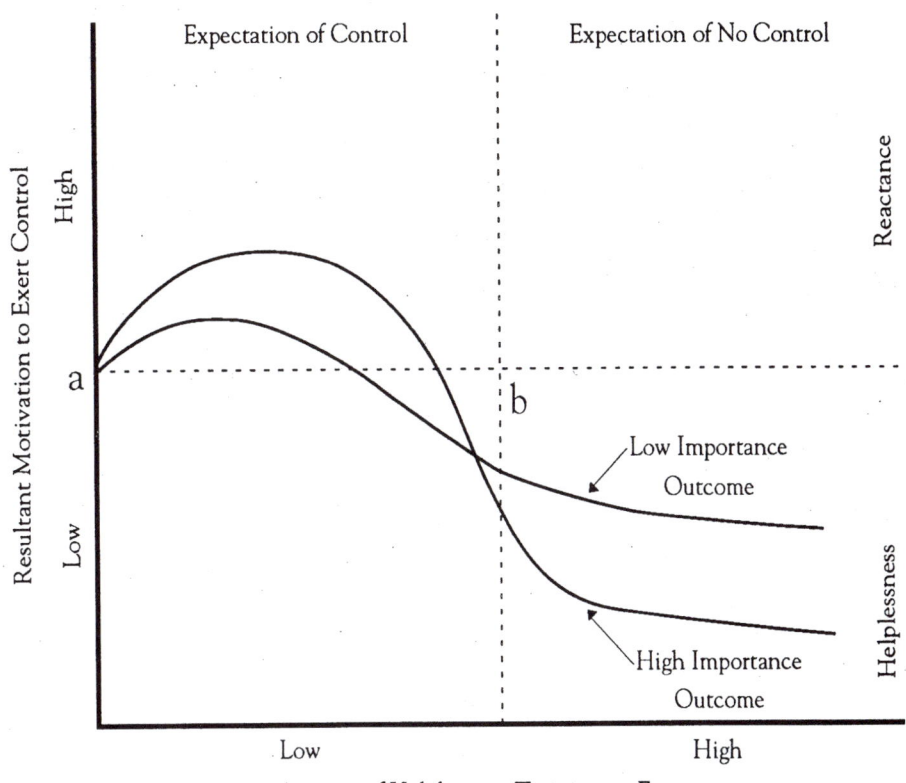

Abbildung 10: Integratives Modell der Reaktanz und gelernten Hilflosigkeit von Wortman und Brehm (1975) in der Darstellung von Reeve (1992).

Im integrativen Modell von Wortman und Brehm (1975) werden die Theorie der ge-lernten Hilflosigkeit und die Theorie der Reaktanz unter dem Gesichtspunkt der Un-kontrollierbarkeit (bzw. der Anzahl der Hilflosigkeitstrainings in der Terminologie von Seligman; in der obigen Darstellung die X-Achse) zusammengeführt. Danach kommt bei geringer Dauer der Unkontrollierbarkeit die Reaktanztheorie zum Tragen und bei längerer Exposition die Hilflosigkeitstheorie. Der resultierende Motivationsprozess (in der obigen Darstellung die Y-Achse) wird durch die attribuierte Wichtigkeit („*importance of outcome*") „moduliert".

41

Zielsetzungstheorie

Nach Lockes (1968) Zielsetzungstheorie ist die Leistung umso besser, je schwieriger das gewählte Ziel ist, obwohl damit die Erfolgswahrscheinlichkeit, es zu erreichen, abnimmt. Das erscheint aber – nicht nur – im Lichte des *Risikowahl-Modells* paradox. Doch er legt Daten vor, wonach etwa in 90% der Fälle mit Zunahme der Schwierigkeit des gesetzten Zieles auch die Leistung stieg. Dabei handelte es sich allerdings zumeist um „Schnelligkeitsaufgaben" und der Zuwachs war in einer Mengenleistung zu beobachten.

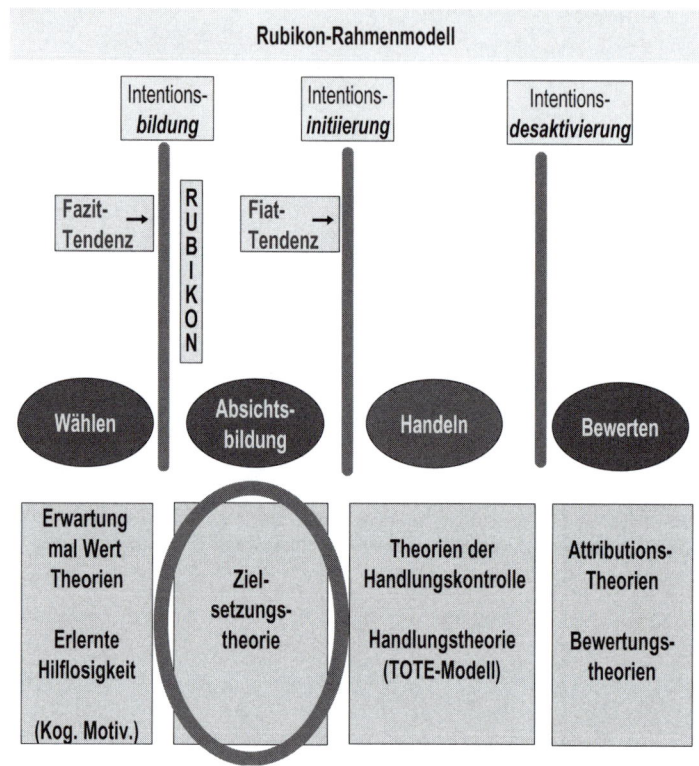

Abbildung 11: Die Einordnung der Zielsetzungstheorie in das Rubikonmodell.

Nach dem Risikowahl-Modell müsste die Beziehung zwischen Erfolgswahrscheinlichkeiten und Leistung einen verkehrten U-förmigen Zusammenhang zeigen. Heckhausen (1989) verweist darauf, dass das Risikowahl-Modell ein Motivationsmodell ist, während die Zielsetzungstheorie eine bereits einmal getroffene Realisierung einer Entscheidung betrifft und deshalb ein Volitionsmodell ist.

Nach Locke und Latham (1985) werden Leistungsverbesserungen vor allem dann erreicht, wenn:

- die Ziele klar und spezifisch sind
- die Ziele schwer erreichbar sind
- die Ziele akzeptiert sind
- Rückmeldung über das Erreichte gegeben wird.

Anspruchsniveau

Der Begriff geht auf Lewin zurück und beschreibt den Schwierigkeitsgrad einer Leistung, den sich ein Mensch abverlangt. Nach Atkinson (1964) wird das Anspruchsniveau durch folgende Diskrepanzen beeinflusst:

- Zieldiskrepanz (zwischen der letzten Leistung und dem Anspruchsniveau)
- Leistungsdiskrepanz (zwischen dem Anspruchsniveau und der neuen Leistung)
- Reaktion auf Erfolgs- und Misserfolgsfaktoren (zwischen der neuen Leistung und der Reaktion auf die neue Leistung)

Das Anspruchsniveau ist einerseits entscheidend für die Bewertung, ob Erfolg oder Misserfolg vorliegt, andererseits erhöht Erfolg das Anspruchsniveau und Misserfolg lässt es abfallen. Das Versagen weit oberhalb des Anspruchsniveaus wird aber nicht als Misserfolg wahrgenommen und eine Bewältigung einer Leistung weit unterhalb des Anspruchsniveaus wird nicht als Erfolg gesehen. Das Verhältnis von Leistungsniveau und Anspruchsniveau wird zwar als relativ konstant gesehen und als charakteristisch betrachtet, aber z. B. bei fortdauerndem Misserfolg kommt es vor, dass das Anspruchsniveau dann als unrealistisch hoch oder viel zu tief angesiedelt wird. In der Folge sind dann nur sehr schwer emotional positiv gefärbte Erfolge zu verbuchen.

Handlungstheorie

TOTE-Modell

Miller, Galanter und Pribram (1960/1973) setzten sich mit der bis dahin vorherrschenden Analyseeinheit des menschlichen Verhaltens, nämlich dem S-R-Komplex auseinander. Sie schlugen dann folgenden Rückkoppelungskreis des Verhaltens vor: der Organismus stellt eine Inkongruenz zwischen seinen Kriterien und Eingangssignalen fest; diese Feststellung oder Prüfung wird von den Autoren als „Test" bezeichnet. Er setzt nun eine Aktion (*operate*), die solange anhält, bis die Inkongruenz

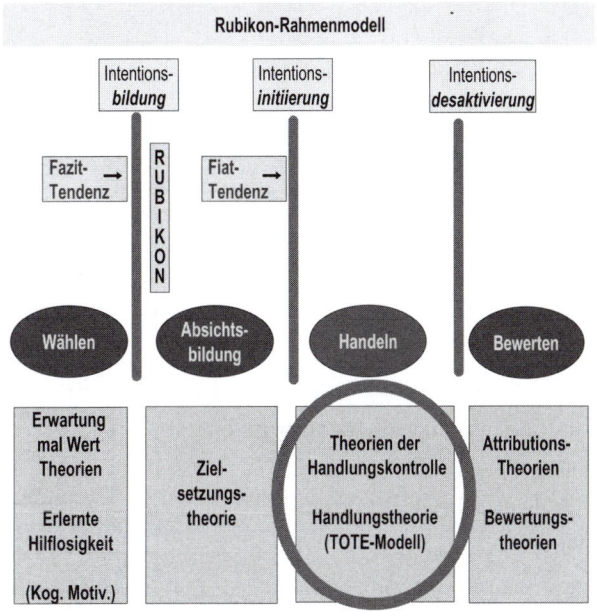

Abbildung 12: Die Einordnung der Handlungstheorie und des TOTE-Modells in das Rubikonmodell.

verschwunden ist und der Prüfvorgang verlassen werden kann (*exit*). Dabei können zahlreiche Testphasen (*test*) sich hierzu dazwischenschaltet sein. Wir haben somit eine Rückkoppelung vom Handlungsresultat zur Testphase, die von den Autoren zum Grundelement des Verhaltens bestimmt wird: die TOTE (*test-operate-test-exit*)-Einheit. Es handelt sich somit um eine schematische Darstellung des kybernetisch interpretierten Handlungsablaufs.

Dieses System präsentiert sich aber wiederum in sich verschachtelt. Auf den verschiedenen Ebenen des menschlichen Verhaltens, also von Aspekten seines Selbst (Wertvorstellungen, wichtige personale Ziele u. a.) bis zu einfachen motorischen Durchführungsmomenten finden sich TOTE-Einheiten.

Dazu ein Beispiel:

- Prüfe den Nagel! (Kopf schaut hervor.)
- Prüfe den Hammer! (Der Hammer ist unten.)
- Hebe den Hammer!
- Prüfe den Hammer! (Hammer ist oben.)
- Schlage zu!
- Prüfe den Hammer! (Hammer ist unten.)
- Prüfe den Nagel! (Kopf schaut hervor.) ...

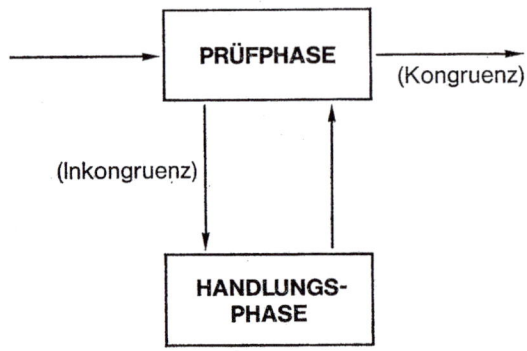

Abbildung 13: Schematische Darstellung des „TOTE-Modells" in der deutschsprachigen Originalliteratur (Miller, Galanter & Pribram, 1973, S. 42)

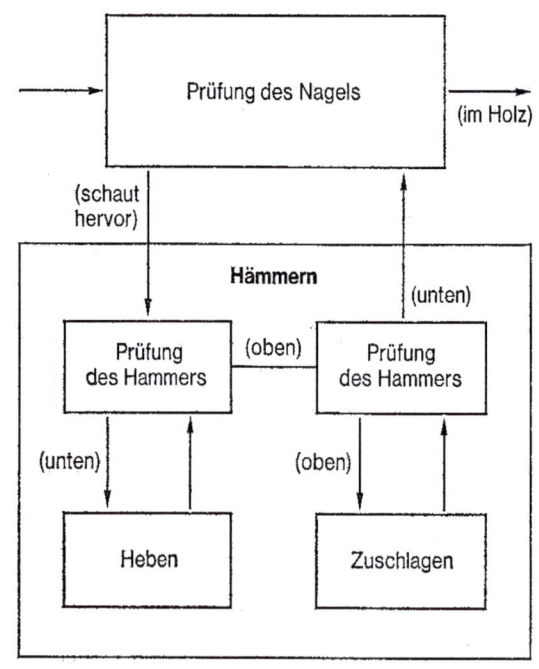

Abbildung 14: Hierarchischer Plan für das Nageleinschlagen (Miller, Galanter & Pribram, 1973, S. 42)

Die Theorie enthält weitere wichtige Untersuchungseinheiten, wie den Plan: darunter verstehen Miller et al. (1960/1973) eine hierarchische Listenstruktur, die sich aus einer Folge von Instruktionen (wie bei einem Computerprogramm) zusammensetzt.

In der Notwendigkeit von Bildern im menschlichen Handeln wird der kognitive Ansatz der Autoren besonders deutlich: ein Bild „besteht aus all dem angehäuften, organisierten Wissen, das der Organismus über sich selbst und seine Umwelt gesammelt hat" (Miller et al., 1960/1973, S. 27). Teile des eigenen Selbstbildes werden in Pläne miteinbezogen und auch Pläne können Bestandteile eines Bildes sein. Ein Bild ist also ein handlungstheoretischer Sammelbegriff für alle Arten von Wissen der kognitiven Repräsentationen, die in der Handlungsvorbereitung (Plan) mitverwendet und durch die Effekte der Handlungsausführung erweitert bzw. modifiziert werden.

Kuhls Theorie der Handlungskontrolle

Kuhl (1983, 1983, 1987) beschreibt in seinem Modell zwei Gesichtspunkte der Motivation, die *Selektionsmotivation* und *Realisationsmotivation*. Er entwirft eine Handlungstheorie, in der er zwischen Lageorientierung (im Zustand erlebter Unkontrollierbarkeit) und Handlungsorientierung unterscheidet. Die Realisierung einer Handlung bedarf häufig bestimmter Willensprozesse der Handlungskontrolle, von denen die Prozesse der Ausführungskontrolle zu unterscheiden sind.

Prozesse der Handlungskontrolle

- *Selektive Aufmerksamkeit* auf Informationen, welche die augenblickliche Intention stützen.
- *Enkodierungskontrolle*: Augenblicklich relevante Aspekte werden tiefer verarbeitet (schon in den frühen Stadien der Reizverarbeitung).
- *Emotionskontrolle*: Emotionen, welche der bevorstehenden Handlung förderlich sind, werden angestrebt oder zu „erzeugen" versucht („determinierende Gefühle" nach Ach).
- *Motivationskontrolle*: Ein zusätzlicher Motivationsprozess (z. B. durch Eskalation der gewünschten Anreize) verbessert die augenblickliche Motivationslage.
- *Umweltkontrolle*: „Kontrolle" unerwünschter Stimuli (z. B. Entfernung von Süßigkeiten aus der Wohnung bei geplanter Gewichtsabnahme).
- *Sparsame Informationsverarbeitung*: Die Elaboration von Erwartungs- und Wertaspekten könnte beliebig fortgesetzt werden. Sie wird deshalb sparsam vorgenommen, um zum Handeln zu kommen.
- *Misserfolgsbewältigung*: Ein Misserfolg wird nicht lange in Gedanken weiterverfolgt, sondern es wird versucht, sich von unerreichten Zielen abzulösen.

Kontrollmodi

Kuhl (1984, 1985) unterscheidet zwei Kontrollmodi: *Handlungsorientierung* und *Lageorientierung*. Unabhängig von der Intention kann das Kontrollsystem die Handlungsrealisierung fördern oder behindern.

- *Handlungsorientierung*: die Umsetzung des Intendierten in Handlung.
- *Lageorientierung*: perseverierende Kognitionen, die sich auf gegenwärtige, zurückliegende oder künftige Lage beziehen.

Sie entstehen durch:

- *Inkongruenz der aufgenommenen Information*, welche geklärt werden muss (kann prinzipiell schnell geklärt werden).
- *Ungenügende Repräsentation* (degenerierte Intention; kann nicht schnell geändert werden; z. B. kann die auszuführende Tätigkeit nicht spezifiziert sein, wie es sich nach vielen vergeblichen Versuchen ergibt, womit eine misserfolgsorientierte Lage vorherrscht).

Lageorientierung wird durch bestimmte Situationen wie Misserfolg oder Überraschung angeregt, hängt aber auch von persönlichen Neigungen ab.

Instrumentarium

Mit Kuhls (1985) Fragebogen lassen sich Handlungs- und Lageorientierung jeweils auf den Subskalen: *entscheidungsbezogen*, *ausführungsbezogen* und *misserfolgsbezogen* erfassen.

Selbstregulationsmodell

Kanfer (1970, 1971, 1975; Kanfer & Hagerman, 1987) beschreibt in seinem Modell einen Selbstregulationszyklus. Seiner Theorie liegt das Erklärungsprinzip der Selbstverstärkung von Skinner (1953) zugrunde. Dieser Selbstregulationszyklus tritt dann auf, wenn ein Handlungsablauf unterbrochen wird, d. h. ein Handlungshindernis ist zu überwinden oder das Handlungsergebnis, das erwartet wird, tritt nicht ein. Es folgen drei Prozessphasen:

- Selbstbeobachtungsphase (*monitoring*)
- Selbstbewertungsphase (Vergleich der Rückmeldung mit dem Anspruchsniveau)
- Selbstkonsequenzphase mit Selbstbekräftigung oder -bestrafung

Dieses Modell beschäftigt sich nicht mit Motivationsfragen, sondern nur mit Volitionsfragen. Es fand besonders in der Klinischen Psychologie und in der Therapieforschung Anwendung.

Attributionstheorien

Attributionen

Bei unerwarteten Ereignissen werden Attributionsprozesse in Gang gesetzt. Es wird nach der Ursache bzw. nach einer Erklärung „gesucht".

Attributionstheoretische Ursachenerklärung von Erfolg und Misserfolg

Die erlebten Auswirkungen von Erfolg und Misserfolg hängen von der Ursachenerklärung (Können, Schwierigkeit, Glück, Anstrengung) ab. Relevante Dimensionen sind zeitlich Stabilität (stabil vs. variabel) und die Lokation: liegt die Ursache in der Person oder liegt sie in der „Umwelt" (Weiner, 1971). Von der attribuierten Zeitstabilität hängt die Erwartung des zukünftigen Abschneidens ab. Bei stabiler Misserfolgsattribution (mangelnde Fähigkeit) wird die *Erfolgserwartung* gering oder gar nicht vorhanden sein. Bei variabler Misserfolgsattribution (zu wenig Anstrengung oder Pech) wird die *Erfolgserwartung* viel weniger beeinträchtigt.

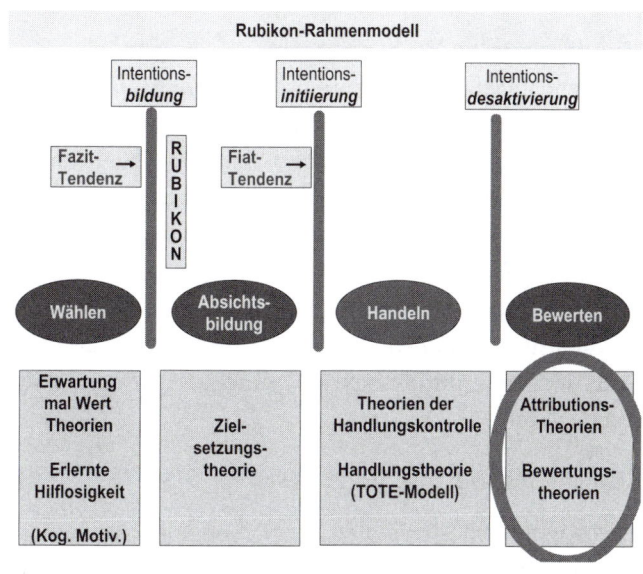

Abbildung 16: Die Einordnung der Attributionstheorien in das Rubikonmodell.

	INTERNAL	EXTERNAL
STABIL	Fähigkeit Können	Schwierigkeitsgrad eines Problems
VARIABEL	Anstrengung Wollen	Glück Zufall

Abbildung 15: Vierfelderschema mit den Dimensionen Lokation (internal vs. External) und Zeitstabilität (stabil vs. variabel) der Attribution nach Weiner (1972).

Von der internen/externen Attribuierung werden die Selbstbewertungsaffekte (Stolz, Scham, ...) beeinflusst. Werden Umweltfaktoren als Ursache gesehen, haben Leistungsresultate weniger Auswirkungen auf die Selbstbewertung als wenn die Ursache in der eigenen Person gesehen wird.

Fundamentaler Attributionsfehler

Als fundamentalen Attributionsfehler (*fundamental attribution error*) bezeichnet man die Tendenz, das Verhalten anderer Personen eher auf die (stabile) Persönlichkeitseigenschaft als auf die (variable) situative Gegebenheiten zurückzuführen (attribuieren bedeutet Ursachenzuschreibung). Andererseits wird das eigene Verhalten eher durch situative Umstände als durch Persönlichkeitsmerkmale bestimmt gesehen (Ross, 1977).

In Ermangelung einer logischen Begründung über die „Fundamentalität" dieses Attributionsfehlers wird der Begriff „Korrespondenzneigung bzw. Korrespondenzverzerrung (*correspondence bias*)" (Gilbert & Malone, 1995; Jones, 1990) vorgeschlagen und anderen Attributionsverzerrungen wie den selbstwertdienlichen Verzerrungen gleichgestellt.

Motivationsbedingte Verzerrung

Unter motivationsbedingter Verzerrung versteht man die Tendenz, bei Erfolg intern zu attribuieren. Im Gegensatz dazu neigt man dazu, Misserfolg auf externe Faktoren zurückzuführen.

Attributionen bei Erwartungs-Wert Theorien

Während die „Erwartung" von der *Stabilität* der Attribution abhängig ist, ist der „Wert" abhängig vom *Ort* (intern vs. extern).

Emotion & Motivation

Emotion

Unter Emotion versteht man ein komplexes Muster von Zuständen, welches (subjektiv) qualitativ bestimmbar und zeitlich begrenzt ist. Zumeist ist es eine Reaktion auf eine persönlich bedeutsame Situation und moderiert bzw. bestimmt den Ausdruck (Verhalten), die Physiologie und das Erleben (Bewusstsein, Fühlen, Denken).

Verwandte Konstrukte von Emotion sind:
- *Stimmung*: liegt generell in schwächerer Ausprägung vor, dauert länger an und es fehlt ein klarer Bezug zum Auslöser.
- *Affekt*: beim Affekt handelt es sich um eine kurze heftige Emotion.

- *Stress*: ist ein länger andauernder oder intensiver belastender Zustand.

„Beteiligte Systeme" bei Emotion

- Ausdruck
- Erleben
- „Modulierte Kognitionen"
- Physiologische Veränderungen

Evolutionäre Emotionstheorie

Wiedergewonnener Beliebtheit erfreut sich die evolutionäre Emotionstheorie. Sie geht auf Darwin (1872/1884) zurück und besagt, dass Emotionen ein Produkt der Evolution sind und den Überlebenserfordernissen dienen. Die so genannten Primäremotionen sind demgemäß biologisch vorprogrammiert und Spezies-universell. Sie haben eine neurochemische Basis und können durch Lernen modifiziert werden. Innerhalb der evolutionären Emotionstheorien können die neurokulturelle (Ekman, 1984), ethologische (Eibl-Eibesfeldt, 1980) und die differentielle (Izard, 1977/1994) Emotionstheorie unterschieden werden. Meist wird eine bestimmte Anzahl primärer Emotionen wie Angst, Ärger, Freude, Trauer, Überraschung usw. angenommen (z. B. Plutchik 1980; Izard, 1977/1994). Die Vielfalt der tatsächlich auftretenden Emotionen wird durch Mischungen bzw. Abwandlungen von primären Emotionen erklärt. In den evolutionären Ansätzen haben Emotionen zumeist auch eine grundlegende Bedeutung für die Entstehung anderer psychischer Prozesse, vor allem auch für kognitive (rationale) Prozesse – deren evolutionäre Vorläufer sie sind.

Darwin (1872) versteht unter Emotionen bewusste mentale Zustände von Personen und höheren Tieren. Er nimmt in dieser ersten großen Emotionstheorie an, dass Emotionen durch kognitive Einschätzung und Bewertung von Objekten, Situationen und Ereignissen entstehen, und betont somit die Beteiligung der Kognition.

Seit der Publikation des Klassikers von Charles Darwin „*The Expression of Emotion in Man and Animal*" im Jahre 1872 sehen Psychologen die Kommunikation von Emotionen als eine wesentliche Funktion an, die auch zum Überleben der Arten beigetragen hat.

Das Prinzip der zweckmäßig assoziierten Gewohnheiten hebt die biologische Funktion des Emotionsausdrucks hervor. Dieser Ansatz geht davon aus, dass der Emotionsausdruck vererbt wird, da er biologisch bedeutsam ist. Wenn Verhaltensweisen funktional sind, gehen sie irgendwann in die Erbmasse über (=Selektionsmechanismus). Im Falle des Emotionsausdrucks ist die Funktion der Kommunikation gegeben.

Bei der Untersuchung von Emotionen wandte Darwin (1872) 6 Methoden an:

49

- *Intrakulturelle Zuordnung*: Personen eines Kulturkreises mussten Gesichtern Emotionen zuordnen. Wenn eine gewisse Allgemeingültigkeit besteht, so müssen hier Übereinstimmungen erkennbar sein.

- *Interkultureller Vergleich*: Es wurde über verschiedene Kulturen beobachtet und verglichen, inwieweit Übereinstimmungen vorzufinden sind.

- *Beobachtung des Emotionsausdrucks von Kindern*: Kinder sind diesbezüglich deshalb von Interesse, da sie ihre Emotionen noch nicht kontrollieren und diese intensiver zum Ausdruck bringen.

- *Vergleich des Emotionsausdrucks von Menschen und Tieren*: Dieser Vergleich ist wichtig für den Nachweis des phylogenetischen Ursprungs der verschiedenen Ausdrucksbewegungen.

- *Beobachtung des Emotionsausdrucks von Blindgeborenen*: Diese Methode ist deshalb von großer Bedeutung, weil die Möglichkeit einer visuellen Nachahmung des Emotionsausdrucks ausgeschlossen wird.

- *Beobachtung des Emotionsausdrucks von Geisteskranken*: Ähnlich wie Kleinkinder sind auch Geisteskranke stärkeren Emotionen ausgesetzt und drücken diese unkontrollierter aus.

Zur Untersuchung der interkulturellen Universalität des Emotionsausdrucks greift Ekman (1973) Darwins Versuche wieder auf und kommt bei Erhebungen in Chile, Argentinien, Japan, den USA und in Neuguinea zu einer Bestätigung Darwins.

Ekmans Theorie des Gesichtsausdrucks

- Es gibt eine begrenzte Anzahl von Basisemotionen.

- Jede dieser Basisemotionen ist durch ein spezifisches Gefühl, physiologische Veränderung und Ausdruck charakterisiert.

- Wird die Basisemotion ausgelöst, wird auch ein angeborenes Mimikprogramm aktiviert.

- Der Ausdruck kann jedoch willentlich kontrolliert werden.

McDougalls Emotionstheorie/Motivationstheorie

McDougall spricht von „Instinktverhalten" als evolutionäre Anpassung an immer wiederkehrende Lebensprobleme (z. B. Fluchtverhalten: ein Zusammenspiel aller Teile und Organe des Körpers ist notwendig).

Er stellte eine Liste von 12 (McDougall, 1908) bzw. 18 (McDougall, 1932) Instinkten auf, wandte sich gegen die Willensanalyse und setzte sich für die instinkttheoretische Betrachtung ein. Im Sinne ererbter Verhaltenstendenzen (nach Darwin) tritt die „Motivation statt Volition" in den Vordergrund:

Instinkte sind angeboren, haben eine antreibende (energetisierende) und steuernde Funktion und enthalten eine Abfolge von 3 prädisponierten Prozessen:

- Disposition zu einer selektiver Wahrnehmung (*kognitiv*),
- emotionale Impulse (*affektiv*) und eine
- motorische Handlungsbereitschaft (*efferentes* Teilsystem).

Instinkt	Emotion	Handlungsimpuls
Flucht	Furcht	Davonlaufen
Abstossens	Ekel	Zurückweichen
Neugier	Staunen	Annäherung, Erkundung
Kampf	Ärger	Behinderung der Ausführungeines Impulses
Elterninstinkt	Zärtlichkeit	Ernähren und Beschützen
...	...	...

Tabelle 1: Instinkte – Emotionen – Handlungsimpulse in der Sichtweise von McDougall.

	McDougall	Plutchik	Tomkins	Izard	Ekman
Furcht	+	+	+	+	+
Ärger	+	+	+	+	+
Ekel	+	+	+	+	+
Kummer/Traurigkeit	[+]	+	+	+	+
Freude	-	+	+	+	+
Überraschung	-	+	+	+	+
Verachtung	-	-	+	+	(+)
Interesse	-	-	+	+	(+)
Scham	-	-	+	+	(+)
Schuld	-	-	-	+	(+)
Schüchternheit	-	-	-	+	-
Akzeptieren	-	+	-	-	-
Erwartung	-	+	-	-	-
Unterwürfigkeit	+	-	-	-	-
Zärtlichkeit	+	-	-	-	-
Staunen	+	-	-	-	-
Hochgefühl	+	-	-	-	-

Tabelle 2: Postulierte primärer Emotionen in einer Gegenüberstellung.

Die Brauchbarkeit der Instinkttheorie schwand durch die Tatsache, dass Bernard (1924) 14046 Instinkte in der psychologischen Literatur zählte. Die nahezu totale Willkür der damaligen Instinktdefinitionen verbunden mit der tautologischen Definition (der Instinkt erklärt ein Verhalten das eben ein Instinkt ist) war dafür verantwortlich.

Ethologische Sichtweise

Mit Lorenz (1937, 1943), der das Instinktverhalten auf ererbte Bewegungskoordinationen eingrenzte, gewann die Instinkttheorie wieder an Brauchbarkeit.

Nach seiner Konzeption kommt vor allem das letzte Glied einer Verhaltensfolge durch einen angeborenen, auslösenden Mechanismus (AAM) zur Entladung. Für bestimmte Instinkthandlungen können (während kurzer sensibler Phasen) beliebige Objekte zu auslösenden Schlüsselreizen werden, was er Prägung nannte. Bleibt aber der Schlüsselreiz längere Zeit aus, so können ohne Reizauslösung Instinktverhaltensfolgen abrollen (Leerlaufhandlungen).

Leerlaufhandlungen sind dadurch charakterisiert, dass sie *stereotyp* und *erfahrungsunabhängig* ablaufen und durch die *zeitdauerabhängige Bereitschaft*.

Nach der psychohydraulischen Modellvorstellung wird (für jeden Instinkt) andauernd eine handlungsspezifische Antriebsenergie produziert, die auf Entladung drängt. Kommt es längere Zeit zu keiner Entladung, so erhöht sich der „Druck" wodurch es nach vorerst herabgesetzten Schwellwerten bei weiterem Ausbleiben von Schlüsselreizen zu so genannten Leerlaufhandlungen kommt. Dieses – allerdings heftig umstrittene – Modell wurde vor allem in Zusammenhang mit der Aggression bekannt.

Soziobiologische Theorie

Soziobiologische Theorien haben die Anwendung darwinistischer Prinzipien auf soziale Verhaltensweisen zum Gegenstand. Letzte grundlegende Verhaltensprinzipien seien Egoismus und das Überleben des „Genpools". Je bedeutsamer der Organismus für die Reproduktion ist, umso wertvoller ist er.

Die Soziobiologie hat sich parallel zur Psychobiologie und der Humanethologie entwickelt und vertritt den Sozialdarwinismus, indem die biologische Basis des Sozialverhaltens untersucht wird (Wilson, 1975). Im Vergleich zu den anderen Theorien ist die zeitliche Betrachtungsperspektive der Motivation auf einen wesentlich längeren Zeitraum ausgedehnt. Als letzte Ursache des Verhaltens wird die Einbettung bzw. die Nützlichkeit des Verhaltens zur Erhaltung der genetischen Information angesehen.

Thesen zum Altruismus

Alle Organismen sind „Gen-Produktionsmaschinen" bzw. „Überlebensmaschinen" mit dem Hauptziel, den eigenen Genpool weiter zu geben. Die Reproduktionsbedeutung bestimmt altruistisches Verhalten. Je bedeutsamer der Organismus für die Reproduktion ist, umso wertvoller ist er nach der soziobiologischen Theorie.

Beispiel:

- Sie sind in einem Boot, das kentert. Es ist ihr 5-Jähriges und ihr 1-Jähriges Kind (gleichen Geschlechts) an Bord. Das Boot sinkt und sie können nur eines retten. Welches würden sie retten?
- Das gleiche Boot (sie sind langsam beim Lernen von Lektionen) und es sind ihr 40-Jähriges und ihr 20-Jähriges Kind an Bord (beide haben das gleiche Geschlecht). Beide können nicht schwimmen. Wen würden sie retten, wenn das Boot sinkt?

Typisches Ergebnis:

- 1-jähriges / 5-jähriges – es wird eher das 5-jährige Kind als das 1-jährige gerettet.
- 20-jähriges (98%) / 40-jähriges (2%) – es wird eher das 20-jährige „Kind" als das 40-jährige gerettet

These zum Paarungsverhalten und zur Reproduktion

Für Frauen ist eine biologische Obergrenze (von 25–30 Kindern) im Gegensatz zum Mann gegeben. Deshalb sucht die Frau einen Partner, der bei der Kinderaufzucht behilflich ist, während der Mann nur auf die Gebärfähigkeit achtet.

Hypothesen

- Männer bevorzugen jüngere Frauen (Gebärfähigkeit) während
- Frauen ältere Männer bevorzugen, da sie mehr Ressourcen zur Verfügung haben.

Da die Gewissheit der Mutterschaft größer ist als die Gewissheit der Vaterschaft, kann sich die Mutter der Mutter – im Gegensatz zur Mutter des Vaters – über den Anteil von 25 % des Genpools beim Neugeborenen sicher sein.

These zu Emotionen

Aufgrund des Reproduktionsdruckes, ist der Verlust von (Bluts-)Verwandten mit besonders starken Emotionen verbunden. Je mehr in die Erziehung eines Kindes investiert wurde und je näher es der Reproduktionsphase ist, desto größer ist der Verlustschmerz (Kummer).

Hypothese

- Der Kummer ist bei der Mutter, den Eltern der Mutter, bei älteren Eltern und beim Tod eines gesunden Kindes größer als bei den jeweiligen Alternativen.

Abschließend soll noch einmal betont werden, dass die soziobiologische Theorie (wie die meisten anderen Theorien aber auch) nicht unumstritten ist. Auch durch empirische

Belege der Thesen kann die Theorie nicht endgültig bewiesen werden – sie könnte nur widerlegt werden; siehe dazu z. B. Trimmel, 1997.

Triebtheorie: Psychoanalyse

Sigmund Freuds Psychoanalyse basiert auf den folgenden Grundprinzipien.

Grundprinzipien

Homöostase

Homöostase beschreibt die Tendenz der Erhaltung eines relativ stabilen Gleichgewichtes (Cannon, 1932). Um Bedürfnisse zu befriedigen, müssen adäquate Handlungen unternommen werden. Dazu muß sich der Mensch an die gegebene Umwelt anpassen und in ihr leben lernen (z. B. Nahrungsbedürfnis).

Hedonismus

Hedonismus ist die „utilitaristische Doktrin" (nützlichkeitsorientierte Lehrmeinung) nach der Lustgewinn und Glück die Hauptziele des Lebens sind (Bentham, 1789). Wenn die Homöostase das Leitprinzip des Verhaltens ist, dann ist die Lust das Resultat. Nach Freud strebt das Individuum nicht nach Stimulation – Aktivität ist ein Zeichen für Unbefriedigtsein – sondern nach der Aufhebung aller Bedürfnisspannungen, welche durch Inaktivität gekennzeichnet ist (*Nirwanaprinzip*).

Psychische Energie

Nach Freud erfordern alle psychologischen Vorgänge den Einsatz von Energie. Somit sind die Konzepte der Erhaltung der Energie, der Entropie, der Trennung von kinetischer und potentieller Energie bedeutsam. Der Mensch sei ein geschlossenes Energiesystem, d. h. jeder Mensch verfügt über ein bestimmtes, konstant bleibendes Energiepotential. Ein Teil der Energie ist kinetisch gebunden (eine Bindung von Energie wird Kathexis bezeichnet) und zwar immer dann, wenn ein begehrtes Objekt momentan nicht erreicht werden kann. Als Begleiterscheinung treten das Gefühl der Sehnsucht und das Objekt betreffende Vorstellungen, Gedanken und Phantasien auf. Wird das Objekt verfügbar, wird die gebundene Energie freigesetzt und steht als potentielle Energie zur Verfügung (bei totaler Wunscherfüllung sei die gesamte Energie frei). Somit hängt das Ausmaß der verfügbaren Energie mit dem subjektiven Wohlbefinden zusammen.

Psychologischer Determinismus

Alle Gedanken und Handlungen sind die notwendige Folge bestimmter Ursachen. Witze, Versprecher und Träume sind (deterministisch verursachte) Ersatzbefriedigungen unerlaubter Impulse oder unerlaubter Wünsche und somit versteckte Methoden der „Spannungsreduktion". Die „wirkliche" Bedeutung eines Traumes (sein latenter Inhalt) ist Ausdruck der versuchten Wunscherfüllung und bleibt der Person verborgen. Sie berichtet über den manifesten Inhalt, welcher aber durch „entsprechende Analysen" aufgedeckt werden könne („Königsweg zum Unbewussten").

Er postuliert eine Struktur der Persönlichkeit wonach das Verhalten ein Kompromiss zwischen Wünschen (Trieben), Einschränkungen der Umwelt (Vernunft) und moralischen Normen (Ideale) ist. Die Integration der Persönlichkeitsstruktur erfolge nach folgendem Prinzip: „So vom Es getrieben, vom Überich eingeengt, von der Realität zurückgestoßen, ringt das Ich um die Bewältigung seiner ökonomischen Aufgabe, die Harmonie unter den Kräften und Einflüssen herzustellen, ..." (Freud, 1933/1969, S. 515). Nach der Strukturtheorie lassen sich folgende Eigenschaften der Strukturen finden:

Es: Das Reservoir der gesamten psychischen Energie. Erträgt keine inneren Spannungen, sondern trachtet, diese zu entladen. Gehorcht dem Lustprinzip nach der hedonistischen Doktrin: Lust wird durch homöostatische Prozesse und Spannungsreduktion angestrebt. Verfügt über den „Reflexapparat". Ist durch das „primär prozesshafte Denken" (... alogisch, zeitlos, Vermengung von Realem und Irrealem) gekennzeichnet.

Ich: Gehorcht dem Realitätsprinzip; folgt dem „sekundärprozesshaften" Denken; unterstützt das Es in seinem Streben nach Lust und Befriedigung; verfügt über Gedächtnis, Konzentration und Willkürmotorik: somit kann es Befriedigungsaufschub, langfristige Planung von Zielen usw. bewirken. Die Inhalte sind weitgehend bewusst. Die Abwehrmechanismen (Verdrängung, Regression, Konversion, Reaktionsbildung, Projektion, Introjektion, Kompensation, Sublimation, Rationalisierung, Substitution, ...) sind im Allgemeinen nicht bewusst.

Überich: „Belohnung" der Person für moralisches Verhalten. „Bestrafung" sozial nicht sanktionierter Handlungen durch Schuldgefühle. Freud (1856–1939) ging es – auch – um die Aufklärung unverständlich erscheinender Verhaltensweisen. Er war überzeugt, dass das Unbewusste das Handeln lenkt und die Bewusstseinsinhalte beeinflusst.

Freuds Motivationstheorie lässt sich – vereinfacht ausgedrückt – durch eine hin- und herwogende Konfliktdynamik zwischen den biologischen Gegebenheiten und dem Verhalten beschreiben:

Die Triebe haben den Charakter des Drängenden (nach Freud: das „motorische Moment" oder die „Summe der Kraft" eines Triebes. „Die Macht des Es drückt die eigentliche Lebensabsicht des Einzelwesens aus. Sie besteht darin, seine mitgebrachten Bedürfnisse zu befriedigen" Freud, 1938, S. 70). Als Bestandteil des Es sind die Triebe dem Bewusstsein nicht zugänglich, sodass unsere Antriebskräfte unbewusst sind (eine für die nachfolgenden Konzepte sehr einflussreiche Annahme, wonach sich z. B. eine

Person über die eigentlichen Ziele keinesfalls klar sein muss, um dennoch zielführend zu handeln).

Es sind nicht die äußeren, sondern die inneren Reize, mit denen der psychische Apparat fertig werden muss, da er sich ihnen nicht entziehen kann. Das Individuum ist in einem niemals endenden Konflikt zwischen sexuellen (aggressiven) Trieben, der sozialen Umwelt sowie von internalisierten Idealen auferlegten Beschränkungen gefangen. Unbewusste Wünsche drängen sich auf verschiedene Weisen ins Bewusstsein, sodass es zu Umdeutungen der Realität (Projektion), Fehlhandlungen, Versprecher, Vergessen usw. kommt. Der Organismus ist umso mehr im Gleichgewicht, je niedriger der angestaute Triebreizpegel ist (Triebreduktionsthese). Jede Verminderung des Triebreizpegels ist von Lustgefühlen, jede Erhöhung von Unlustgefühlen begleitet.

In Freuds *primärem Handlungsmodell* werden Triebe ohne die Beteiligung des Ich – bloß durch die reflexhafte Handlung – unmittelbar (kein Triebaufschub möglich) befriedigt. Im *primärem Denkmodell* (beim primärprozesshaften Denken wird nicht zwischen Realität und Irrealität unterschieden) dienen mentale Vorgänge als Mittel der Befriedigung. Alles Denken, das von Primärprozessen beherrscht wird, wie Träume oder Halluzinationen usw., ist demnach Wunscherfüllung.

In Freuds *sekundärem Handlungsmodell* (Sekundärmodell) werden Triebe durch die Vermittlung des Ich – was z. B. zu einem Triebaufschub oder einer Umweghandlung führen kann – zur Maximierung des „Nettolustgewinnes" der Triebbefriedigung zugeführt. Im *sekundärem Denkmodell* dienen mentale Prozesse (Kognitionen wie Pläne, Gedächtnisleistungen, Denken, usw.) als Mittel der Zielerreichung.

Charakteristika des Trieberlebens (Rohracher, 1971)

- Erleben eines Dranges (Bedürfnis): meist mit Zielvorstellung
- Autogene Entstehung ohne Mitwirkung des Bewusstseins und unabhängig von Wollen und Denken
- Gefühlsbegleitung: Befriedigung führt zu Lust, sonst Unlust
- Bewusstseinsminderung: vor allem bei gesteigertem Trieberleben verliert die Klarheit des Denkens

Hulls Drive- (Trieb-) Theorie

Clark L. Hull (1884–1952) übernahm von Woodworth bzw. Tolman das Konstrukt der intervenierenden Variablen und die differenzierte Thorndikesche Position.

Eine Grundkonzeption der Hullschen *drive-* (Trieb-)theorie besteht darin, dass die Motivationskomponente (*drive*, D) die Lernkomponente beeinflusst (nicht aber umgekehrt). Beim instrumentellen Konditionieren wird also die S-R Verbindung durch die der Reaktion nachfolgenden Reduktion des bestehenden Bedürfnisses bekräftigt (Verminderung des Triebes). Die Bekräftigung bestehe in einer Verminderung der Bedürfnisrezeptoren-Entladung (Verminderung der Triebrezeptor Entladungen). Diese Vorstellungen werden als Triebreduktionstheorie (der Bekräftigung) bezeichnet und stellen das 4. Grundpostulat in den *Principles of Behavior* (Hull, 1943) dar. Diese Theorie stützt sich dabei hauptsächlich auf die experimentellen Arbeiten von Williams (1938) und Perin (1942). Aus den Ergebnissen lässt sich erkennen:

- Mit der Anzahl der vorherigen Bekräftigungen steigt die Löschungsresistenz der gelernten S-R-Verbindung (was als Bekräftigung aufgrund der Triebreduktion interpretiert wurde).

- Die Löschungsresistenz nimmt mit der Entzugsdauer zu (Unterschied zwischen den Triebbedingungen).

Aufgrund der Tatsache, dass es sich um keine parallel liegenden Kurvenverläufe handelt, ergibt sich eine multiplikative Verknüpfung (x). Im Konkreten ist die Motivation, ausgedrückt als Reaktionspotential (effektives Reaktionspotential, E) einer S-R-Verbindung (sEr) eine Funktion (f) der multiplikativen Verknüpfung von Triebstärke (*drive*, D) und Verhaltensgewohnheit (Habitstärke H, bzw. sHr als Ausdruck einer bestimmten S-R-Verbindung):

$$sEr = f (D) \; x \; (sHr)$$

Diese Beschreibung der Motivation als multiplikative Verknüpfung von Drive und Gewohnheitsstärke stellt aber nur die – inhaltlich zwar sehr bedeutsame aber dennoch die – allergröbste Vereinfachung der Hullschen Konzeption von 1943 dar.

Im Verhaltenssystem von Hull (1943) – auf das hier nur mit der Aufzählung der bestimmenden Faktoren eingegangen wird – werden neben der

- S-R-Verknüpfung und dem
- *drive* auch die Mechanismen der
- Generalisation, der
- Hemmung (*inhibition*, I; durch eine andauernde Wiederholung erfolgt die Hemmung sowohl durch Ermüdung als auch durch Konditionierungen), der
- Oszillation als Ausdruck von (regelmäßigen) Schwankungen der zugrunde liegenden Funktionsabläufe und der
- Reaktionsauslösung, welche durch variierende Schwellwerte beeinflusst wird, beschrieben.

Als Indikatoren des Verhaltens beschreibt er

- Wahrscheinlichkeit der Reaktionsauslösung
- Reaktionsamplitude,
- Latenzzeit der ausgelösten Reaktion und

- Anzahl der bis zur Extinktion nicht verstärkten Reaktionen.

Abschließend zu Hulls Verhaltenssystem soll seine 1952 modifizierte Position vorgestellt werden. Als Folge des „kognitivistischen Aufbruches", besonders aufgrund der Arbeiten von Tolman, werden nicht nur *habit* und *drive* als verhaltensbestimmend gesehen, sondern auch der Anreiz (K) mit dem die Verhaltensausführung verbunden ist. Somit ergibt sich folgende (vereinfachte) „Verhaltensformel":

$$sEr = f (sHr \times D \times K)$$

Nach der durchgängig multiplikativen Verknüpfung in der Verhaltensformel von Hull (1952), dürfte es zu keiner Reaktion kommen, wenn auch nur ein Multiplikand null ist, weil damit das Produkt null wäre. Ausgehend von der Überlegung, dass Drive und Anreiz additive Kräfte sind, modifizierte Kenneth W. Spence (1907–1967) die Struktur der Verhaltensgleichung (1960) zu:

$$E = f (D + K) \times H$$

Danach kann ein effektives Reaktionspotential vorliegen (d. h. z. B. etwas gelernt werden) auch wenn keine Triebstimulation vorliegt, sondern nur eine Anreizstimulation.

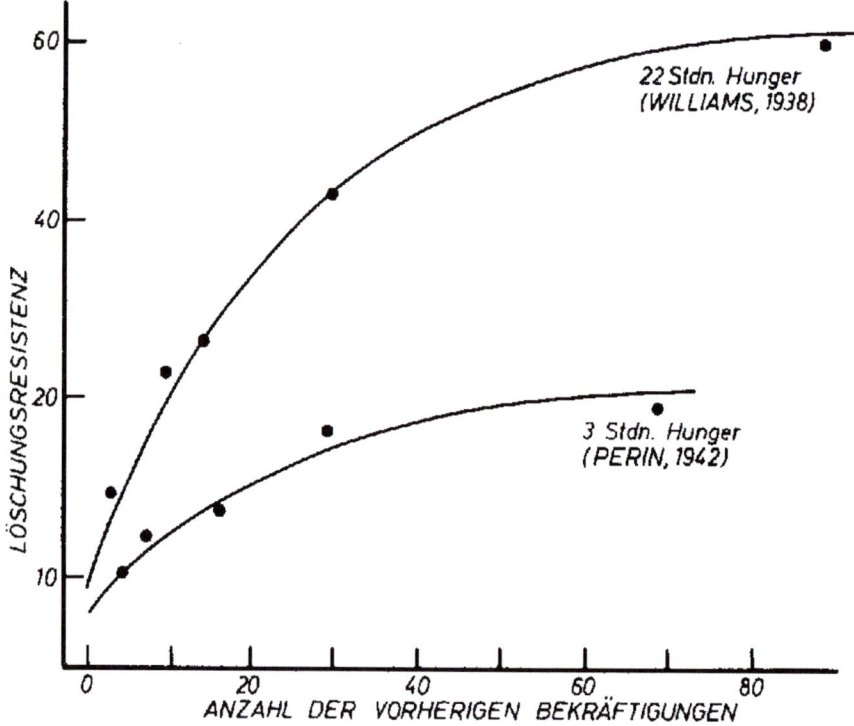

Abbildung 17: Empirischer Beleg der multiplen Verknüpfung von *drive* und *habit* durch Perin.

Lernpsychologischer Strang

In lernpsychologischen Arbeiten stellt die Motivation zumeist eine intervenierende Variable in Form einer *Deprivation* dar. Erst durch eine gewisse Deprivation werden die meisten Verstärker als solche wirksam (Futter bei Hunger, …).

Betrachtet man aus lernpsychologischer Sicht die „Motiviertheit das Verhaltens", (in lernpsychologischer Terminologie die *Reaktionswahrscheinlichkeit*), so wird diese durch (1) die Wirksamkeit des Verstärkers, welche wieder durch das Ausmaß der Deprivation bzw. Sättigung bestimmt wird und (2) durch die Systematik der Verstärkung (dem *Verstärkerplan*) bestimmt.

Verstärkerpläne

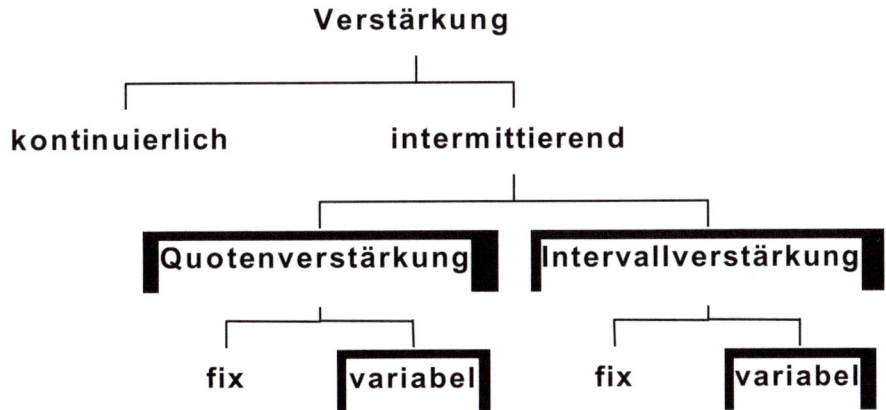

Abbildung 18: Systematik der Verstärkerpläne.

- *Quotenplan*: Die Verstärkung hängt von der Zahl der Reaktionen ab.
  - o (1) *Konstanter Quotenplan*: legt fest, nach wie vielen Reaktionen jeweils die nächste Verstärkung erfolgt.
  - o (2) *Variabler Quotenplan*: die nächste Verstärkung erfolgt durchschnittlich nach einer bestimmten Anzahl von Reaktionen
- *Intervallpläne*: Die Verstärkung hängt von der seit der letzten verstärkten Reaktion verstrichenen Zeit ab.
  - o (1) *Konstanter Intervallplan:* Es liegt fest, nach welchem Zeitintervall jeweils verstärkt wird.
  - o (2) *Variabler Intervallplan*: die nächste Verstärkung erfolgt durchschnittlich nach einem bestimmten Zeitintervall seit der letzten Verstärkung.

Aktivationspsychologische Linie

Bereits Watson unterschied 3 angeborene emotionale Reaktionen:

- *Furcht:* kann durch Reize (unkonditionierte Stimuli, UCS) wie z. B. laute Geräusche oder Verlust von Halt ausgelöst werden und führt zu Reaktionen (Unkonditionierte Reaktionen, UCR) wie z. B. Anhalten des Atems, Schreien, Defäkation, Urinieren.

- *Wut:* ein Beispiel für den auslösenden Reiz (UCS) ist die Behinderung der Körperbewegung, welche Reaktionen wie Steifwerden des Körpers, Rötungen des Gesichts bis Blaufärbung nach sich ziehen kann.

- *Liebe:* ausgelöst durch UCS wie Streicheln der Haut und Schaukeln und führt zu UCR wie das Beenden von Schreien, Gurgeln, Glucksen.

Kennzeichen konditionierter emotionaler Reaktionsmuster:

- *Komplexität der emotionalen Reaktionen*: Umgebungsfaktoren und konditionierte Reflexe sind ausschlaggebend.

- *Garcia-Effekt*: Es kommt nur dann zu Vermeidungsverhalten, wenn CS und UCS *zueinander passen*.

- *Preparedness*: Bereitschaft, nur eine bestimmte konditionierte Reaktion zu erwerben bzw. wesentlich leichter zu erlernen. Es besteht eine genetische Disposition, die festlegt, wovor wir Angst bekommen können und wovor nicht.

Aktivationstheorie

Nach dem Modell der Aktivationstheorie ist der Zusammenhang von Aktivierung (*Arousal* in der Terminologie von Pribram & McGuinnes, 1975) und Leistung, „verkehrt U-förmig". Das Modell ist zwar stark idealisierten, aber als Rahmenmodell dennoch weithin verbreiteten. Es basiert auf den verkehrt U-förmigen Zusammenhang von Motivationsstärke und „Diskriminationsleistung des Hinweisreizes" wie er von Yerkes und Dodson (1908) gezeigt wurde. In der nachfolgenden theoretischen Konzeption von Hebb (1955) trat *anstatt* der Motivationsstärke die Aktivierung. So ergibt sich die Modellvorstellung, dass die „optimale Aktivierung" für schwierige Aufgaben niedrig und für einfache Aufgaben hoch ist. Damit ergeben sich zur Leistungsoptimierung zwei Möglichkeiten:

- die Optimierung der Aufgabenbewältigung unter suboptimalen Aktivierungsbedingungen und

- die Herstellung der für die Aufgabe „optimalen Aktivierung" durch (gelernte) „Aktivierungskontrolle".

Als Techniken werden im Allgemeinen die so genannten „Entspannungsverfahren" wie das Autogene Training, das Muskelentspannungsverfahren nach Jakobson, Biofeedback, u. a. angewandt (siehe dazu Vaitl & Petermann, 2000, bzw. Petermann & Vaitl, 1994).

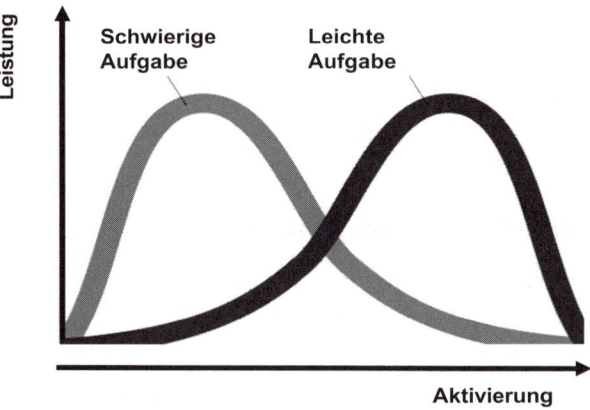

Abbildung 19: Zusammenhang von Aktivierung und Leistung für schwierige und leichte Aufgaben.

Die Wirksamkeit des Biofeedbacks zur willentlichen Aktivierungskontrolle wurde inzwischen ausreichend demonstriert (z. B. Trimmel, 1980a, 1980b). Überraschend wenig psychophysiologische Untersuchungen widmeten sich den Wirkungen der traditionellen Entspannungsverfahren, für welche kürzlich (Trimmel, Gustavik & Köb, in Vorbereitung) sowohl kortikale als auch periphere physiologische Wirkungen demonstriert werden konnten.

Konzeptionen extrinsischer/intrinsischer Motivation

Nach Heckhausen (1989) gibt es keine einheitliche Auffassung zur extrinsischen /intrinsischen Motivation. Er unterteilt sie in 6 Konzeptionen, wobei

> „allen gemeinsam ist, dass intrinsisches Verhalten um seiner selbst oder eng damit zusammenhängender Zielumstände willen erfolgt, dass es nicht bloßes Mittel zu einem andersartigen Zweck ist" (S. 608).

Triebe ohne Triebreduktion

Diese Theorie definiert intrinsisches Verhalten derart, dass es nicht zur Befriedigung der körperlichen Bedürfnisse (Hunger, Durst, Schmerzvermeidung, ...) diene und somit nicht – zumindest im engeren Sinn – im Dienst des Organismus stehe.

Zweckfreiheit

Diese Konzeption erklärt alle zweckfrei erscheinenden Aktivitäten zu intrinsisch motiviertem Verhalten: Klinger (1971) beschreibt zur Veranschaulichung breite Tätigkeitsbereiche in der Kindheit (Spielen usw. als intrinsische Verhaltensweisen).

Für White (1959) stellen intrinsisch motivierte Verhaltensweisen jene Tätigkeiten dar, in denen sich die ausführende Person effektvoll mit ihrer Umwelt auseinandersetzt. Motivierend ist hierbei ein „Gefühl der Wirksamkeit" (*feeling of effiency*).

McReynolds (1971) sieht intrinsisch motiviertes Verhalten nur dann gegeben, wenn es um der ablaufenden Tätigkeit willen erfolgt. Jede andere Art der Motivation (durch Ziele oder Endzustände, Leistung, Macht, Hilfeleistung, Aggression) fällt unter den Begriff der extrinsischen Motivation.

Optimalniveau von Aktivation bzw. Inkongruenz

Verhalten sei dann intrinsisch motiviert, wenn es regulierend zugunsten der Beibehaltung bzw. der Wiederherstellung eines optimalen „Funktionsniveaus" wirkt.

Hebb (1955; bzw. Fiske & Maddi, 1961; und zahlreiche Autoren in der Folge) legen den Optimalzustand auf neurophysiologischer Ebene fest und benennen ihn „optimale Aktivation" (*optimal arousal*).

Piaget bezieht sich auf eine „optimale Inkongruenzen" zwischen dem momentanen Informationsstrom und einen inneren Standard in der von aktivierten Schemata, Erwartungen, bzw. dem Adaptationsniveau bestimmt wird.

Auch bei Berlyne (1960, 1967, 1971) findet sich der Begriff der „optimalen Inkongruenz" als Prinzip der intrinsischen Motivation. Er verbindet jedoch die physiologischen Prozesse mit den psychologischen derart, dass eine „mittlere Inkongruenz" mit einem mittleren („angenehmen") Anregungspotential einhergeht, verbunden mit einem niedrigen Aktivationsniveau. Große Inkongruenz (zuviel oder zu wenig Inkongruenz) ist mit zuviel oder zuwenig Anregungspotential verbunden und beides ist mit zu hoher („unangenehmer") Aktivierung verbunden.

Selbstbestimmung

Nach DeCharms (1968) ist das Leitprinzip des Menschen das „Erleben seiner selbst als wirksam", d. h. als Verursacher von Umweltveränderungen. Dies findet sich als solches in den verschiedenen Motiven wieder. Diese „Wirksamkeit" wird als Selbstbestimmung empfunden. Wenn diese durch Faktoren wie Anforderungen der Umwelt, Belohnungen/Bestrafungen oder Zwang als eingeschränkt erlebt wird, werden Versuche gesetzt, diese Faktoren zu eliminieren. DeCharms stellte aus seiner Theorie auch zwei Folgerungen über die Wirkungen externaler Belohnung auf, die die weitere Forschung auf diesem Gebiet beeinflussen und später auch belegt werden sollten:

- Belohnungen für freiwillige Tätigkeiten können die intrinsische Motivation schwächen.
- Wenn keine Belohnungen für uninteressante Tätigkeiten gegeben werden, kann dies die intrinsische Motivation fördern.

Gleichthematik (Endogenität) von Handlung und Handlungsziel

Nach Heckhausen (1976) ist intrinsisch motiviertes Handeln dann gegeben, wenn Mittel (Handlung) und Zweck (Handlungsziel) thematisch übereinstimmen, d. h. wenn das Handlungsergebnis nicht wieder Mittel zum Erreichen eines anderen, nicht leistungsthematischen Zieles ist, sondern wenn der Zweck entweder die Handlung darstellt oder zum Erreichen eines leistungsthematischen Oberziels dient.

Zwei Gesichtspunkte machen nach Heckhausen diese Theorie komplexer:

- Nur im einfachsten Fall ist klar ein Ziel und eine Handlung zu erkennen. In der Regel werden mehrere Ziele angestrebt. Daraus folgt, dass sich die Fremdattribution von der Selbstattribution unterscheiden kann.

- Ein Ziel kann in der Selbstattribution teils exogen, teils endogen begründet werden.

Die Theorie der Endogenität scheint Heckhausen (1989) „psychologisch am klarsten" und deckt sich seiner Ansicht nach mit dem *flow*-Modell von Csikszentmihalyi, das eben nur einen Spezialfall darstellen würde.

Freudiges Aufgehen in einer Handlung (*flow*)

Für Csikszentmihalyi (1987) stellt intrinsisch motiviertes Verhalten zunächst einfach Freude an einer Aktivität – das „Aufgehen" in ihr – dar, welches er anfangs in Spielsituationen beobachtete. Anhand von Untersuchungen an Personen, die Freude an ihrer Arbeitstätigkeit hatten (Tänzer, Chirurgen, Komponisten, Maler, Schachspieler), fand er dieses Erleben auch außerhalb von Spielsituationen bestätigt.

Csikszentmihalyi (1987) definiert „ *flow*" in seinem ersten Buch „Das *flow*-Erlebnis", kurz als das „holistische Gefühl bei völligem Aufgehen in einer Tätigkeit" (S. 58). Was unter „*flow*-Erlebnis" genauer gemeint ist beschreibt er folgendermaßen:

> „In der Schwebe zwischen Langeweile und Angst ist das autotelische Erleben eines des völligen Aufgehens des Handelnden in seiner Aktivität. Die Aktivität bietet laufend Herausforderungen. Es bleibt keine Zeit für Langeweile oder für Sorgen darüber, was möglicherweise eintreffen wird. In einer solchen Situation kann eine Person die jeweils nötigen Fähigkeiten voll ausschöpfen und sie erhält dabei klare Rückmeldungen auf ihre Handlungen. Sie ist daher ein Teil eines rationellen Systems von Ursache und Wirkung, in dessen Rahmen das, was sie tut, realistische und vorhersagbare Konsequenzen hat. ... Im *flow*-Zustand erfolgt Handlung auf Handlung, und zwar nach einer inneren Logik, welche kein bewusstes Eingreifen von Seiten des Handelnden zu erfordern scheint. Er erlebt den Prozess als ein einheitliches „Fließen" von einem Augenblick zum nächsten, wobei er Meister seines Handelns ist und kaum eine Trennung zwischen sich und der Welt, zwischen Stimulus und Reaktion, oder zwischen Vergangenheit,

Gegenwart und Zukunft verspürt. *Flow* ist das, was wir 'autotelisches Erleben' nannten" (Csikszentmihalyi, 1987, S. 58–59).

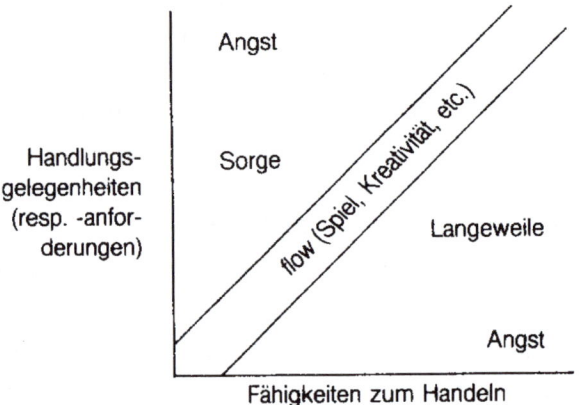

Abbildung 1: **Modell des** *flow***-Zustandes**

Schätzt eine Person die Handlungsanforderungen als so schwierig ein, daß sie ihre Fähigkeiten übersteigen, wird die resultierende Spannung als Angst erlebt; liegt das Fähigkeitsniveau höher, aber immer noch nicht auf der Höhe der Anforderungen, wird die Situation mit Sorge beobachtet. *Flow* stellt sich dann ein, wenn die Handlungsanforderungen bzw. -möglichkeiten der Situation mit den Fähigkeiten der Person im Gleichgewicht stehen; das Erlebnis ist dann ein autotelisches. Übersteigen die Fähigkeiten andererseits die Handlungsmöglichkeiten, so ist Langeweile die Folge; auch dieser Zustand kann bei allzu großer Diskrepanz wieder in Angst übergehen.

Abbildung 20: *Flow*-Modell (aus Csikszentmihlyi, 1987, S. 75).

Csikszentmihalyi bezeichnet 1991 *flow* als „geordneten, negentropischen Bewusstseins-zustand" (S. 48), „der als so erstrebenswert empfunden wird, dass man ihn immer wieder zu erreichen versucht" (S. 49).

„Negentropie" bezeichnet einen Zustand optimalen Erlebens, der eintritt, „wenn alle Inhalte des Bewusstseins zueinander und zu den Zielen, die das Selbst der Person definieren, in Harmonie stehen. Solche Zustände bezeichnen wir subjektiv als Vergnü-gen, Glück, Befriedigung, Freude" (1991, S. 37).

Dimensionen des *flow*-Erlebnisses:

- Positiver Affekt
- Gefühl der Kontrolle
- Zeitverzerrung

64

- Verschmelzung von Handlung und Bewusstsein
- Konzentration
- Zentrierung der Aufmerksamkeit auf ein bestimmtes Reizfeld
- Selbstverlust, Selbstvergessenheit
- Eindeutige Regeln und Ziele (Zielorientierung), schnelle eindeutige Rückmeldungen
- Autotelisches Wesen (keine Ziele oder Belohnungen)
- Optimale Herausforderung: Balance zwischen Anforderung und Können in einer Situation

Für die Bevorzugung riskanter Sportarten (*thrill* und *adventure seeking*) werden folgende Dimensionen als grundlegend diskutiert:
- Positive Bewertung von Nervenkitzel und Angstprickeln
- Starke Leistungsmotivation
- *Dynamic joys*: Besondere Körpersensationen
- Realistische Fähigkeitseinschätzung und somit ein Gleichklang von Anforderung und dem eigenen Können

Emotion & Stress

Emotionstheorien

Eine alltägliche Vorstellung über das Zustandekommen von Emotionen ist diejenige, dass es zur Erkennung (Wahrnehmung) einer Situation (z. B. Gefährdung) kommt und infolgedessen eine Emotion ausgelöst wird, welche wiederum eine physiologische Veränderung bewirkt (*arousal*).

Abbildung 21: Die „übliche alltagspsychologische Vorstellung" über das Zustandekommen von Emotionen am Beispiel der Furcht.

James-Lange-Theorie

Die James-Lange-Theorie der Emotion geht davon aus, dass Emotion die Bewusstwerdung physiologischer Reaktionen ist. Es kommt also zu einer Umkehrung der zweiten und dritten Stufe des vorherigen Modells. Wie nehmen physiologische Veränderungen als Emotionen wahr. Ein berühmter Satz, der diesen Sachverhalt widerspiegeln soll und den man in diesem Zusammenhang immer wieder hört, ist folgender: „Wir weinen nicht weil wir traurig sind, sondern wir sind traurig weil wir weinen".

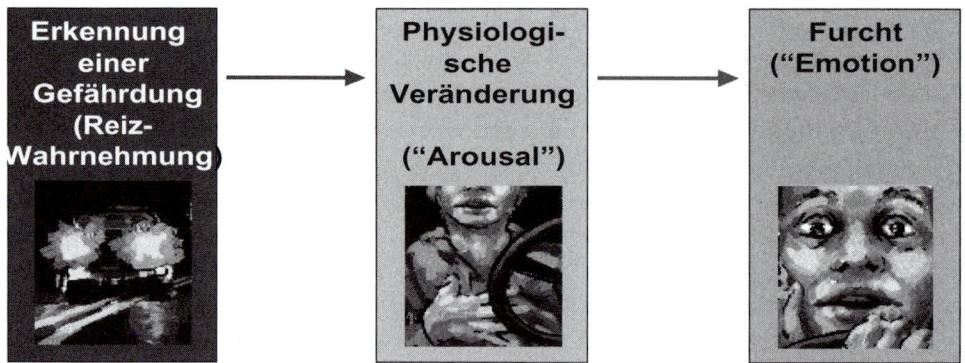

Abbildung 22: Schematische Darstellung der James-Lange-Theorie der Emotion.

Cannon-Bard-Theorie

Diese Emotionstheorie geht davon aus, dass Reize „gleichzeitig" auf die physiologische Reaktion als auch auf die Wahrnehmung der Emotion wirken. Die Erkennung einer Gefährdung (Reiz-Wahrnehmung) geht zwei unabhängige Wege, einerseits die physiologische Veränderung („*arousal*"), andererseits die Wahrnehmung der Emotion („Furcht").

Schachters zwei-Faktoren-Theorie

Schachters Theorie (Schachter & Singer, 1962) geht von einer Interaktion von Physiologie und kognitiver Bewertung (nämlich der Interpretation der Physiologie) aus. Emotionen brauchen beides, *arousal* und auch kognitive Bewertung. Die Erkennung einer Gefährdung (Reizwahrnehmung) führt sowohl zu einer physiologischen Veränderung als auch zu einer kognitiven „Einordnung" (auch als *labelling* bezeichnet, z. B. „ich fürchte mich"). Die Interaktion dieser beiden Komponenten bringt die Emotion (Furcht) hervor. Furcht ist nach dieser Theorie die „benannte Aktivierung".

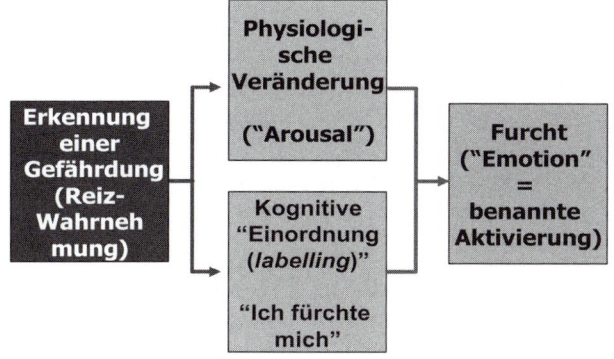

Abbildung 23: Schematische Darstellung der zwei-Faktoren-Theorie von Schachter und Singer (1962).

Current View

Aktuelle Auffassungen hinsichtlich Emotionstheorien gehen davon aus, dass Emotion, Kognition und auch physiologische Reaktion einander wechselseitig beeinflussen.

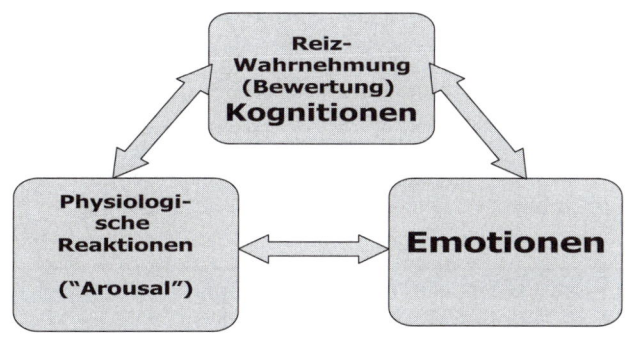

Abbildung 24: Wechselseitige Beeinflussung von Kognition, Emotion und Physiologie in aktuellen Emotionstheorien wie von Pinel (1997) vorgeschlagen wird.

Richard S. Lazarus

Lazarus (1991) versteht unter Emotionen organisierte psychophysiologische Reaktionen zur Bedeutung, die Person-Umwelt-Beziehungen für das persönliche Wohlergehen haben und betont somit die Relevanz der Interpretation der Umwelt. Ihre Qualität und Intensität wird von subjektiven Bewertungen (Handlungstendenzen) bestimmt. Emotionen treten laut Lazarus nur dann auf, wenn die Erreichung von Zielen bedroht oder begünstigt wird (die genauere Darstellung findet sich weiter unten!).

Die kognitiv-motivational-relationale Emotionstheorie nach Lazarus

Emotionen haben nach Lazarus einen phylogenetischen Ursprung und dienen der Lösung grundlegender Anpassungsprobleme (sind aus Reflexen und physiologischen

Trieben hervorgegangen). Sie werden durch die abstrakte Bedeutung bestimmter (internaler oder externaler) Ereignisse ausgelöst und regen grobe Handlungsimpulse an, die das tatsächlich ausgeführte Verhalten aber nicht vollständig determinieren, sondern leiten. Lazarus´"kognitiv-motivational-relationale Emotionstheorie" baut auf seiner „transaktionalen Stresstheorie" auf.

Stress

Selye (1956) beschreibt Stress als unspezifische Reaktion (Erregung) des Körpers auf eine Anforderung.

General Adaptation Syndrom

Im *General Adaptation Syndrom* werden unter stark anhaltender Belastung nach Auftreten des Stressors 3 Phasen unterschieden. Menschen reagieren in der Regel folgendermaßen auf Stress:

- *Phase 1 – Alarmreaktion*: hier erfolgt die Mobilisierung von Reserven. Das sympathische Nervensystem steigert seine Aktivität und löst im ganzen Körper Reaktionen aus.

- *Phase 2 – Resistenz*: eine Bewältigung des Stressors über eine bestimmte Zeitspanne. Das parasympathische System versucht der Reaktion entgegenzuwirken.

- *Phase 3 – Erschöpfung*: eine Erschöpfung der Reserven. Bei anhaltender Einwirkung oder Wahrnehmung von Stress, versagt der Widerstand, und die vom ANS gesteuerten Organe werden überlastet und sind nicht mehr funktionstüchtig.

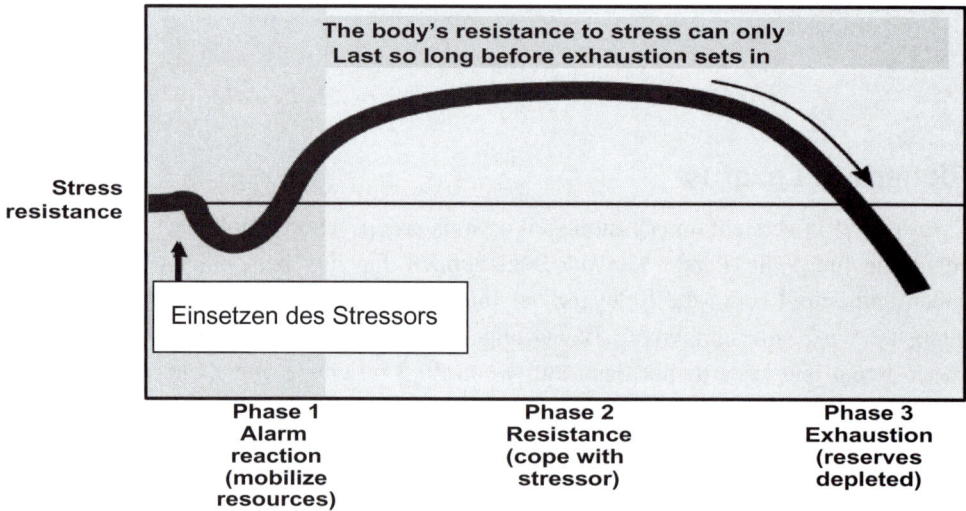

Abbildung 25: Der Verlauf des Widerstands gegen Stress (*General Adaptation Syndrom*; Selye, 1956).

Merkmale der Stressreaktion

Der ursprüngliche Zweck der Stressreaktion war die Bereitstellung von Energien zum Laufen, Kämpfen und zur Verteidigung. Die Stressreaktion wird von mannigfaltigen physiologischen Änderungen begleitet, wie etwa:

- Beschleunigung der Herzrate
- Blutdrucksteigerung
- Erweiterung der Luftwege
- Reduktion der Verdauungsfunktion
- „Emotionsausdruck" (Bewegung, Stimme, …)
- Anstieg der Blutkörperchen
- Hormonausschüttungen. *Hypophyse(vorderlappen)*: ACTH; *Nebennierenmark*: Adrenalin, Noradrenalin; *Nebennierenrinde*: Corticoide

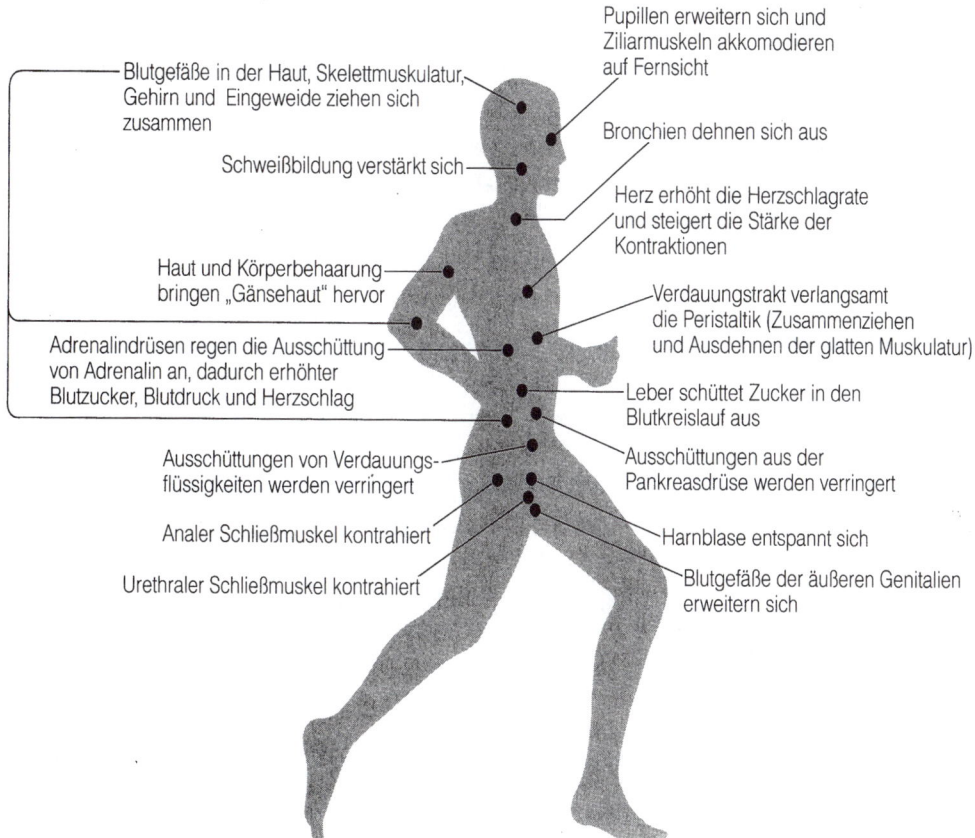

Abbildung 26: Physiologische Stressreaktionen des Körpers nach Zimbardo und Gerrig (1999, S. 578).

Kurzfristige Wirkungen von Stress (Belastungsstörung)

- *Physiologisch*: Unter Stress kommt es zu einer erhöhten Herzrate, zu höherem Blutdruck und auch gesteigerten Adrenalinwerten.

- *Erleben*: Hinsichtlich des Erlebens sind Anspannung, Frustration, Reizbarkeit, Wut, Ärger als auch ein Gefühl der Ermüdung und Sättigung möglich.

- *Informationsverarbeitung*: Auswirkungen bezüglich der Informationsverarbeitung spiegeln sich in Einbußen in der Wahrnehmung, der Einspeicherung und Gedächtnisfunktionen, wie auch Defizite hinsichtlich Abrufen und Aufmerksamkeit wider.

- *Individuelles Verhalten*: Unter Stress kann zu Leistungsschwankungen, vermehrter Fehlerhäufigkeit, reduzierter Reaktionsbereitschaft und Einbußen in der motorischen Leistung kommen.

- *Soziales Verhalten*: Das soziale Verhalten unter Stresseinwirkung ist oft gekennzeichnet durch Streitverhalten, Konflikte, Aggression, Verschlossenheit und resignativen Rückzug.

Langfristige Auswirkungen von Stress (Posttraumatische Belastungsstörung)

- *Physiologisch*: Zu den physiologischen Auswirkungen zählen allgemeine psychosomatische Beschwerden und Erkrankungen (Bluthochdruck, koronare Herzerkrankungen, Kopfschmerzen, Magen-Darmbeschwerden bzw. -geschwüre) sowie eine reduzierte Immunabwehr.

- *Erleben*: Hinsichtlich des Erlebens ist Unzufriedenheit, Enttäuschung, Rückzug aus Aktivitäten und Depression unter lang andauernden Stress häufig.

- *Informationsverarbeitung*: Es können Defizite beim Problemlösen, der Urteilsbildung und Entscheidungsfindung auftreten. Auch verschlechterte Leistungen, Ausbildung bzw. intellektuelle Entwicklung bei Kindern (Lesefähigkeit) kann oft beobachtet werden.

- *Individuelles Verhalten*: Lang andauernder Stress kann zur Entwicklung von Suchtsymptomen (Nikotin, Alkohol, Arzneimittel, psychoaktiver Substanzen) und Schlafstörungen aller Art führen.

- *Soziales Verhalten*: Die Auswirkungen im sozialen Verhalten decken sich mit jenen der kurzfristigen Stresseinwirkung.

Stressende Lebensereignisse

Lebensereignisse die als stressig empfunden werden und Stressreaktionen auslösen, können ganz unterschiedlicher Natur sein. Im Folgenden sind einige Beispiele angeführt:

- *Katastrophen* wie Erdbeben, Überschwemmungen, Kampfereignisse, Kriege, …

- *Markante Änderungen des Lebens*: Tod eines geliebten Menschen, Scheidung, Arbeitslosigkeit, Studienabschluss, …
- *Tägliche Ärgernisse* (*daily hassels*): Verkehrsstau, Anstellen an Kassen, Arbeitsbelastung, …

Quellen von Stress

Stress kann aus unterschiedlichen Quellen bzw. Kombinationen dieser entstehen:

- *Materiell-Technisches System*: Stressoren können aus der physikalischen, chemischen, technischen und biologischen Umwelt resultieren. Beispiele hierfür wären Lärm, Strahlung und elektromagnetische Feldeinwirkung.
- *Soziales System*: viele Stressoren entspringen dem sozialen Umfeld, wie z. B. *Mobbing*, Informationen und Leistungsdruck.
- *Personale System*: Auch der Mensch selbst ist Quelle von Stressoren, wie z. B. Ängstlichkeit, Krankheit und Dispositionen zu bestimmten Fähigkeiten.

Es kommt häufig zu Überschneidungen dieser 3 Bereiche. Beispiele für verschiedene Stressquellen-Kombinationen sind im Folgenden angeführt:

- Technisch-Sozial: Isolation, Computersucht
- Sozial-Personal: Rollenkonflikte
- Technisch-Personal: Über- bzw. Unterforderung

Transaktionale Stresstheorie nach Lazarus

Psychologischer Stress ist nach Lazarus Ausdruck einer bestimmten Person-Umweltbeziehung, wenn Anforderungen ein Gleichgewicht stören und Bewältigung fordern bzw. sie übersteigen.

Situative Gegebenheiten werden in einer *ersten Bewertung* (*primary appraisal*) überprüft ob sie als

- nicht relevant,
- positiv, oder
- *stressful* eingestuft werden.

Als *stressful* werden Situationen empfunden, welche eine Schädigung oder einen Verlust inkludieren (Wertedisposition, Selbstbild, Weltbild, Selbstwertgefühl, Verlust, Verletzung,…), aber auch Situationen, die eine Bedrohung (antizipierte Schädigung /Verlust) oder auch Herausforderung darstellen. Beim *primary appraisal* steht die Einschätzung der Behinderung/Gefährdung, ein Motiv befriedigen zu können im Vordergrund, aber auch Aspekte hinsichtlich der Wahrscheinlichkeit der Behinderung und zeitlichen Nähe sind entscheidend.

In einer *zweiten Einschätzung* (*secundary appraisal*) kommt es zu einer Bewertung der Bewältigungsfähigkeiten (*coping ressources* – „Copingstrategien"). Lazarus unterscheidet weiters in die problemorientierte und emotionsorientierte Bewältigung.

Problemorientierte Bewältigung erfolgt durch Informationssuche, direkte Aktion oder Aktionshemmung (Abwarten, Nichtstun – vergleichbar mit dem Totstellen im Tierreich). Bei der *emotionsorientierten Bewältigung* kommt es zu einer Regulation subjektiver und somatischer Komponenten der emotionalen Reaktion.

In der *sekundären Bewertung* werden die Bewältigungssituationen evaluiert. Die verfügbaren Ressourcen werden auf Brauchbarkeit und Erfolgswahrscheinlichkeit sowie soziale/persönliche Akzeptanz hin überprüft.

In einer *dritten Stufe* (*tertiary appraisal; reappraisal*), welche einen Teil eines Rückkoppelungssystems darstellt, kommt es zu einer Reflexion und neuerlichen Bewertung der Situation. Hier kommt es entweder zu einer positiv veränderten Einschätzung, oder zu einer negativen (mit z. B. *perceptual defense* – psychischer Distanz).

Beispiel: In einem Experiment von Lazarus wird den Versuchspersonen ein Film über ein blutiges Beschneidungsritual gezeigt. Als Indikator der emotionalen Reaktion wird der Hautleitwert abgeleitet. Die Versuchspersonen werden in Gruppen unterteilt und 3 verschiedenen Bedingungen ausgesetzt. Der ersten Gruppe wird der Film ohne Kommentar gezeigt, der zweiten wird der Film mit einem wissenschaftlichen Kommentaren dargeboten, und die Versuchspersonen der letzten Gruppe wird auf den Film durch einen Erklärung vorbereitet. Ihnen wird erzählt was sie sehen werden und was auf sie zukommt. Alle Versuchspersonen zeigten einen ähnlichen Verlauf der emotionalen Reaktionen über den gesamten Film, jedoch mit unterschiedlicher Intensität. Die Gruppe mit den Kommentaren zeigt eine geringere Emotion als die Kontrollgruppe (ohne Kommentar). Die geringste emotionale Reaktion ist bei der Gruppe mit Vorbereitung auf den Film zu beobachten. Die Ergebnisse deuten darauf hin, dass durch Kognitionen emotionale Reaktionen beeinflusst werden können.

Coping Faktoren

Es können unterschiedlichste Coping-Strategien zur Bewältigung von Stress angewandt werden. Im *Ways of Coping Questionnaire* von Lazarus werden folgende Faktoren erhoben:

- Konfrontation
- Distanzierung
- Selbstkontrolle
- Soziale Unterstützung suchen
- Akzeptieren der Verantwortung

- Flucht bzw. Vermeidung
- Geplante Problemlösung

Emotionsorientierte Bewältigung

Zur emotionsorientierten Bewältigung werden Techniken gezählt, die oft unter dem Begriff Entspannungsverfahren summiert werden.

- Autogenes Training
- Muskelentspannung
- Hypnose
- Meditation
- Imaginative Verfahren
- Biofeedback
- Körper- und Bewegungsbasierte Intervention
- (Körperliche Fitness)
- (Psychoaktive Substanzen)

Stress und Gesundheit

Im Gegensatz zu den Haupttodesursachen von 1900 wie Tuberkulose und Lungenentzündungen sind die heutigen Spitzenreiter in den USA eher *life style*-abhängig. Zu den häufigsten Todesursachen zählten 1991, Herzleiden, Krebs und Schlaganfälle.

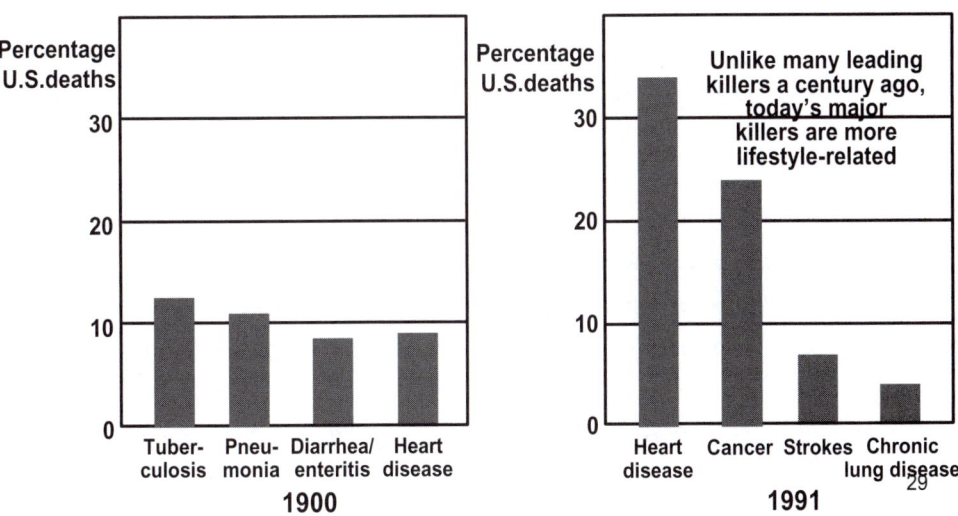

Abbildung 27: Haupttodesursachen in den USA in den Jahren 1900 und 1991.

Stress wirkt sich aber nicht nur auf den gesundheitlichen Aspekt aus, sondern auch auf den Leistungsbereich. Stressoren können nicht nur direkt schädlich einwirken (wie z. B. Lärm, Licht,…) sondern auch zu kognitiven Leistungseinbußen führen, indem sie direkt die Informationsverarbeitung beeinflussen, aus der dann eine verringerte Leistung resultiert. Stressoren können aber auch die Leistung auf *direktem Wege* (z. B. Vibration) und *indirektem Wege* (z. B. *arousal*) beeinflussen.

Emotionstheorie nach Lazarus

Auch bei Lazarus' (1991) Emotionstheorie steht die wahrgenommene Person-Umwelt-Beziehung im Vordergrund. Relevant sind Merkmale der Person wie Zielverpflichtung, Überzeugung und Wissen, und die Merkmale der Situation.

In der *primären Bewertung* wird die Bedeutsamkeit für das Wohlergehen untersucht. Entscheidend sind folgende Aspekte:

- *Zielrelevanz*: Die Wichtigkeit des Ziels bestimmt die Intensität der Emotion.
- *Zielkongruenz*: Ist Zielkongruenz vorhanden, kommt es zu positiven Emotionen, wenn nicht, zu negativen.
- *Art der Ich-Beteiligung*: Hier wird die Frage gestellt: „Passt es zu mir und in mein System?" (Selbst- und soziale Achtung?, moralische Werte?, Ich-Ideale?, grundlegende Werte?, nahe stehende Personen?, Lebensziele?).

In der *sekundären Bewertung* wird geklärt, ob es sich um ein *Verschulden* oder ein *Verdienst* handelt, als weitere Grundlage der Differenzierung der Emotionen.

Ferner ist von Interesse, ob ein Bewältigungspotential vorhanden ist und es somit zu einer Intensivierung oder einer Abschwächung der Emotion kommt (Traurigkeit oder Hoffnung). Handelt es sich um eine zukunftsorientierte Erwartung, tritt Freude auf. Als Resultat des Bewertungsprozesses ergeben sich Handlungstendenzen, subjektives Empfinden und physiologische Veränderungen (Kernthema der Person-Umwelt-Beziehung).

Klassen von Emotionen nach Lazarus:

- *Unangenehme Emotionen*: Ärger, Neid, Eifersucht
- *Existenzielle Emotionen*: Angst, Furcht, Schuld und Scham
- *Emotionen aufgrund ungünstiger Lebensbedingungen*: Erleichterung, Hoffnung, Schmerz, Traurigkeit und Depression
- *Emotionen aufgrund günstiger Lebensbedingungen*: Glück, Stolz und Liebe
- *Einfühlende Emotionen*: Wertschätzung, Mitleid und Emotionen, die durch ästhetische Erfahrungen hervorgerufen werden

Biologische Emotionstheorien

Die biologischen Sichtweisen behaupten, zumeist eine gewisse Anzahl an primären Emotionen, deren Anzahl von 2 (Solomon, 1980) über 3 variiert (Gray, 1971) und bis zu 10 (Izard, 1991) reicht. (Obwohl die Theorien von Ekman, Plutchik und Izard keine biologischen Emotionstheorien im engeren Sinne sind werden sie hier noch einmal kurz erwähnt.)

Opponent-Process Theorie

Solomon (1980) beschreibt bloß zwei hedonistische, unbewusste Hirnsysteme. Danach wird jede angenehme Erfahrung automatisch und reflexiv von einer gegenteiligen, aversiven Emotion begleitet, wie umgekehrt auch. Dieser „*opponent process*" ist allerdings schwächer als der auslösende Prozess. Die empfundene Emotion ist dann die „netto-Emotion". Weiters behauptet die Theorie, dass mit zunehmender Erfahrung – mit den auslösenden Bedingungen – die Reaktion schwächer wird (habituiert) und gleichzeitig die „Gegenemotion" mit der Erfahrung stärker wird, so dass die empfundene Emotion („netto-Emotion") zunehmend schwächer wird und vor allem nach der Einwirkung der auslösenden Emotion die Gegenemotion deutlich stärker und länger anhaltend wirkt („Kater").

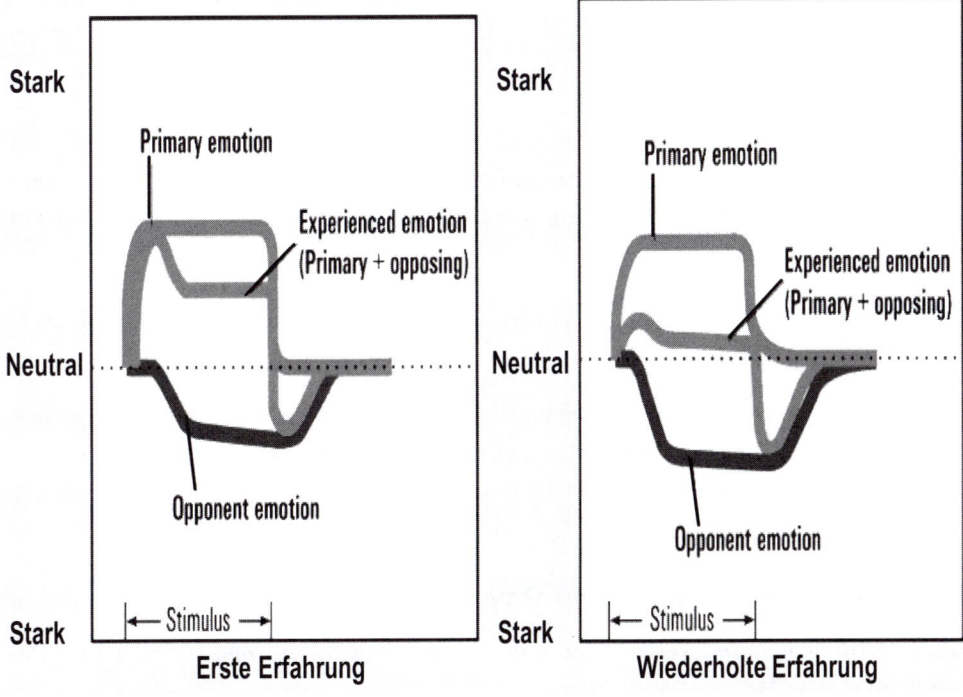

Abbildung 28: Schema der *Opponent-Process*-Theorie von Solomon (1980).

Grays Theorie

Jeffery Gray (1971) schlägt – aufgrund lernpsychologischer und hirnphysiologischer Argumente – drei Grundemotionen bzw. Motivationen vor: (1) *„behavioral approach system* (BAS)", (2) *„behavioral inhibition system* (BIS)" und ein (3) Kampf- und Fluchtsystem mit den Emotionen Ärger/Wut und Furcht.

Panksepp

Jaak Panksepp (1982) identifiziert 4 Emotionen: Furcht, Wut/Zorn, Panik und Erwartung aufgrund von 4 separaten, neuroanatomisch identifizierten Teilstrukturen des limbischen Systems.

Ekman

Paul Ekman (1982, 1984) schlägt aufgrund der Universalitäten des Gesichtsausdrucks 6 Emotionen vor: Furch, Ärger/Wut, Traurigkeit, Ekel, Freude und Verachtung vor.

Plutchik

Robert Plutchik (1980) listet 8 Emotionen auf, die er aufgrund der engen Verknüpfung von universellen (allen Lebewesen gemeinsamen) Verhaltensweisen und dem damit verbundenen Empfinden identifiziert. So korrespondiert Furcht mit „Schutz/Sicherung des Lebens", weiters nennt er Ärger/Wut, Ekel, Traurigkeit, Überraschung, Akzeptanz, Freude und Antizipation.

Izard

Carroll Izard (1991) schlägt mit ihrer „differenzierten Emotionstheorie" 10 Emotionen vor: Ärger/Wut, Furcht, Verzweiflung, Freude, Ekel, Überraschung, Scham, Beschämtheit, Interesse und Verachtung.

Kognitive Wende

... die kognitive Wende hat nie stattgefunden! Es waren immer schon verschiedene Forschungsrichtungen nebeneinander tätig. Dennoch ist es auch richtig, dass seit den 50er und 60er Jahren des vorigen Jahrhunderts kognitive Prozesse und Leistungen zunehmend Beachtung fanden.

Gegenstand der Kognitiven Psychologie

Der Begriff "Kognition" kommt vom Lateinischen *cognito, -nis* und bedeutet Kenntnis, Erkenntnis, Begriff.

Die Kognitive Psychologie ist ein Teilgebiet der Psychologie, welches die Prozesse und Produkte der Kognitionen erforscht – eben die Prozesse und Leistungen der menschlichen Informationsverarbeitung.

Die Kognitive Psychologie hat zum Inhalt, wie wir Informationen wahrnehmen, repräsentieren, zu Wissen transformieren, speichern, aber auch wie wir diese Informationen „verwenden" um unsere Aufmerksamkeit und unser Verhalten zu steuern und damit kognitive Leistungen vollbringen. Involvierte *psychologische Prozesse* bzw. *Strukturen* sind dabei folgende:

- Wahrnehmen (*sensation*: Wahrnehmen im Sinne von Eindruck; *perception*: Wahrnehmen im Sinne von Begreifen)
- Mustererkennung (wir sehen nicht nur z. B. Tupfen, Schattierungen usw., sondern Gestalten und Gegenstände)
- Aufmerksamkeit
- Lernen
- Gedächtnis
- Begriffsbildung
- Denken
- Vorstellungsbilder
- Erinnern
- Sprache
- Bewusstsein
- Emotionen
- Entwicklungsprozesse

Die Kognitionswissenschaft („*cognitive science*") ist auf das Zusammenwirken zahlreicher Disziplinen angewiesen: Neuropsychologie, Neurophysiologie, biologische Psychologie, Kybernetik, Computerwissenschaft, Sprachwissenschaft, Entwicklungspsychologie, Chemische Psychologie, …

Die Kognitive Psychologie hat jene Strukturen und Prozesse zum Gegenstand, welche zwischen „Reizaufnahme" und „Verhalten" liegen, bzw. mit den Strukturen und Repräsentationen der Kognition in Zusammenhang stehen.

Kognitive Vorgänge gehörten schon im alten Griechenland zum Interesse der Wissenschaften (Philosophie). Schon Platon (427–347 v. Chr.) und Aristoteles (384–322 v. Chr.) spekulierten über das Wesen menschlichen Denkens, des Lernens und des Gedächtnisses. Aristoteles stellte für diese Bereiche eigene Prinzipien auf, die noch heute modern erscheinen. Er unterscheidet zwei Elemente, die für kognitive Vorgänge maßgebend sind: *Ideen* (Gedanken) und *Assoziationen* (gedächtnismäßig repräsentierte

Verbindungen, Verknüpfungen) – sie beeinflussen das Denken und Lernen, weil die Verknüpfungen auch zu einzelnen Objekten präsent werden. Assoziationen zwischen zwei oder mehr Objekten erfolgen gemäß Aristoteles nach drei Prinzipien:

- *Kontiguität* – wenn sich Objekte in räumlicher oder zeitlicher Nähe zueinander befinden –,
- *Ähnlichkeit* – wenn Objekte einander ähnlich sind (z. B. „Tanne" und „Fichte"); der Unterschied zu Kontiguität besteht darin, dass neue Objekte noch an keine raum-zeitlichen Zusammenhänge gebunden sind aber an bereits gebundenen Objekten, oder solchen die diesen ähnlich sind, assoziiert werden.
- *Kontrast* – also Objekte, die Gegensatzpaare darstellen (z. B. „weiß" und „schwarz").

In den folgenden Jahrhunderten entstand eine Debatte um den Ursprung menschlichen Wissens (Denken) zwischen den Empiristen (z. B. John Locke, engl. Philosoph und Arzt; 1632–1704) und den Rationalisten (z. B. René Descartes, franz. Philosoph und Mathematiker; 1596–1650). Die einen führten das Wissen auf Erfahrung zurück (Erfahrungen, die der Mensch im Laufe seines Lebens macht, tragen zum Wissen bei), die anderen behaupteten, es sei angeboren. Dieser Diskurs wurde lange Zeit unter der Bezeichnung „Anlage-Umwelt-Problem" geführt (auch bekannt als *nature-nurture* Debatte).

Psychologie in Deutschland im 19. Jhdt. und der Jhdt.-Wende

Psychologische Schulen wurden durch Gemeinschaften von Wissenschaftlern gebildet, deren Mitglieder dazu neigten, einheitlich und dem Paradigma der Schule entsprechend zu forschen, zu denken und zu argumentieren. Die Schulen wurden meist durch einen Pionier einer neuen Richtung (oft durch Ablehnung der alten Schulen) begründet. Im 19. und Anfang des 20. Jahrhunderts entstanden mehrere psychologische Schulen, von denen im Folgenden die wichtigsten kurz dargestellt werden sollen.

Leipziger Schule

Der Versuch einer wissenschaftlichen Erforschung der menschlichen kognitiven Fähigkeiten erfolgte erst im 19. Jahrhundert. 1879 gründete Wilhelm Wundt (1832–1920) in Leipzig das erste experimentalpsychologische Labor. Wundts Lehre gründete in der Bemühung, Elemente des Bewusstseins und ihre Funktionsweisen zu erforschen. Dabei ginge die menschliche geistige Tätigkeit von der Apperzeption aus. Die Apperzeption ist für Wundt das Eintreten eines Bewusstseinsinhaltes in das Aufmerksamkeitsfeld, sozusagen die beabsichtigte Verschiebung vom Blickfeld zum Blickpunkt als Ergebnis einer Willenshandlung – Prototyp aller psychischen Prozesse.

Würzburger Schule

Die Würzburger Schule wurde vom Wundtschüler Oswald Külpe (1862–1915) gegründet (der den Sensualismus und die Assoziationspsychologie bekämpfte) und dessen experimentelle Untersuchungen besonders den Denkvorgängen, Urteilsformen, Zielvorstellungen (determinierende Tendenz) usw. galten. Weitere Hauptvertreter waren seine Schüler, u. a. Narziß Ach (1871–1946), Karl Bühler (1879–1963) und Karl Marbe (1869–1953).

Zu den psychologischen Grundbegriffen gehören bei Külpe: *Seele, Seelenvermögen, Ich, Bewusstsein und Subjekt*, die im Menschen eine Einheit bilden. Külpe wendete bei seinen Experimenten die Methode der Selbstbeobachtung (Introspektion) an. Dabei fand er heraus, dass das Denken zwar weitgehend unanschaulich, jedoch bei vorgegebenen Aufgaben (Problemen) zielgerichtet ist. Die Aufgabe setzt den Impuls für den Gedankenlauf in eine bestimmte Richtung, um die Lösung zu finden. Die dabei unbewusst wirkenden Kräfte bezeichnete Ach (1905) als determinierende Tendenz. Manchmal kann man kurz vor der Lösung einer Aufgabe das plötzliche Verstehen beobachten. Dieses Phänomen beschrieb Karl Bühler als das so genannte *Aha-Erlebnis*.

Gestaltpsychologie

Grazer Schule

Die Gestaltpsychologie findet ihre Anfänge in Graz. Alexius Meinong (1853–1920) gründete dort 1882 (3 Jahre nach Wundt in Leipzig) das erste österreichische psychologische Laboratorium. Meinong stellte fest, dass zusammenhängende Gesamtheiten (Komplexitäten) von der Summe der Bestandteile zu unterscheiden sind. Durch Aktivitäten des Betrachters (bei optischer Wahrnehmung), die er Produktionen nannte, entstünde der ganzheitliche Eindruck.

Am Beispiel einer Melodie demonstrierte Christian von Ehrenfels (1859–1932, Mitarbeiter Meinongs und Opernsänger) die Besonderheit der Wahrnehmung. Eine Melodie wird als etwas anderes als die Summe der Töne empfunden, denn sie wird auch erkannt, wenn sie z. B. einen Ton höher oder tiefer gespielt wird.

Berliner Schule

In Deutschland entstand in der Gruppe um Max Wertheimer (1880–1943), zu der auch Wolfgang Köhler (1887–1967) und Kurt Koffka (1886–1941) zählten, ein anderer Ansatz der Gestaltpsychologie.

Grundsätzlich geht die experimentelle Gestaltpsychologie von folgender Feststellung aus: die Summe der Einzelteile ist etwas Anderes (mehr) als das Ganze (Prinzip der Übersummativität).

Wertheimer zeigte Versuchspersonen zwei Lichtquellen in schneller Abfolge, eine links und eine rechts im Bild. Dabei entstand, wenn die Lichtquellen nicht zu langsam und nicht zu schnell gezeigt wurden, der Eindruck einer Scheinbewegung (als würde sich eine Lampe hin und her bewegen). Diese Scheinbewegung bezeichnete Wertheimer als das Phi-Phänomen.

Gestalten sind nicht nur bei der optischen oder akustischen Wahrnehmung zu finden. Der gestalttheoretische Ansatz beeinflusste auch andere Wissenschaftszweige wie Philosophie, Medizin, Biologie etc.

Zu den bekannten Untersuchungen der Gestaltpsychologie gehören auch die von Wolfgang Köhler 1914 durchgeführten Schimpansenexperimente, in denen er feststellen konnte, dass Affen auch in der Lage sind, Probleme zu lösen: z. B. wenn sie einen Stock benutzen und Kisten aufeinander stapeln, um Bananen von der Decke zu holen. Dabei tritt die Lösung für ein Problem plötzlich auf: Ziel und Hilfsmittel bilden eine Gestalt – die Erkenntnis dieser Gestalt nennt Köhler Einsicht.

Feldtheorie

Die Feldtheorie geht auf Kurt Lewin (1890–1947) zurück und wurde auf der Grundlage des gestalttheoretischen Ansatzes entwickelt. Zentraler Begriff in Lewins Feldtheorie ist der Lebensraum, der nicht in seiner physikalischen Beschaffenheit, sondern in dessen Strukturierung für das menschliche Erleben von Bedeutung ist. D. h. die spezifische Art und Weise eines Feldes, in einem gegebenen Augenblick, ist bestimmend für ein Individuum. Für das menschliche Verhalten stellt er folgende Gleichung auf:

$$V = f\,(P, U)$$

wobei das Verhalten (V) eine Funktion aus Person (P) und Umwelt (U), oder

$$V = f\,(Lr)$$

das Verhalten eine Funktion des Lebensraumes (Lr) ist, weil dieser die Person und Umwelt erfasst und stets kognitiv repräsentiert ist.

Lewin setzte sich auch mit menschlichen Konflikten auseinander und beschrieb drei mögliche Muster:

- *Appetenz-Appetenz-Konflikt*: wenn die Wahl zwischen A und B zum Konflikt wird, weil A und B gleich positiv bewertet werden.
- *Aversions-Aversions-Konflikt*: wenn die Wahl zwischen A und B zum Konflikt wird, weil A und B gleich negativ bewertet werden.
- *Appetenz-Aversions-Konflikt*: wenn A und B einander widerstrebende Tendenzen auslösen und so zum Konflikt werden (z. B. eine Frau möchte mit einem Mann tanzen, schämt sich aber ihn zu fragen).

Kognitive Lerntheorie

Die Psychologie des Lernens kann eigentlich nicht als eine eigene Schule bezeichnet werden, sie findet jedoch ihren Beginn zeitlich an dieser Stelle und soll daher hier kurz dargestellt werden. Hermann Ebbinghaus (1850–1909), der sich als Zeitgenosse Wundts einem neuen Bereich mittels einer neuen Methode zuwandte und im Gegensatz zu Wundt die höheren geistigen Prozesse untersuchte, erforschte das menschliche Gedächtnis, wobei er von der Annahme ausging, Gedächtnisinhalte könnten wie Vorstellungsreihen verstanden werden.

Seine experimentelle Methode bestand darin so genannte sinnfreie Silben vorzugeben und die Anzahl der Durchgänge zu erfassen, die notwendig sind, damit diese vollständig auswendig gelernt wurden. Anschließend prüfte er das Vergessen (genauer gesagt den Aufwand des Wiedererlernens) über die Zeit derart, dass er die Anzahl der notwendigen Durchgänge notierte, um die („alte") Reihe wieder vollständig reproduzieren zu können.

Somit betrieb Ebbinghaus eine objektive experimentelle Methode und beschrieb die so genannte Vergessenskurve. Die Menge der behaltenen Silben (also der Lernzuwachs) hängt von der Anzahl der Wiederholungen ab, weiters sind nach längeren Zeitabständen mehr Wiederholungen notwendig, um das Lernmaterial fehlerfrei zu reproduzieren.

Der Behaviorismus

Während in Europa die Forschungsinteressen dem menschlichen Geist galten, wandte sich in der Zwischenzeit die Amerikanische Psychologie einer anderen Richtung zu. William James beeinflusste mit seinem 1850 erschienen Buch *Principles of Psychology* stark die wissenschaftlichen Bestrebungen. James forderte eine praxisnahe und handlungsorientierte Psychologie, die sich nützlich anwenden lässt.

Edward Lee Thorndike (1874–1949) entwickelte in diesem Geiste die Lerntheorie, die grundsätzlich auf den Konsequenzen von Belohnung und Bestrafung auf den Lernerfolg basiert. Dabei waren die bewussten Erfahrungen überflüssiger Ballast. Ähnliche Tierexperimente wurden bereits in Rußland von Iwan P. Pawlow (1849–1936) zur Reflexologie und Konditionierung durchgeführt (Klassische Konditionierung, Typ-S).

John B. Watson (1878–1958) begründete den Behaviorismus (1913, 1919, 1930/1976) und machte damit nur das beobachtbare menschliche Verhalten (also keine geistigen Vorgänge) zum Forschungsschwerpunkt der Psychologie. Verhalten basiere auf Erfahrungen (Konditionierung), die in der Umwelt gemacht werden und auf den Menschen prägend wirken. Emotionen seien als natürliche Reaktionsbereitschaften zu sehen. Watsons Theorie wird daher auch Milieutheorie genannt.

Eine Mitarbeiterin Watsons, Rosaline Rayner, erzeugte experimentell eine Phobie bei einem Kleinkind (Albert). Dieser Befund wurde von den Behavioristen als Beweis der lerntheoretischen Genese der Phobie angesehen. Albert wurde eine weiße Ratte, die ursprünglich keinerlei Angst auslöste (konditionaler Stimulus: CS), präsentiert sowie anschließend ein lautes Angst machendes Geräusch (unkonditionaler Stimulus: UCS). Nach einigen Durchgängen löste die Ratte allein Angst aus, sodass das Kind mit Weinen (konditionale Reaktion: CR) reagierte. Die Angst wurde auch auf andere Tiere wie Kaninchen, Hunde etc. generalisiert.

Als ein weiterer bedeutender Vertreter des Behaviorismus ist Burrhus F. Skinner (1904–1990) zu nennen, der einen weiteren Konditionierungstyp, nämlich die operante Konditionierung (Typ-R), unterschied. In der – wohl bekannten – Skinner-Box wurden Tiere darauf konditioniert, ein gewünschtes Verhalten auf welches Belohnung folgte, zu zeigen (im Unterschied zur Typ-S Konditionierung erfolgt hier zuerst das Verhalten, dann die Belohnung).

Die Neobehavioristen betonten, dass auch das menschliche Bewusstsein sowie Persönlichkeit, Empfindungen etc. eine entscheidende Rolle im menschlichen Verhalten einnehme. So entstanden neue Theorien, die heute auch als Theorien des sozialen Lernens bezeichnet werden. Gegenwärtig ist der Einfluss des Behaviorismus vor allem in den Lerntheorien und deren praktischer Anwendung, z. B. in der Verhaltenstherapie, zu sehen.

Kognitive Wende

Hixon-Symposium

Die kognitive Wende bezeichnet jene Phase in der Geschichte der Psychologie, in der auch der eigentliche Beginn der modernen Kognitiven Psychologie zu suchen ist. Eines der entscheidenden Ereignisse in diesem Zusammenhang war das 1948 in Pasadena, CA, veranstaltete Hixon-Symposium, bei dem sich Wissenschafter verschiedener Disziplinen (Psychologie, Informationstheorie, Linguistik, Philosophie, Neurowissenschaften, Kybernetik) zum Thema „*Cerebral mechanism of behavior*" trafen.

Karl Lashley (1890–1958) suchte dabei die Konfrontation mit dem Behaviorismus, indem er darauf verwies, dass die menschliche Handlungsorganisation hierarchisch organisiert sei. Verhalten sei nicht als Folge von seriellen Reflexen zu erklären, sondern als Abfolge im Voraus geplanter und organisierter Verhaltenssequenzen. Lashley versuchte auch die Lokalisation- und Reflextheorien zu widerlegen und das Hirn als vernetztes System zu sehen, indem er das „Gesetz der Massenwirkung" formulierte: Gedächtnisbeeinträchtigungen sah er als abhängig von der Masse, nicht von der Lage der Läsion. In Läsionsstudien versuchte er zu demonstrieren, dass es nicht so wichtig ist wo, sondern wie groß eine Läsion ist.

Im Folgenden sind weitere Wortmeldungen angeführt, die im Rahmen des Hixon-Symposions vorgebracht wurden:

Der Mathematiker John von Neumann wies auf die Parallelen zwischen Hirn und Computer hin, und verwies in *„The General and Logical Theory of Automata"* auf eine generelle Theorie informationsverarbeitender Systeme.

Warren Mc Coulloch stellte die Frage „warum das Denken im Kopf ist". Mit dieser offensichlich provokanten Frage wollte er das Denken wieder zum Gegenstand der Psychologie zu machen (einige Behavioristen schocken) und untersuchen, wie das Gehirn Informationen verarbeitet.

Human Factors

Die *„Human Factors"*-Bewegung ist ein Teil der angewandten Psychologie und beschäftigt sich somit mit der Mensch-Maschine Interaktion, Mensch-Maschine Kommunikation, der Informationstechnologie, der Untersuchung menschlicher Leistungen, Fertigkeiten und Fehlverhalten (menschliches Versagen). Sie erlebte einen großen Aufschwung im und nach dem Zweiten Weltkrieg, als man entsprechendes praxisbezogenes Wissen benötigte.

Informationsverarbeitungsansatz

Der Informationsverarbeitungsansatz wird im Allgemeinen mit Norbert Wiener und seine Publikation „Kybernetik oder Regelung und Nachrichtenübertragung im Lebewesen und in der Maschine, 1948" angesetzt. In den Biowissenschaften setzte sich in den 40er Jahren immer mehr die Erkenntnis durch, dass Lebensvorgänge nicht Reiz-Reaktions-Beziehungen sind, sondern Regelkreisvorgänge.

Informationstheorie

Die Informationstheorie ist eine mathematische Theorie, mit deren Hilfe Gesetzmäßigkeiten zu der Informationsmenge, die von einem Sender (im weitesten Sinn) ausgeht, durch einen „Kanal" übertragen wird und bei einem Empfänger eintrifft, sowie Bedingungen, die für einen optimale Codierung (Verschlüsselung von Informationen) gelten, dargestellt werden.

Die Informationstheorie entstand ursprünglich aus dem Bedürfnis von Nachrichtentechnikern, Probleme wie die maximale Anzahl von Nachrichteneinheiten, die ein Kommunikationsmittel unter gegebenen Umständen in der Zeiteinheit übertragen kann (Kanalkapazität), exakt zu behandeln. Ausgehend von der Zeichentheorie (Semiotik) entwickelten Shannon und Weaver (1949) die Informationstheorie als allgemeine Theorie von Kommunikationsvorgängen, was sehr bald Psychologen, Pädagogen, Neurophysiologen, und Soziologen zur Anwendung der Informationstheorie auf Kommunikationsprobleme im weiteren Sinn anregte. Dies führte zu Versuchen, Vorgänge der

Aufnahme und Verarbeitung von Wahrnehmungsreizen, der Begriffsbildung, der sprachlichen und nicht-sprachlichen Verständigung als Informationsverarbeitungsprozess zu deuten und kommunikationstheoretische Modelle psychischer Prozesse zu entwickeln.

Einfachster Anwendungsfall der Informationstheorie diskreter Signale in der Psychologie ist die Darstellung des Informationsgehalts einer univariaten Verteilung der relativen Häufigkeiten, als Schätzung der Wahrscheinlichkeiten $p(i)$ von Beobachtungsdaten (z. B. die verschiedenen Antworten in einer Mehrfachwahlausgabe).

Da der Informationsgehalt einer einzigen Nachrichtenklasse i proportional dem Kehrwert ihrer Wahrscheinlichkeit ist, ist der durchschnittliche Informationsgehalt H ums so größer, je größer die Zahl i der Klassen (z. B. der möglichen Antwortarten) und je ausgeglichener die Wahrscheinlichkeiten der einzelnen Klassen sind (z. B. gleiche Häufigkeit der verschiedenen Alternativen einer Mehrfachwahlaufgabe bei Beantwortung durch eine definierte Gruppe von Personen). Das adäquate Maß liefert die Shannon-Formel

$$H = S\,p(i) \log 1/p(i)$$

Bei Benützung des Zweierlogarithmus in der Shannon Formel wird H bei 2 unterscheidbaren Beobachtungsklassen mit Wahrscheinlichkeiten von je 0,5 genau 1,0; diese Informationseinheit wird als 1 bit bezeichnet. Auch bivariate Verteilungen (wie Kontingenz, von Reiz- und Reaktionsklassen als Beispiel von „Informationsübertragung") und multivariate Verteilungen können informationstheoretisch behandelt werden, wobei Parallelen zu Varianzanalyse und zur Regressionsanalyse bestehen.

In der Psychologie wird die Informationstheorie diskreter Signale auf vielen Teilgebieten der allgemeinen Psychologie (Wahrnehmung, Lernen, Begriffsbildung), aber auch in der differentiellen, angewandten und Sozialpsychologie angewendet. Dieser Ansatz wurde in der Psychologie vor allem von E. Raab und E. Mittenecker (1973) propagiert.

Neue Gedächtnismodelle

George Miller präsentierte 1956 am MIT (Massachusetts Institute of Technology) seine Arbeit über die magische Zahl sieben, bei der er feststellte, dass die Zahl sieben eine besondere Rolle in der menschlichen kognitiven Aufnahmefähigkeit spielt. Er konnte zeigen, dass Versuchspersonen in Gedächtnistests meist circa 7 (+/-2) Items behalten, wobei die Items auch ganze Gruppen (*chunks*) darstellen können. Miller zeigte damit, dass die menschliche Aufmerksamkeits- und Gedächtnisspanne streng limitiert ist.

Mit Forschungen im Bereich der Computerwissenschaft und der künstlichen Intelligenz beschäftigten sich Allen Newell und Herbert Simon (Newell, Shaw & Simon, 1956). Sie setzten sich zum Ziel, dem Computer intelligentes Verhalten bei zu bringen.

Donald Broadbent entwickelte aufbauend auf den Arbeiten von James ein „Multi-Speicher-Modell für die menschliche Informationsverarbeitung, welches dann in einer Abwandlung von Atkinson und Shiffin (1968) berühmt geworden ist.

Sprachwissenschaft

Chomsky veröffentlichte 1957 seine Sprachtheorie. Sein Modell der Sprache bzw. des Spracherwerbs geht von der „generativen Grammatik aus". Aufgrund der Leichtigkeit, mit der ein Kleinkind ohne besondere Anleitung die Sprache seiner Umgebung lernt, schließt er auf eine angeborene Sprachfähigkeit. Den Grammatiken der natürlichen Sprachen liegt eine „universelle Grammatik" zu Grunde, die biologische Basis menschlicher Sprachkompetenz. Er geht also von einem genetischen Anteil bei Spracherwerb als auch bei Sprachproduktion aus.

Handlungstheorie

1960 präsentierten Miller, Galanter und Pribram das einflussreiche Buch „*Plans and the structure of behavior*", in dem sie die menschlichen Reaktionen nicht nur auf Stimuli zurückführen. Der Mensch reagiert nicht nur auf Reize, sondern er hat Pläne, die er verfolgt. Während des Handelns wird in einer Rückkopplungsschleife geprüft, ob der angestrebte Endzustand erreicht ist.

Pioniere der kognitiven Psychologie

Ulrich Neisser

Eine wichtige Rolle bei der raschen Weiterentwicklung der Kognitiven Psychologie seit den fünfziger Jahren spielte Ulrich Neissers *Cognitive Psychology* aus dem Jahre 1967. Er betonte darin auch die Problematik der Computeranalogie und forderte eine konstruktivistische Sicht. 1976 übte er in *Cognition and Reality* (dt.: Kognition und Wirklichkeit) Kritik an der Laborpsychologie nach der kognitiven Wende. Er empfand, dass die ökologische Validität im Labor zu kurz kam.

James J. Gibson

Gibson forderte eine stärkere ökologische Orientierung. Seine Wahrnehmungstheorie betont, dass die Sinne nicht passive Rezeptoren sind, sondern aktive „Aufmerker", was in seiner „ökologischen Wahrnehmungstheorie" zum Ausdruck kommt

Akademische Etablierung der kognitiven Psychologie

- Gründung der Zeitschrift *Cognitive Psychology* (1970)
- Gründung der Zeitschrift *Congitive Science* (1977) und der gleichnamigen Gesellschaft (1979)

- Lehrbücher wie: Lindsay, P. H. & Norman, D. A. (1977). *Human Information Processing.*
- Anderson, J. A. (1980). *Cognitive Psychology and its implications.*

Die Einflüsse der „kognitiven Wende" sind im psychologischen Bereich vor allem im Feld der Wahrnehmungs- und Gedächtnispsychologie zu erkennen, jedoch gibt es auch Auswirkungen auf die klinische Psychologie bzw. Psychotherapie, die Angewandte Psychologie, Persönlichkeitspsychologie und Entwicklungspsychologie zu finden. Daneben, naturgemäß, in der Künstlichen Intelligenzforschung und deren Anwendungen im Objekterkennen wie sie bei zahlreichen „intelligenten" Steuerungen und anderen Automatisierungen zu finden sind.

Methoden der Kognitiven Psychologie

Die Kognitive Psychologie bedient sich der verschiedensten Forschungsmethoden, wie der Erfassung von Verhaltensmerkmalen (Reaktionszeiten, Leistungen,...), der Introspektion (sehr umstritten), experimenteller Methoden, Simulation und Neurowissenschaftlicher Methoden (fMRI, Hirnstromanalysen, ...)

Charakteristika des kognitiven Informationsverarbeitungsansatzes

Die zentrale Annahme des Informationsverarbeitungsansatzes ist die *interne Repräsentation.* Dementsprechend müssen für ein kognitives Modell der Informationsverarbeitung geeignete Prozesse und Operationen des Informationsflusses bzw. der Informationsverarbeitung postuliert werden:

- Prozesse der *Aufnahme* von Information,
- Prozesse der *Kodierung* von Information,
- Prozesse der *Speicherung* von Information,
- Operationen zur *Verarbeitung* aufgenommener und bereits gespeicherter Informationen und
- *Kontrollprozesse* bzw. Steuerinstanzen, welche die Verarbeitungsschritte überwachen und organisieren.

Annahmen des kognitiven Informationsverarbeitungsansatzes

... zum menschlichen Geist (*human mind*)
- Existenz mentaler Prozesse
- Symbolverarbeitendes System
- Transformation von Symbolen durch mentale Prozesse
- Für diese Verarbeitung und Transformation wird Zeit benötigt (Reaktionszeit ist die abhängige Variable)

- Es bestehen Limitationen in Struktur und Ressourcen, entsprechend einem Prozessor mit limitierter Kapazität.

Das Sternberg-Paradigma

Im Sternberg-Paradigma (Sternberg, 1966) zeigt man Personen eine Anzahl von Ziffern, die sie sich merken sollen (z. B. 3, 9, 6). Dann werden sie gefragt ob sich eine bestimmte Testziffer unter der zu merkenden Menge (*memory set*) befand. Die Frage soll so schnell wie möglich beantwortet werden. Sternberg variierte die Menge der Ziffern, die zu behalten sind, von 1 bis 6 und betrachtete die Geschwindigkeit, mit der die Versuchspersonen ihr Urteil darüber abgeben konnten, ob eine Prüfziffer in dieser Menge enthalten ist oder nicht.

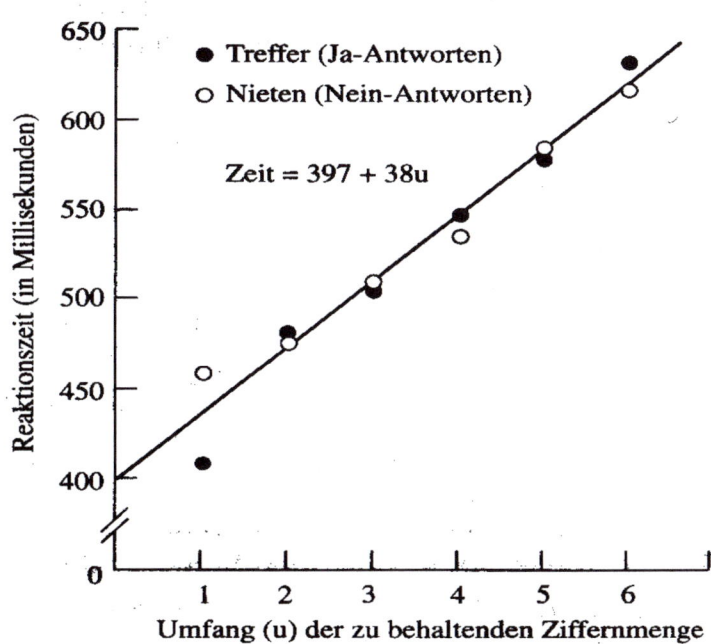

Abbildung 29: Zusammenhang der Reaktionszeit mit der Anzahl der zu behaltenden Elemente nach Sternberg, 1966 (aus Anderson, 2001, S. 13) .

S. Sternberg zeigte, dass die Antwortdauer als Funktion des Umfangs der zu behaltenden Zahlenmenge (*memory set*) zunimmt, aber für Treffer (Testziffer war in der Zahlenreihe enthalten) und Nieten (Testziffer war in der Zahlenreihe nicht enthalten) gleich ist. Das bedeutet, dass der Abruf aus dem Kurzzeitspeicher (KZS), seriell und vollständig ist. Würde beim Auffinden eines Treffers abgebrochen werden, müsste sich ein Unterschied zwischen den Ja- und Nein-Antworten zeigen.

Kognitive Aspekte der Wahrnehmung

Die – visuelle – Wahrnehmung als „ein naturgetreues Abbild der Wirklichkeit", das ist eine in der Alltagssituation oft vorgebrachte Vorstellung, ähnlich einem Foto. Wie weit aber unsere Wahrnehmungsleitungen von einer „bloßen" Abbildung entfernt sind, zeigen uns die zahlreich optischen Täuschungen und die Gedächtnistäuschungen.

An dieser Stelle wird auch nicht auf die grundlegenden physiologischen Mechanismen oder die einfachen Formen der Wahrnehmung eingegangen, sondern nur auf – einige – Aspekte, bei denen die kognitiven Leistungen hervorstechend sind.

Empfindung vs. Wahrnehmung

Unter Empfindung versteht man eine Reizeinwirkung (ein "einfaches Erlebnis" das nicht genauer definiert wird). Empfindungen finden wir in allen Modalitäten: Gesichts-, Gehör, Geruchs-, Tast-, Temperatur-, Schmerz-, Bewegungs-, Gleichgewichts- und Organempfindungen.

Signalentdeckungstheorie

Swets, Tanner und Birdsall nehmen 1961 eine klare Trennung zwischen der Wahrnehmung im Sinne des Überschreitens einer Wahrnehmungsschwelle (Person als Sensor) und der Reaktion als Überschreitung einer Reaktionsschwelle (Person als Entscheider) vor.

REAKTION

		JA ("Signal vorhanden")	NEIN ("Signal NICHT vorhanden")
STIMULUS	**SIGNAL** (Signal + Rauschen)	**TREFFER (HIT)**	**VERPASSER (MISS)**
	KEIN SIGNAL (nur Rauschen)	**FALSCHER ALARM**	**KORREKTE VERNEINUNG**

Abbildung 30: Konsequenzenmatrix für die Kombinationen von Reiz und Reaktion nach der Signalentdeckungstheorie (Swets, Tanner & Birdsall, 1961).

Die Reaktion ist sowohl abhängig von der objektiven Signalstärke (Signal-Rauschen-Verhältnis) als auch vom Beobachter, wobei Faktoren wie Sensitivität gegenüber dem Reiz, seine Erwartungen und auch die Bewertung der Konsequenzen eine entscheidende Rolle spielen. Verknüpft man nun konsequent Stimulus mit Reaktion, ergibt sich eine Konsequenzenmatrix mit 4 Antwortformaten.

Die Ergebnisse der Signalentdeckungstheorie sprechen dafür, dass bereits bei einfachen Aufgaben sowohl kognitive als auch motivationale Komponenten wirken. Dies stellt jedoch nur *ein* Detail des Wahrnehmungsprozesses dar.

Probleme der Wahrnehmung

Hinsichtlich der Wahrnehmung stellt sich die Frage wie Objekte, Lebewesen, usw. erkannt werden. Weiters interessiert der Aspekt der Identität (wahrgenommene vs. wirkliche Welt). Entspricht die subjektive Repräsentation der objektiven Wirklichkeit? Ebenso stellt sich das Problem der Wahrnehmungstäuschungen.

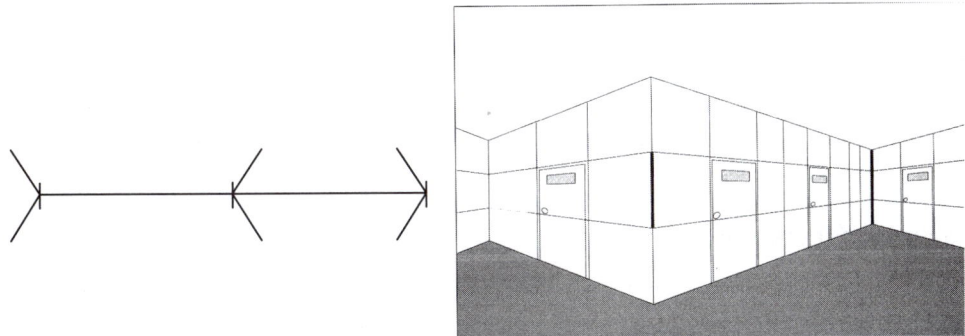

Abbildung 31: Müller-Lyer Pfeiltäuschung. Die Teilstrecken erscheinen uns unterschiedlich lange, weil nach unserer Erfahrung, die schrägen Striche dazu beitragen dass wir die Vorlage als eine „Raumkante" neben einem „Raumeck" wahrnehmen; mit gleicher Länge erscheinend – so muss die eine (linke) weiter weg sein als die andere (rechte), das ist aber nicht der Fall, so muss sie „länger" sein, um mit der „näheren" (rechten) gleich lang zu erscheinen.

Abbildung 32: Dreieckstäuschung (Escher) – von einer 2-dimensionalen Vorlage wird eine 3-dimensionale Figur erschlossen. Da uns jedoch wesentliche Information für diesen Schluss fehlt, kommt es zu einer Wahrnehmungstäuschung.

Tiefenwahrnehmung bei der Objekterkennung

Relevant für die Objekterkennung ist die Tiefenwahrnehmung, welche von mehreren Faktoren determiniert wird. Das Netzhautbild allein kann über Form, Lage, Größe und Entfernung von Gegenständen jedoch keine eindeutige Antwort geben. Die Netzhaut erhält über 3-D-Objekte oft nicht genügend Information um adäquat interpretieren zu können.

Trotz möglicher Wahrnehmungstäuschungen muss die Übereinstimmung zwischen Realität und subjektiver Repräsentation im Alltag hoch sein, da wir sonst nicht handeln könnten.

Phänomene der Wahrnehmungsorganisation

Es gibt 4 große Phänomene, die den Wahrnehmungsprozess beschreiben. Diese sind:

- *Pattern recognition* (Mustererkennung):
- Objektwahrnehmung (was gehört zusammen?)
- Tiefenwahrnehmung
- Wahrnehmunskonstanzen

Hinsichtlich der Mustererkennung haben *Schablonentheorien* (*Template Theories*), *Merkmalsanalysen* (*Feature Theories*) und die *Strukturenbeschreibung* (*Structural Deskription*) wichtige Beiträge geleistet.

Schablonentheorie

Die Schablonentheorie geht davon aus, dass wir von Objekten (z. B. Buchstaben) unserer Umwelt ein Abbild haben und dieses mit den Reizgegebenheiten vergleichen. Hier tritt jedoch das Problem auf, dass bei unsauberen, gedrehten, unvollständigen oder anders geschriebenen Buchstaben ein Vergleich schwer positiv fällt.

Hauptkritikpunkt bei der Schablonentheorie ist, dass Verzerrungen bei einem realistischen 3-dimensionalem Input nicht durch eine einfache Transformation lösbar sind und sie infolgedessen nur bei klar isolierten 2-D-Objekten (z. B. Buchstaben auf Papier) anwendbar ist.

Merkmalsanalyse

In der Merkmalsanalyse (*Feature Detection Theory*) werden nicht wie bei der Schablonentheorie komplexe Schablonen, die z.B. einen ganzen Buchstaben repräsentieren verglichen, sondern feinste Einzelheiten, die zusammengesetzt werden. Einzelne Merkmale (z. B. von Buchstaben) werden mittels Mini-Schablonen für einfache geometrische Merkmale analysiert.

Beispiel: Der Buchstabe E wird mittels der Mini-Schablonen mit drei horizontalen Linien mit einer vertikalen an deren linker Seite verglichen. Im Gegensatz dazu, wurde bei der Schablonentheorie nur eine einzige komplexe Schablone für das A angewandt. Das *Pandämoniun-Modell* von Selfridge (1959) veranschaulicht die Merkmalsanalyse in 4 Analyseebenen: Linien-, Ecken-, Muster- und Entscheidungsdämon.

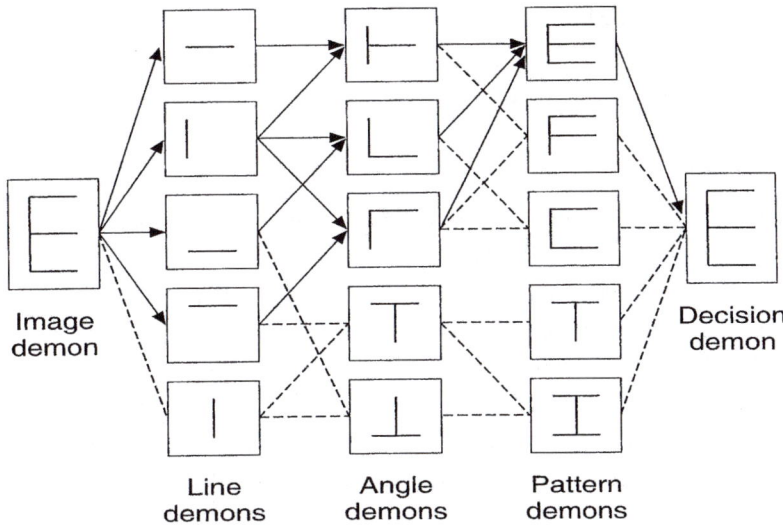

Abbildung 33: Schema des Pandämonium-Modells der Mustererkennung von Selfridge (1959).

Erkenntnisse aus der Neurophysiologie sprechen für die Merkmalsanalyse. Hubel und Wiesel (1963) fanden im visuellen Kortex auf höherer Ebene unabhängig von der Lokalisation auf der Retina neuronale Detektoren für Kanten, Striche, etc.

Auch Fehleranalysen beim Erkennen von Buchstaben liefern positive Resultate: Je mehr gemeinsame Merkmale (bei Buchstaben), desto mehr Fehler/Verwechslungen treten auf.

Trotz dieser positiven Befunde gibt es einige Probleme bei der Merkmalsanalyse. Minischablonen können schwer auf natürliche Formen angewandt werden (z. B. Pferd). Auch die räumlichen Beziehungen zwischen den Merkmalen sind unberücksichtigt (nur Art und Zahl) und ebenso bei 3-dimensionalen Objekten stößt die Merkmalsanalyse an ihre Grenzen.

Strukturbeschreibung (*Structural Description*)

Bruce und Green (1990) berücsichtigen in ihrer Sturkturbeschreibung die Relationen zwischen den Merkmalen, was den Hauptkritikpunkt der Merkmalsanalyse darstellte. Sie beschreiben sowohl die Komponenten einer Konfiguration als auch deren Anordnung mit elementaren Propositionen (Aussagen).

Zum Beispiel die Strukturbeschreibung eines „T":

- Es gibt zwei Teile
- Ein Teil ist eine horizontale Linie
- Ein Teil ist eine vertikale Linie
- Die vertikale Linie trägt die horizontale
- Die vertikale Linie halbiert die horizontale

Wie auch bei der Merkmalsanalyse wird jedoch auch hier die Beschreibung von natürlichen Formen und 3-dimensionalen Objekten nicht gut berücksichtigt.

Computationale Theorie der visuellen Wahrnehmung

Die Theorie, welche der visuellen Wahrnehmung scheinbar am besten gerecht wird, ist die *computationale* Theorie der visuellen Wahrnehmung von Marr (1982).

Er kritisiert, dass traditionelle Ansätze keine Abgrenzung von Perzeption und Kognition vornehmen und hebt hervor, dass die Prozesse der Identifikation von Begrenzungen und Erkennen von Formen unabhängig voneinander sind (die Form ist unabhängig von der Begrenzung und umgekehrt).

Marr nimmt an, dass der Wahrnehmungsprozess eine Serie von Repräsentationen unserer visuellen Umwelt beinhaltet, die zunehmend detailliertere Informationen enthält:

- *Erstskizze* (*primal sketch*): Es erfolgt eine 2-dimensionale Beschreibung von Änderungen der Lichtintensität im visuellen Input. Dazu werden Informationen über Kanten, Konturen und Flecken verwendet – (beobachterzentriert).
- *2½-D Skizze*: Es wird eine Beschreibung der sichtbaren Oberflächen, ihre Tiefe (Entfernung) und Orientierung (unter Ausnutzung der Hinweisreize zur Tiefenwahrnehmung) vorgenommen – (beobachterzentriert).
- *Repräsentation in Form eines 3-D Modells*: Beschrieben wird die 3-dimensionale Form und relative Position von Objekten – unabhängig vom Beobachterstandpunkt!

Top-down und *Bottom-up* Prozesse

Die Wahrnehmungsleistungen werden von zwei, zwar simultan, aber in durchaus unterschiedlicher Intensität wirkenden Prozessen (Aufmerksamkeitsprozessen!) mitgestaltet:

- *Bottom-up*: Basisprozesse (visuelle Perzeption): Es handelt sich um einen von den Sinnesdaten und allgemeinen Verarbeitungsprinzipien bestimmten (schnellen, unbewussten, Aufmerksamkeits-) Prozess zur Extraktion von Informationen aus Daten, ohne Annahmen über wahrgenommene Objekte („datengetrieben").

- *Top-down*: Objekterkennung (visuelle Kognition): Bei diesem Prozess der Erkennung wird Information aus den Basisprozessen mit der im Gedächtnis gespeicherten Information verglichen. (Wirkung von Erwartungen, Antizipationen, Wissen, etc.; bewusste Aufmerksamkeit). Erfahrung und Wissen über wahrgenommene Objekte werden miteinbezogen („konzeptgetrieben").

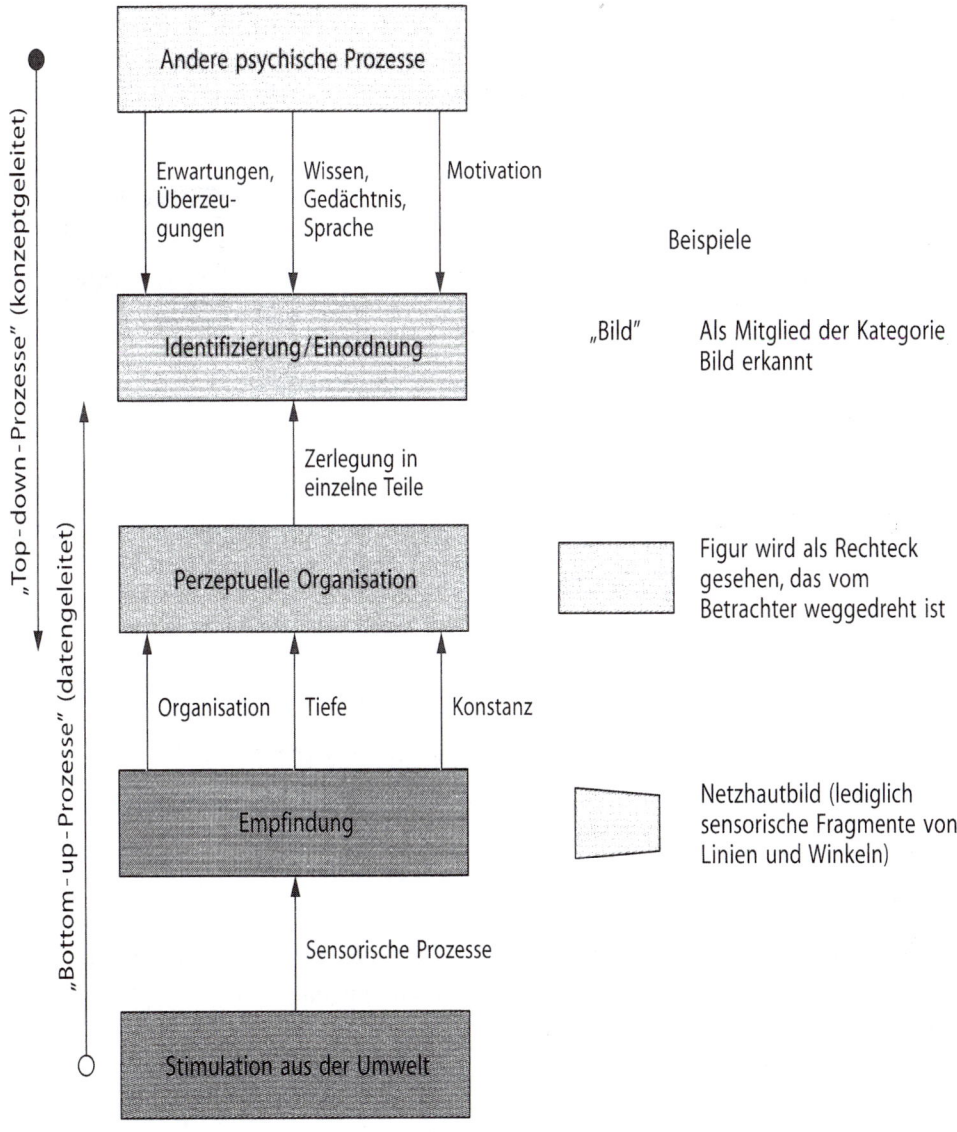

Abbildung 34: Schema der *Bottom-up* und *Top-down* Prozesse der Wahrnehmung nach Zimbardo und Gerrig (1999).

Die Gestaltpsychologie

Die Gestaltpsychologen u. a. Max Wertheimer, Wolfgang Köhler und Kurt Koffka betonten das *Prinzip der „Guten Gestalt"*, welches auf auf den Gestaltgesetzen basiert: Nähe, Gleichheit, Figur-Grund, Kontinuität, Geschlossenheit und das Prinzip des gemeinsamen Schicksals.

Ein weiteres Prinzip des gestalttheoretischen Ansatzes ist die *Scheinbewegung*, welche Wertheimer beschrieb. Ein rechts aufleuchtender Lichtstreifen, dem nach einer 50 ms dauernden Dunkelpause ein n links aufleuchtender Lichtstreifen folgt, wird als Bewegung wahrgenommen („Das Ganze ist mehr als die Summe seiner Teile")!

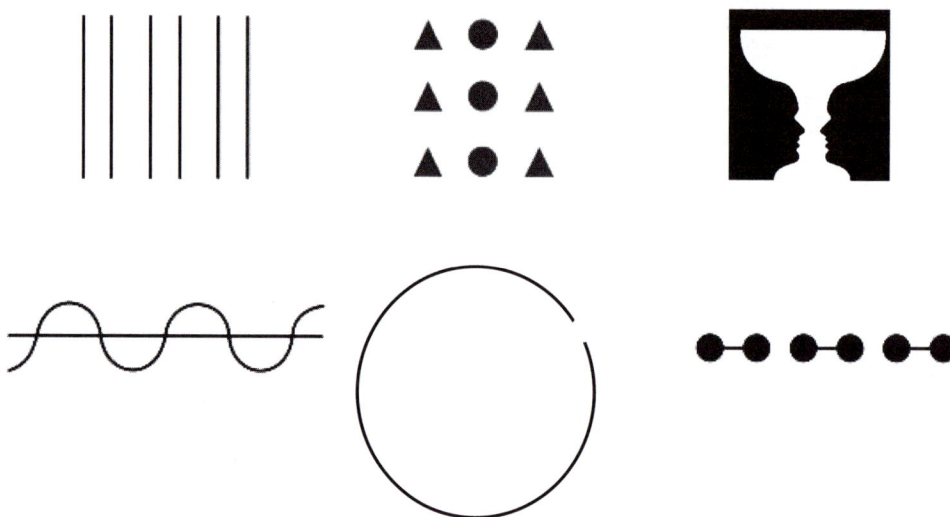

Abbildung 35: Die Gestaltgesetze: Nähe, Gleichheit, Figur-Grund, Kontinuität, Geschlossenheit und das Prinzip des gemeinsamen Schicksals.

Bottom-up Theorien

Die *bottom-up* Theorie schlechthin ist der Vorschlag von Gibson. Er bewertete die Reichhaltigkeit der potentiell verfügbaren Information und betonte somit die Wahrnehmung, welche direkt aus der Sensation erfolgt. Er ist der Ansicht, dass die gesamte Information für Wahrnehmung in der Umwelt und somit in unserem visuellen Feld ist. Er stellte damit die Fülle der aus der Umwelt verfügbaren Information in den Vordergrund: Texturgradient und die verschiedenen Formen des optischen *flow* Musters.

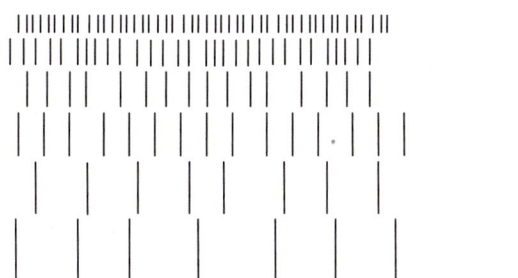

Abbildung 36: Beispiele für Texturgradienten nach Gibson (1982).

Optical flow patterns – je nach Bewegungsrichtung

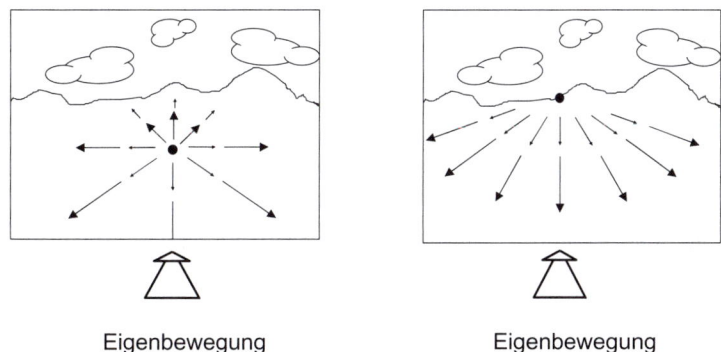

Eigenbewegung   Eigenbewegung

Abbildung 37: Beispiele für *optical flow* in Abhängigkeit der Bewegungsrichtung.

Tiefencues

Hinsichtlich der Tiefenwahrnehmung unterscheidet man monokulare und binokulare Hinweisreize:

Monokular

- *Texturgradient*: Viele Oberflächen haben eine Feinstruktur = Textur, wie z. B. Fell, Stoff, Rinde,…Die Elemente einer Struktur rücken mit wachsender Entfernung näher zusammen & werden kleiner.
- *Überlappung*: Nahe Objekte überdecken oft fernere Objekte.
- *Schattierung*: Dreidimensionale Formen sind meist nicht überall gleich beleuchtet. Die Schattierung gibt somit Auskunft über Lage im Raum.
- *Lineare Perspektive*: Fluchtpunkt – systematisches Kleinerwerden nach hinten.

Binokular

- *Konvergenz*: Der Konvergenzwinkel verändert sich mit Entfernung zum Fixationspunkt. Je näher man dem wahrzunehmenden Objekt ist, desto größer ist der Konvergenzwinkel („Schielen"). Jedoch ist dadurch nur eine grobe Einschätzung der Entfernung möglich.

- *Querdisperation*: Der Augenabstand von ca. 5–7.6 cm beim Menschen führt dazu, dass die Augen leicht verschiedene Bilder liefern.

- *Optische Flow Muster*: Durch eine nur geringe Eigenbewegung in eine bestimmte Richtung erhält man ein stark verändertes Netzhautbild und kann so bei Beachtung des Fluchtpunktes die Richtung antizipieren.

- *Relative Größe*: liefert ebenfalls entscheidende Information für die Tiefenwahrnehmung.

Top-down Theorien

Top-down Theorien gehen von einer *Konstruktivistischen Betrachtung* aus, welche auf Herrmann Helmholz basiert. Gregorys Wahrnehmungstheorie (*Hypothesentheorie*) geht darauf konkreter ein und ebenso die „*Set-Theorie*", die die Bedeutung von Ausrichtung und Einstellung bei der Wahrnehmung betont. *Top-down* Theorien gehen davon aus, dass die Wahrnehmung durch Wissen, Erwartungen und Stereotypien vervollständigt wird.

Hinweise darauf findet man bei optischen Täuschungen (Illusionen), bei Kontexteinflüssen, Erwartung und Erfahrung, Motivation und Emotion und auch den Wahrnehmungskonstanzen. Wir können nicht wahrnehmen ohne Erfahrungen einzubringen, wir interpretieren oft aufgrund unserer Erfahrung etwas dazu. Zum Beispiel haben subjektive Konturen und Tiefencues Auswirkung auf die wahrgenommene Größe von Objekten (Ponzo) – gleich Großes was weiter entfernt liegt, müsste kleiner erscheinen.

Abbildung 38: Einfluss von Tiefencues auf die Wahrnehmung nach Ponzo. Die weiter hinten liegenden Objekte sind zwar gleich groß, aufgrund der vorliegenden Tiefencues erscheinen sie jedoch größer.

Abbildung 39: Kanisza Dreieck (subjektive Konturen). Aufgrund unserer Erfahrung sehen wir nicht unvollständige Kreise, sondern erschließen ganze Kreise, die von etwas verdeckt werden.

Set-Theorien

Die *Set*-Theorien gehen davon aus, dass Wahrnehmen ein aktiver Prozess ist. Selektion, Schlussfolgerung und auch Interpretation fließen mit ein. Daraus resultiert auch eine Tendenz zur Bevorzugung bestimmter Inhalte. Einflüsse sind vom Kontext, der Erwartung, Erfahrung, Motivation und Emotion möglich.

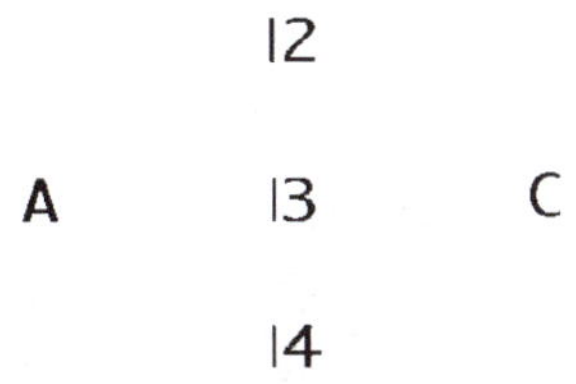

I2

A   I3   C

I4

Abbildung 40: Einfluss des Kontext auf die Wahrnehmung. Wenn man die Zeile mit den Buchstaben liest, interpretiert man den mittleren Buchstaben als B. Wenn man die Spalte mit den Zahlen liest, nimmt man die Zahl „13" wahr.

Abbildung 41: *Perceptual Set*. Je nachdem, ob wir die Reihe von Bildern von rechts oder links beginnend betrachten sehen wir im mittleren Bild entweder einen Saxophonspieler oder das Gesicht einer Frau.

Bereits Bruner und Postman (1949) liefern einen empirischen Beleg für den Einfluss von Erfahrungen auf die Wahrnehmung. Sie stellen fest, dass, wenn Spielkarten mit „schwarzem Herz" und „rotem Pik" nur relativ kurz dargeboten werden, die Erfahrung die Wahrnehmung überdeckt und die Spielkarten als normal wahrgenommen werden.

In einer weiteren klassischen Untersuchung zum Einfluss von Emotion und Motivation zeigen Gilchrist und Nesberg (1952), dass Essensbilder bei deprivierten Personen deutlicher wahrgenommen werden, als bei nicht deprivierten und McGuiness (1949) wies eine Wahrnehmungsabwehr in „Tabu-Wörtern" nach.

Interaktionistische Theorie von Neisser

Neisser verbindet in seinem Wahrnehmungszirkel Top-down und Bottom-up Prozesse. Bei den Top-down Prozessen werden Sets/Schemata angewandt und Erwartungen einbezogen, die die Exploration lenken. Im Rahmen der Bottom-up Basisprozesse werden die Verfügbaren Informationen verarbeitet, die antizipierten Schemata elaboriert und bei Bedarf korrigiert.

Wahrnehmungskonstanzen

- *Formkonstanz*: Die wahrgenommene Form eines Objektes ändert sich nicht, auch wenn sich das Netzhautbild ändert.

- *Farbkonstanz*: Die wahrgenommen Farbe eines Objektes ändert sich nicht, auch wenn sich das Netzhautbild ändert.

- *Größenkonstanz*: Die wahrgenommene Größe eines Objektes ändert sich nicht, auch wenn sich das Netzhautbild ändert.

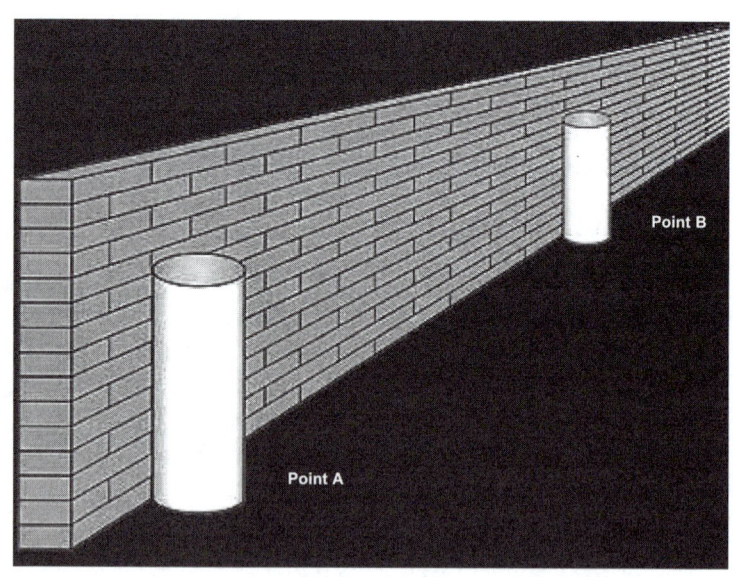

Abbildung 42: Beispiel für die Größenkonstanz. Die Objekte werden bei *Point A* und bei *Point B* gleich groß wahrgenommen.

Gedächtnis

Jedermann klagt über sein Gedächtnis, niemand über seinen Verstand (Francois La Rochefoucauld, 1613-1680).

Das Gedächtnis, oder besser die Gedächtnisleistungen, sind das Kerngebiet der kognitiven Psychologie, die Basis aller kognitiven Vorgänge und Leistungen. Ohne Gedächtnis würden wir nichts erkennen, könnten nichts planen, nicht handeln, kurz, alle kognitiven Vorgänge sind mit den Gedächtnisleistungen unmittelbar verknüpft. Für manche Kognitionspsychologen stellt das Gedächtnis aus diesem Grund auch den Hauptgegenstand ihrer Untersuchungen dar. Wie schon mit dem Terminus „Gedächtnisleistungen" angedeutet, können wir eine Reihe von Gedächtnisformen und noch mehr Arten von Gedächtnisleistungen unterscheiden. Doch zuerst ein Beispiel über das Zusammenwirken von Enkodierung, semantischer *und* analoger Repräsentation und Wiedergabeleistung.

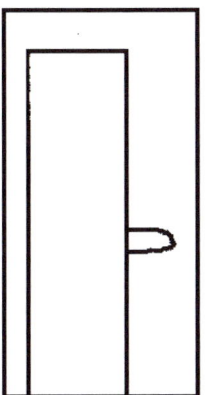 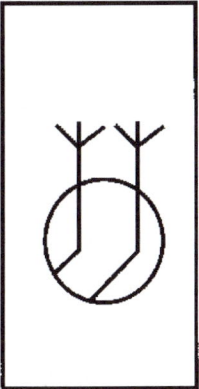

Abbildung 43: Beispiel für Verbesserung der Reproduktionsleistung durch die Vorgabe der Bilder *mit* einer Interpretation (links: Ein Zwerg spielt in der Telefonzelle Posaune, rechts: Ein Vogel hat einen zu großen Wurm erwischt). Es werden 70% im Vergleich zu 51% bei Vorgabe ohne Interpretation erinnert (Bower, Karlin & Dueck, 1975).

„*Milestones*" der Gedächtnisforschung

* Antike Philosophie (Wachstafeln, Rhetorik)
* 1885 Ebbinghaus und seine Experimente mit sinnlosen Silben
* William James und sein Mehrspeichermodell
* Barletts Schematheorie im Zusammenhang mit Repräsentation

- Baddeleys Konzeption des Arbeitsgedächtnisses – stellt derzeit die am meisten diskutierte Theorie dar.

Ebbinghaus war der erste, der kognitives Lernen experimentell untersucht hat. Sein Lernmaterial waren sinnlose Silben, weil er das Gedächtnis an sich untersuchen wollte, um Aussagen über die „reine" Gedächtnisleistung machen zu können. Seine Forschungen führten zu der bekannten Vergessenkurve, welche besagt, dass bereits nach 20 Minuten die Hälfte der gelernten Inhalte vergessen ist. Nach Tagen pendelt sich die Reproduktionsleistung bei ca. 20% ein.

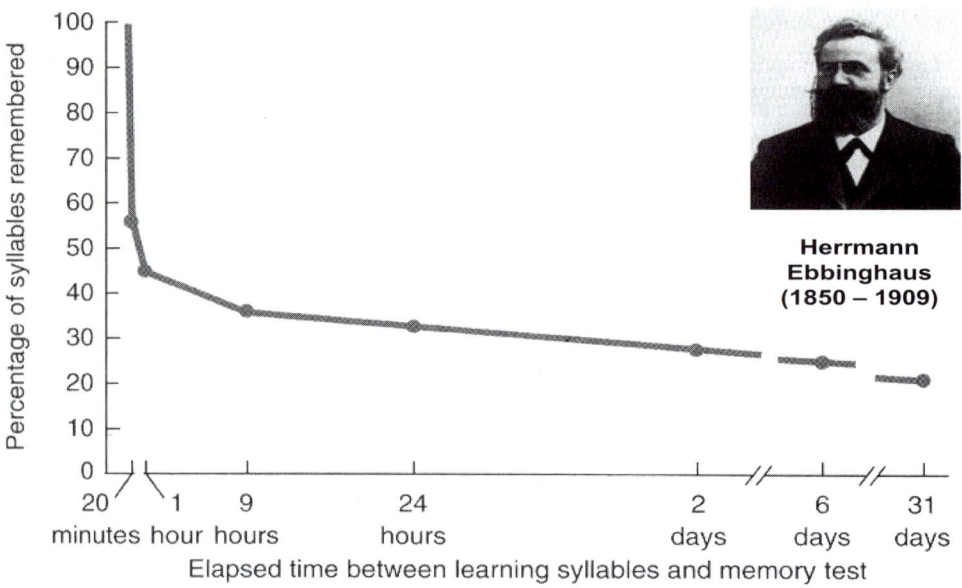

Abbildung 44: Die Vergessenskurve von Ebbinghaus (1885). Bereits nach 20 Minuten ist die Hälfte der gelernten Inhalte vergessen. Nach Tagen pendelt sich die Reproduktionsleistung auf 20 % ein.

Heftig kritisiert wurde Ebbinghaus' Kurve von Bartlett. Er hat vor allem die ökologische Validität dieser Ergebnisse in Frage gestellt und verwies auf folgende Punkt:

Bei den Experimenten von Ebbinghaus handelt es sich um eine künstliche Situation, bei welcher sinnloses Material verwendet wird, das angewandte Wiederholungslernen wenig Ähnlichkeit mit alltäglichen Lernsituationen hat, und der psychologische Aspekt von Einstellungen und Erfahrungen beim Lernen vernachlässigt wird.

Bartlett verwies auf Eigentümlichkeiten der (Re-) Konstruktion von Gedächtnisinhalten und untersuchte dies anhand von nacherzählten Geschichten. Er kam zu dem Ergebnis, dass die Nacherzählungen in der Regel kürzer sind als das Original und Eigennamen vergessen werden. Weiters gehen Interessen und Erfahrungen mit ein (v. a.

bei Rationalisierungen von Details) und Inhalte werden verändert, so dass sie sinnvoll erscheinen.

Mehrspeichertheorien

William James

William James (1890) unterstreicht die Verschiedenartigkeit der Erinnerung und unterscheidet zwischen primärem und sekundärem Gedächtnis.

- Das *primäre Gedächtnis* ist das Bewusstsein schlechthin. Dies sind die unmittelbaren Erinnerungen und Erfahrungen die die psychische Gegenwart bilden. Im primären Gedächtnis erfolgt eine bewusste Zwischenspeicherung (< 30 sek) wie es z.B. beim Kopfrechnen oder Lesen der Fall ist.

- Das *sekundäre Gedächtnis* sind die indirekten Erinnerungen. Es handelt sich um „ins Gehirn eingebrannte Pfade", Informationen, die das Bewusstsein zwar verlassen haben, die jedoch noch zugänglich sind. Das sekundäre Gedächtnis ist ein „Lagerraum", in welchem eine dauerhafte Speicherung erfolgt.

Atkinson und Schiffrin

Atkinson und Schiffrin (1968) unterscheiden zwischen 3 Gedächtniseinheiten:

- *Ultrakurzzeitgedächtnis (UKZG; Sensory Register, SR)*: Hierbei handelt es sich um einen sensorischen Speicher für jede Sinnesmodalität. Inhalte werden zwar automatisch, jedoch nur sehr kurzfristig abgespeichert.

- *Kurzzeitgedächtnis (KZG; Short Term Store, STS)*: Das KZG hat nur sehr begrenzte Kapazität, Inhalte werden nur sehr kurze Zeit gespeichert, sofern sie nicht elaboriert oder wiederholt werden.

- *Langzeitgedächtnis (LZG; Long Term Store, LTS)*: Das LZG hat praktisch unbegrenzte Kapazität, Inhalte werden extrem lange gespeichert.

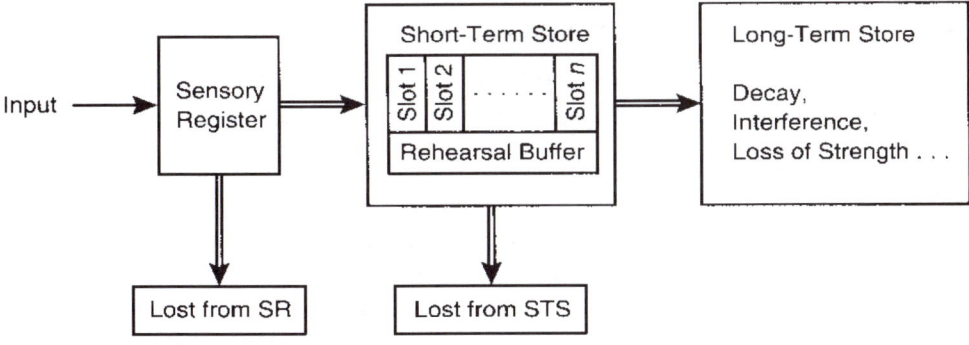

Abbildung 45: Das Atkinson-Schiffrin-Modell mit den 3 Gedächtniseinheiten UKZG, KZG und LZG.

Das Ultrakurzzeitgedächtnis (UKZG)

Im Ultrakurzzeitgedächtnis, auch als sensorischer Speicher/Register oder ikonisches Gedächtnis bezeichnet, erfolgt eine analoge Speicherung. Man sieht ein Muster / Abbild, welches für kurze Zeit abrufbar ist. Man unterscheidet beim UKZG weiters ein *ikonisches Gedächtnis* für visuelle, und *echotisches Gedächtnis* für auditive Information. Beide sind sehr flüchtig (ikonisch: 0,1–0,5 sec; echotisch 0,2 sec). Die Gedächtnisspur der kurzfristigen Informationen aus den Sinnesorganen zerfallen nach ca. 0,1–0,5 Sekunden. Es erfolgt eine automatische Übertragung der Informationen ins UKZG ohne bewusste Aufmerksamkeitszuwendung und ohne Beeinflussung durch die wahrnehmende Person.

In der Folge wurde gezeigt, dass auch dynamische Elemente (bewegte Bilder und Szenen) im UKZG festgehalten werden können (Treisman, Russell & Green, 1975; Finke & Freyd, 1985).

Kurzzeitgedächtnis (KZG)

Die Kapazität des KZG beläuft sich auf ca. 7 Einheiten (Miller, 1957), die Speicherdauer ohne Wiederholungen auf ca. 10–20 Sekunden, wobei die Kodierung akustisch erfolgt. Die Auflösung erfolgt entweder durch Zerfall oder durch Ersetzung der Gedächtnisspur durch neue Inhalte.

Die Speicherdauer wurde mit der so genannten „Brown-Peterson-Aufgabe" (Peterson & Peterson, 1959) festgestellt. Versuchspersonen mussten sinnlose Silben lernen und gleich im Anschluss eine Distraktoraufgabe (Ablenkungsaufgabe) lösen: Es sollte von einer vorgegebenen Zahl in Dreierschritten rückwärts gezählt werden. Durch diese Ablenkungsaufgabe ist es nicht möglich, dass die Gedächtnisinhalte durch Wiederholen gefestigt werden und somit kann die *reine Behaltensleistung* erfasst werden.

Die Gedächtnisspanne ist jedoch auch abhängig von der Strategie, der Schwierigkeit der Item-Identifikation und der Wortlänge (Wortlängeneffekt, d. h. die Leistung mit kurzen Worten ist besser als mit längeren).

Arbeitsgedächtnistheorie nach Baddeley

Baddeley (1990; Baddeley & Hitch, 1984) erweitert in seiner Arbeitsgedächtnistheorie die Theorie des KZG und betont seine aktive Rolle und die Bedeutung von *Prozessen*.

Es handelt sich um ein hierarchisch angeordnetes System mit einer zentralen Exekutive der zwei „Sklavensysteme" unterstellt sind: (1) die artikulatorische Schleife, welche aus dem (1a) phonologischen Speicher und dem (1b) artikulatorischen Kontrollprozess besteht und der (2) räumliche Notizblock.

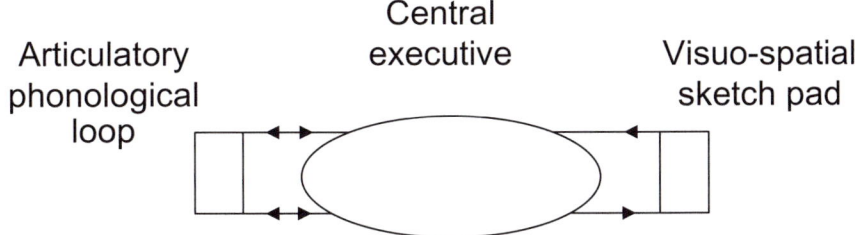

Abbildung 46: Arbeitsgedächtnismodell (Baddeley, 1990).

Artikulatorische phonologische Schleife (*articulatory phonological loop*)

Phonologischer Speicher

- Passiv und direkt mit Sprachwahrnehmung verbunden
- sprachbasierte Information wird für kurze Zeit behalten
- die Gedächtnisspuren zerfallen nach sehr kurzer Zeit (1,5–2 sec)

Artikulatorischer Kontrollprozess

- Kann Information aus phonologischen Speicher einlesen und zurückleiten
- kontrolliert subvokales Wiederholen (inneres Sprechen) und offenes Wiederholen
- beim Lesen werden visuelle Information des Textes in einen sprachbasierten Code übertragen und dem phonologischen Speicher weitergegeben

Evidenz für die Phonologische Schleife wurde in folgenden Aspekten gefunden:

- *Phonologischer Ähnlichkeitseffekt*: Verwechslung phonologisch ähnlicher Wörter
- *Effekt nicht beachteter Sprache* (*irrelevant speech effect*): Wörter und sinnlose Silben beeinträchtigen die Gedächtnisleistung
- *Wortlängeneffekt*: die Gedächtnisleistung verändert sich proportional zur Wortlänge. Je länger die Worte desto weniger kann behalten werden.
- *Artikulatorische Unterdrückung*: Interferenz mit anderem sprachlichen Material

Visuell räumliche Notitzblock

Der visuell-räumliche Notizblock wurde in Interferenzexperimenten von Quinn und McConnell (1996) nachgewiesen. Bei der visuellen Gedächtnisaufgabe beeinträchtigt nur das visuelle Rauschen im Hintergrund die Gedächtnisleistung, nicht aber das auditive Rauschen. Umgekehrt beeinflussen bei auditiven Aufgaben nur die auditiven Reize im Hintergrund die Leistung.

Zentrale Exekutive

- Ähnlich der „Aufmerksamkeit"

- Planungs- und Entscheidungsprozesse
- Modalitätsspezifisch
- Begrenzte Kapazität
- Ist den Sklavensystemen übergeordnet
- Koordination von simultanen Aufgaben
- Regelt den Austausch von simultanen Aufgaben
- Regelt („kontrolliert") den Austausch von Information, (z. B. Strategiewechsel; *trouble-shooting*)
- Zugriff auf LZG

Das Langzeitgedächtnis (LZG)

Das Langzeitgedächtnis kann viele Informationen aufnehmen. Hinsichtlich der Dauer stellt sich die Frage ob diese unbegrenzt lange bzw. wenn nicht, wie lange diese behalten werden können. Die Kodierung im LZG erfolgt semantisch. Dies wird durch Befunde belegt, welche aufzeigen, dass ähnliche Bedeutungen zu mehr falschen Alarms führen.

Argumente für die Unterscheidung zwischen KZG und LZG:

- Dauer der Speicherung
- Speicherkapazität
- Positionseffekte (*primacy*- und *recency*-Effekte)
- Neurophysiologische Befunde: (1) Patienten mit intaktem KZG und geschädigtem LZG, z. B. Korsakoff Patienten können sich an Ereignisse vor der Amnesie nur sehr schwer oder gar nicht erinnern. (2) Patienten mit intaktem LZG und geschädigtem KZG.

Die Kritiker der Mehrspeichertheorien sind der Meinung, dass diese Modelle zu stark vereinfachen und weisen darauf hin, dass sowohl das KZG als auch das LZG aus mehreren Einheiten besteht. Weiters kritisieren sie die Vernachlässigung der Prozesse und Überbetonung der Struktur (Prozesse wie Elaboration, *Chunking*, Verknüpfungen usw. werden außer Acht gelassen).

Unterscheidung im LZG

Tulving (1972) nimmt im deklarativen Gedächtnis eine Unterscheidung zwischen episodischem und semantischem Gedächtnis vor:

- *Episodisches Gedächtnis*: umfasst diskrete persönliche Ereignisse
- *Semantisches Gedächtnis*: Sprache, Weltwissen

Squire schlägt 1984 eine erweiterte Taxionomie vor, indem er zum deklarativen Ge-
dächtnis (als Oberbegriff für sematisches und episodisches Gedächtnis) das prozedurale
Gedächtnis (Fertigkeiten, *Priming* und klassisches Konditionieren) hinzunimmt. Diese
Klassifikation war jahrelang weithin anerkannt.

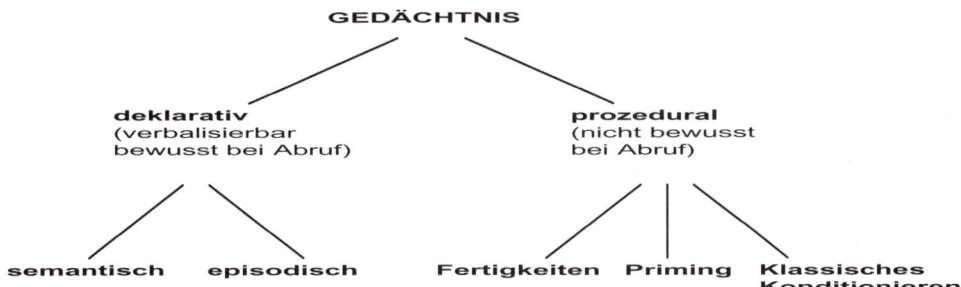

Abbildung 47: Unterscheidungen im Langzeitgedächtnis (Squire, 1984).

Als relativ neue Entwicklung unterteilen Squire und Kandel (1999) die Gedächtnissysteme weiter und unterscheidet zwischen explizitem und implizitem Gedächtnis.
Weiters folgt seine erweiterte Klassifikation der Gedächtnissysteme einer strikten Zuordnung zu anatomisch/funktionalen zugeordneten Hirnsystemen.

- *Explizites Gedächtnis*: hierbei handelt es sich um eine bewusste, spezifische Er-
  innerbarkeit eines Ereignisses (freie Reproduktion, Wiedererkennen)
- *Implizites Gedächtnis*: ohne bewusste Erinnerung; Bewegungsmuster, Grammatik, Gesichter, automatisierte Abläufe, Lesen,…

Memory					
Declarative (explicit)	Nondeclarative (implicit)				
Facts and Events	Skills and Habits	Priming	Simple Classical Conditioning		Non-associative Learning
			Emotional Response	Skeletal Musculature	
Medial Temporal Lobe, Diencephalon	Striatum	Neocortex	Amygdala	Cerebellum	Reflex Pathways

Abbildung 48: Unterscheidungen im Langzeitgedächtnis (nach Squire & Kandel, 1999).

Gedächtnisprozesse

- *Enkodierung*: physikalische Gegebenheiten müssen in neuronale Codes oder Formate umgesetzt werden um Informationen weiterverarbeiten zu können. Enkodierung ist auch ohne Aufmerksamkeit möglich (z. B. in Träumen).
- Speicherung
- Abruf

Chunking: Superzeichen-Bildung

Die Gedächtnisleistung kann beim Enkodieren gesteigert werden, indem man Gruppen von Items zu einer umfassenden Organisationseinheit zusammenfasst und so als ein Item (*Chunk*) weiterverarbeitet (Miller, 1956).

Level of Processing (LOP)

Die „Theorie der Verarbeitungsstufen" (*Level of Processing Theory*) besagt, dass durch die Art der Aufmerksamkeit und Wahrnehmung beim Lernen beeinflusst wird, welche Informationen im LZG gespeichert werden. Craik und Tulving (1975) unterscheiden zwischen physikalischer, akustischer und semantischer Elaboration, wobei Gedächtnisinhalte am besten behalten werden, wenn wir semantisch enkodieren.

LEVEL OF PROCESSING		JA- BSP.	NEIN-BSP.
Physikal.	Is the word in capital letters?	TABLE	table
Phonemisch	Does the word rhyme with WEIGHT?	crate	MARKET
Semantisch	Would the word fit the sentence "He met a _____ in the street"?	FRIEND	cloud

Abbildung 49: Beispiele zu Verarbeitungsstufen physikalischer, akustischer und semantischer Enkodierung.

Beispiel: Die Verarbeitungsstufen lassen sich leicht an der Gedächtnisaktivierung beim Korrekturlesen bzw. beim Lesen zur Erfassung des Wesentlichen verdeutlichen. Der Inhalt wird nicht elaboriert, wenn man Korrektur liest. Man achtet dabei nur auf Satzzeichen, Abstände, Formatierungen nicht jedoch auf den inhaltlichen Aspekt.

Je tiefer und ausführlicher ein Stimulus verarbeitet wird, desto mehr seiner Merkmale werden gespeichert.

106

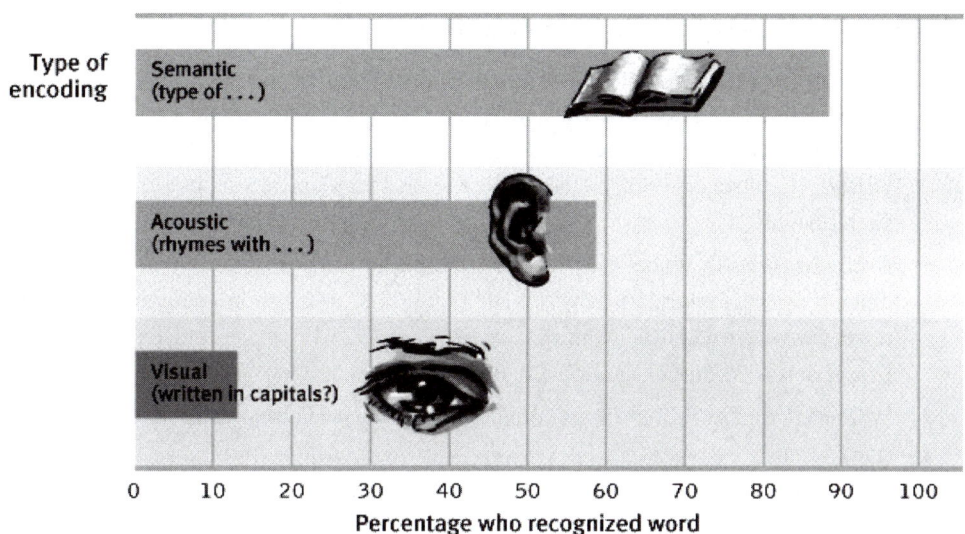

Abbildung 50: Wiedererkennensleistung (*percentage who recognized word*) visueller (*written in capital words?*), akustischer (*rhymes with …*) und semantischer (*type of …*) Enkodierung.

Kontexteffekt

Baddeley (Godden & Baddeley, 1975) belegte, dass der Kontext beim Lernen und Abruf einen enormen Einfluss auf die Gedächtnisleistung hat. In der Umgebung in der wir lernen, geben wir auch am besten wieder. Dieser Sachverhalt wurde anhand von Tauchern nachgewiesen, die sowohl unter Wasser als auch am Land Listen lernen sollten. Die besten Ergebnisse erzielten sie wenn der Kontext beim Abruf und beim Lernen derselbe war (Land–Land bzw. Wasser–Wasser).

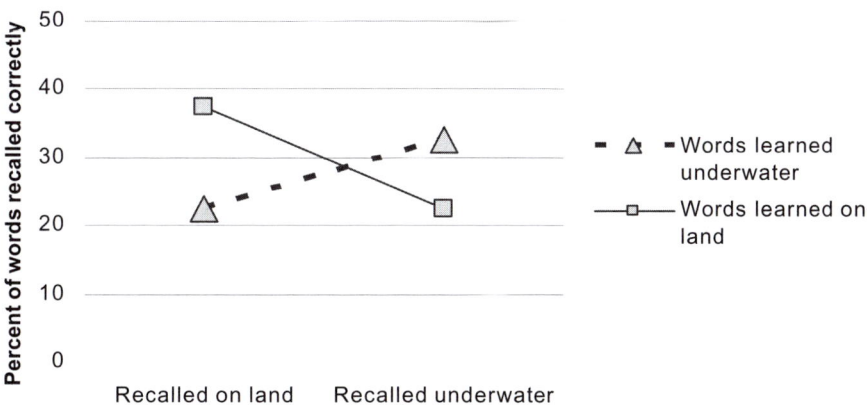

Abbildung 51: Kontexteffekt. Die besten Ergebnisse erzielten die Taucher wenn sowohl die Lern- als auch Abrufsituation die gleiche war. Bei unterschiedlichen Kontexten kam es zu Leistungseinbußen.

107

Methoden der Gedächtnispsychologie

- *Ersparnismethode*: Beim Lernen wird die Anzahl der Wiederholungen bis zur 100%-igen Reproduktion registriert. Nach einem definierten Zeitintervall bei dem die Reproduktionsleistung gesunken ist, wird neuerlich gelernt. Die Differenz zwischen dem ersten und zweiten Lerndurchgang interessiert als Gedächtnismaß.

- *Erinnern* (*recall*): wobei eine Unterscheidung in freies Erinnern (*free recall*) und unterstütztes Erinnern (*cued recall*) erfolgt. (1) Konstruktion geeigneter Hinweisreize (*cues*) wird durch Ähnlichkeit einfacher. (2) Erinnern und Evaluation des Erinnerten wird durch Ähnlichkeit schwieriger.

- Wiedererkennen (*recognition*): Wiedererkennen ist leichter als Erinnern

- Bahnung bzw. Voraktivierung (*Priming*): Erleichterungseffekt aufgrund vorangegangener Verarbeitungsprozesse mit diesem Material. Es erfolgt eine Unterscheidung in (1) *Wiederholungspriming* (gleicher Inhalt) und (2) *Semantisches Priming* (ähnlicher Inhalt)

- Paar-Assoziations-Lernen

- Doppelaufgabentechnik (*dual-task*)

Gedächtnisphänomene

Post-event Informationen

Zeugenaussagen sind sehr unsicher als Beweis, da sie sehr leicht beeinflusst werden können. Z. B.: How fast did the cars go, when they *smashed into / hit* each other?

	KG	*Smash into*	*Hit*
Geschätzte Geschwindigkeit		66 km/h	54,7 km/h
Berichtete Glasscherben	12%	32%	14%

Loftus und Palmer (1974) konnten damit belegen, wie sehr Informationen *nach* einem Ereignis (alle 3 Gruppen sahen den gleichen Film!) die Antwort beeinflussen kann.

Suggestivfragen

Suggestivfragen legen die Antwort bereits nahe. Z. B. gaben bei Loftus (1995) die Personen bei der zweiten Fragestellung mehr positive Antworten.

- Haben Sie einen zerbrochenen Scheinwerfer gesehen?
- Haben Sie den zerbrochenen Schweinwerfer gesehen?

Flashbulb memory
(„Blitzlicht-Gedächtnis"!)

Wichtige, dramatische und überraschende öffentliche oder persönliche Ereignisse führen dazu, dass damit verbundene Inhalte tief ins Gedächtnis „eingegraben" werden. Die Langlebigkeit und Präzision solcher Gedächtnisinhalte sind verblüffend. Es werden auch neuronale Mechanismen in diesem Zusammenhang diskutiert.

Beispiel: Annähernd jeder wird sich an die Situation erinnern in der er sich befand, als er am 11. Sept. 2001 von der Katastrophe in New York erfuhr. Man erinnert sich wo man gerade war, mit wem man war und was man gerade getan hat!

Abbildung 52: 11. 9. 2001.

Verbesserung der Gedächtnisleistung

Altbekannt sind die mnemotechnischen Methoden zur Verbesserung der Reproduktionsleistung, vor allem in freier Wiedergabe:

- *Acrostic* (Eselsbrücken)
- Kategorisieren
- Isolierte Wörter durch bildhafte Vorstellung verknüpfen
- Neue Wörter an bildhafte Vorstellung knüpfen
- *Loci* Methode
- Acronym (IBM)
- *Keyword* System (eine bildhafte Vorstellung die Klang und Bedeutung mit bekanntem Wissen verbindet)

Wissen – Begriffe und Repräsentation

Fragt man in der Psychologie nach „Wissen", so wurde lange Zeit im „Begriff" (Konzept, Kategorisierung, …) eine Beschreibungsebene dafür gesehen. Das gilt prinzipiell auch heute noch, allerdings wurde die „Begriffsforschung" von der „Repräsentationsforschung" weitgehend einverleibt, weil es das umfassendere Gebiet ist. Wir werden an geeigneter Stelle auf den Begriff des „Begriffs" zu sprechen kommen, wenden uns aber jetzt der Repräsentation zu.

Repräsentation

Repräsentation ist die Darstellung von etwas (das kann ein Prozess oder ein Objekt sein – entweder in der „externen" oder in der „internen" Welt) durch etwas (z. B.: Zeichen, Mengen von Zeichen, Symbolen – Karten, Bilder, Texte, …). Es ist also ein „Abbild" in einem anderen Medium, deshalb beinhaltet die Repräsentation auch *nicht alle* Aspekte des abzubildenden Objektes oder des Prozesses. Daraus ergibt sich auch eine mögliche Unterscheidung in *Medium* und *Inhalt* der Repräsentation.

Externe vs. Interne Repräsentation

Typische Formen externer Repräsentation stellen Schrift und Bilder dar. Interne Repräsentation bezeichnet eine mentale Organisationsform, die

- das individuelle Wissen,
- Prozesse der Veränderung dieses Wissens (autonome Veränderungen),
- die Ableitung von neuem Wissen durch bewusste und unbewusste Schlussfolgerungsprozesse und
- die Generierung von Handlungsplänen umfasst.

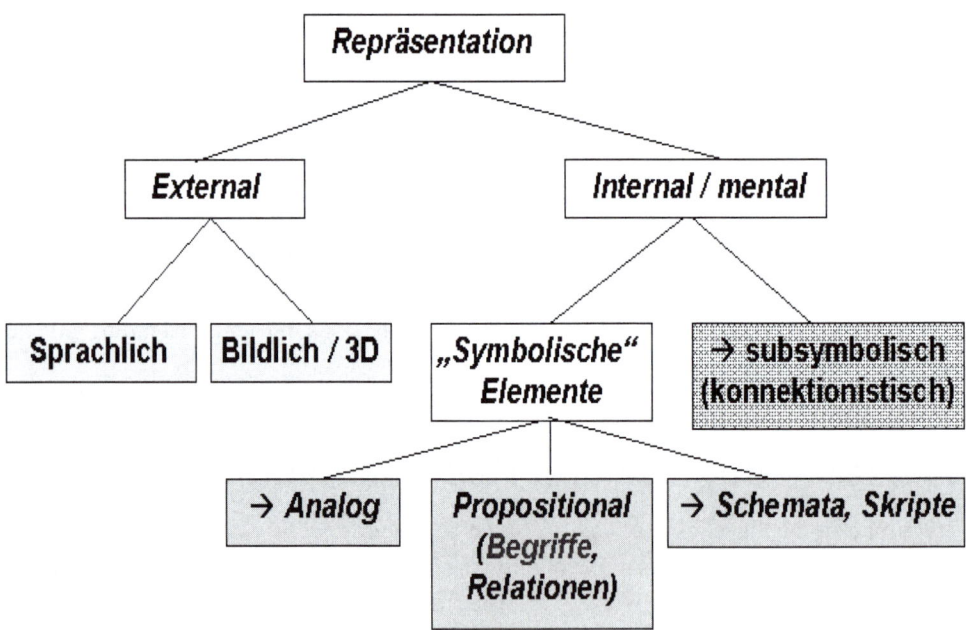

Abbildung 53: Schema der hierarchischen Struktur der Repräsentationsformen.

110

Die Formen der Repräsentationen lassen sich einerseits hierarchisch strukturieren, im Folgenden wird auf die unterschiedlichen Formen näher eingegangen:

Externe Repräsentation

"Das Buch liegt auf dem Tisch"

Abbildung 54: Illustration der sprachlichen vs. bildlichen Repräsentation.

Externe sprachliche Repräsentationen	*Externe bildliche Repräsentationen*
Diskrete Symbole: … um Beziehung herzustellen	Keine diskreten Symbole
Unabhängige Symbole	Abhängige Symbole
Eindeutige Symbole	Symbole sind nicht eindeutig
Regeln für Symbole: Regeln für die Oganisation der Symboltypen: Grammatik	Keine Regeln
Abstrakt	Konkret
Nicht analog	Analog: Relationen zwischen Objekten der Welt werden durch analoge Relationen zwischen Elementen der Darstellung repräsentiert.

Tabelle 2: Vergleich externer sprachlicher und externer bildlicher Repräsentationen.

Mentale (interne) Repräsentationen

Mentale Repräsentationen sind ein zentraler Begriff der Kognitiven Psychologie und Gehen auf Kants „Schematheorie" zurück: Darin ist ein Schema als kognitiver Mechanismus definiert, der ein Bild dem Begriff zuordnet.

Mentale Repräsentationen umfassen:

- Organisationsformen individuellen Wissens
- Prozesse und deren Veränderung
- Ableitung neuen Wissens
- Generierung von Handlungsplänen

Es werden unterschiedliche Arten interner Repräsentationen beschrieben:

- *Propositionale Repräsentationen*: Wissen als (1.) Menge diskreter Aussagen (Propositionen) bzw. (2.) der „Begriff" oder das „Konzept"
- *Prozedurale Repräsentationen* („komplexe" Repräsentationen): Wissen in Form von Regeln („wenn-dann-Prozeduren", …)
- *Analoge Repräsentationen*: enge Übereinstimmung zwischen repräsentierter und repräsentierender Inhalte
- *Subsymbolische (verteilte) Repräsentationen*: Wissen ist über Einheiten verteilt – keine direkte Repräsentation

Internale Repräsentationen: analog vs. propositional

Analog	*Propositional*
Non-diskret: keine kleinsten Elemente	Diskret: kleinste Elemente
Implizit: keine eindeutigen Symbole	Explizit: explizite Relationen und Begriffe
Lockere Regeln der Kombination: keine „Grammatik"	Strenge Regeln der Kombination: „Grammatik"
Modalitäts-spezifisch: visuelle, auditorische, … *Images*	Modalitäts-unspezifisch: Amodal, abstrakt

Tabelle 3: Vergleich analoge versus propositionale Repräsentation.

Begriffe (Konzepte) – Kategorien

Duden: *die von den Sprechern einer Sprache aus der Bedeutung herausgebildete Vorstellung von den Dingen, eine Abstraktion, die das Wesentliche enthält.*

Aus psychologischer Sicht versteht man darunter „die mentale Repräsentation einer Kategorie von Enitäten", wobei *„Enitäten" Gegenstände der Wahrnehmung* (Objekte, Ereignisse und Personen) sind. Diese in Gruppe zusammenzufassen und ihnen das gleiche Etikett zu verleihen, nennt man *Kategorisierung*. Begriffe werden durch Abstraktion gebildet, die Verallgemeinerung wahrgenommener Merkmale vollzieht sich *willkürlich* und *unwillkürlich* in Folge unserer Erfahrung. Begriffe sind die *Basis des „Wissens"*. Ohne Organisation ist Wissen nicht möglich. Wissensorganisation ist aber auch die Grundlage einer „kognitiven Ökonomie". Deshalb teilen wir die Welt in eine (vernünftige) Anzahl von brauchbaren Kategorien.

Unterscheidbare Begriffsklassen

- Unterscheidbare sensorische Wirkungen
- Abgrenzbare Objektmengen
- Handlungen und Situationen (Ereignischarakterisierung)
- Ganze Ereignissequenzen
- Auf hohem Abstraktionsniveau: Persönlichkeits- und Verhaltensaspekte

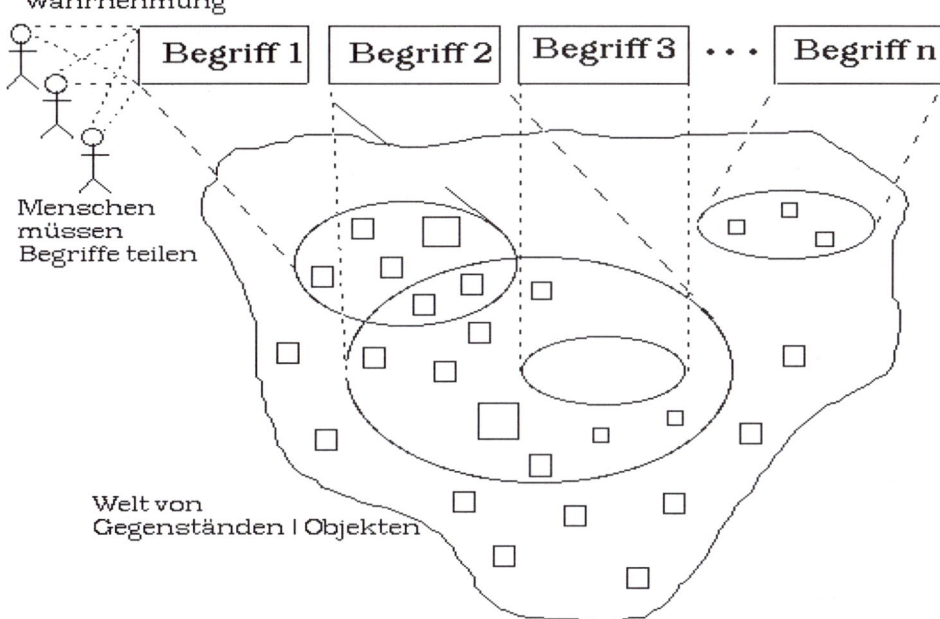

Abbildung 55: Begriffe formen unsere Wahrnehmung der Realität (aus Enzyklopädie der Psychologie, Lernen).

Funktion von Begriffen

Das Kategorisieren begünstigt die Informationsverarbeitung, die menschliche Kommunikation, die Anwendung des Wissens, den Umgang mit neuen Sachverhalten und mit Entscheidungen.

Funktion von Begriffen in drei Bereichen

- *Kategorisierung* in folgenden Teilschritten: (1) Enkodieren, das heißt das Erfassen von Merkmalen einer Enität. (2) Suche nach passenden Begriffen, denen die Enität zugeordnet werden könnte. (3) Bewertung und gleichzeitige Auswahl der in Frage kommenden Kategorien.

- *Bildung von Inferenzen*, das bedeutet, dass zu bestimmten Begriffen Wissen assoziiert wird. Bruner (1957) sagt dazu *„going beyond the information given"*. Ein Begriff ist demnach umso nützlicher je mehr Verknüpfungen und Schlussfolgerungen zu ihm möglich sind.

- *Kommunikation* basiert auf dem intra- und interindividuellen *System relativ stabiler Begriffe* („relativ stabil" bedeutet, dass aufgrund sich verändernder Umstände sich auch die Begriffe flexibel verhalten müssen).

Begriffsbildung

Die Zugehörigkeit zu einer Kategorie, also die Begriffsbildung, ist ein zentrales Problem der Begriffsforschung, wie werden Kategorien gebildet, verändert, angepasst, etc. Im Prinzip erfolgt die Zuordnung zu einer Kategorie nach „Regeln". Die individuelle Zuordnung von Enitäten ist demnach abhängig von den Eigenschaften eines Objekts: z.B. hat 4 Beine, bellt, hat Fell, ...

Im „klassischen" Experiment zur Begriffsbildung von Bruner, Goodnow und Austin (1956) mussten Versuchspersonen das zugrunde liegende Konzept herausfinden, indem der Experimentator die Kategorie definierte: z. B.: alle Stimuli mit grünem Kreis sind die Kategorie A, alle anderen Stimuli sind die Kategorie B.

4 Dimensionen, 3 X 3 X 3 X 3 Design:

Objekte: 1, 2, 3

Grenzlinien: 1, 2, 3

Form des Objektes: Kreuz, Kreis, Quadrat

Farbe: grün, schwarz, rot

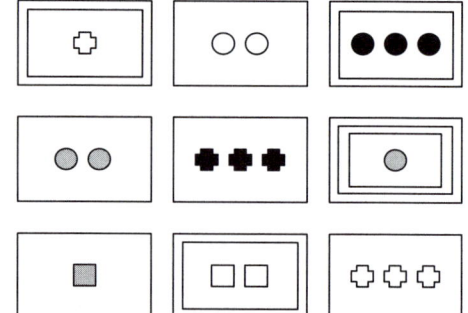

Abbildung 56: Stimulibeispiele aus dem Experiment von Bruner, Goodnow und Austin (1956).

Modellvorstellungen zur Begriffsbildung

Experimentelle Untersuchungen unterscheiden bei der Erforschung der Bildung von Begriffen zwei unterschiedliche Arten, die bezüglich der Versuchsanordnung differieren: Die *explizite* (ausdrücklich, differenziert) Begriffsbildung vollzieht sich im „überwachten Rahmen", d.h. das Speichern von Begriffen wird von Tutoren geleitet, es erfolgt Feedback über die Richtigkeit der Zuordnung von Enitäten zu vorgegebenen Kategorien. Im Gegensatz dazu steht das *implizite* (nicht deutlich) Bilden von Begriffen, das ohne Tutor und Intention bzw. Anweisung, Begriffe zu lernen, abläuft.

Explizite Begriffsbildung

Bei der *Begriffsidentifikation* wird von „definierten Begriffen" ausgegangen, deren Enitäten untereinander entweder in *konjunktiver* (und-Verbindung) oder *disjunktiver* (oder-Verbindung) miteinander verbunden sind. Weiters können Begriffe durch *konditionale* (bedingende, wenn-dann Verbindungen) oder *bikonditionale* (wenn, dann und nur dann) Verknüpfungen definiert sein.

Unterschieden werden *Regelidentifikation* (Merkmale sind gegeben und die verbindende Regel dazu muss gefunden werden) und *Merkmalsidentifikation* – die Art und Weise, wie die Enitäten einer Kategorie miteinander verbunden sind („und", „oder") sind bekannt, und die Merkmale sind zu identifizieren.

Die von Bruner, Goodnow und Austin, (ca. 1956–1977) entwickelte *Hypothesentheorie* geht von einem aktiven, analytisch-strategischen Prozess des Testens von Hypothesen der Zugehörigkeit aus. Dies zieht sich durch sämtliche Kategorien so lange, bis eine Übereinstimmung zwischen dem Wahrgenommen und einem gespeicherten Begriff gefunden wurde.

In den siebziger Jahren kommt Kritik gegen die Annahme, Begriffsbildung vollziehe sich in einer rein analytischen Weise auf, Kellog und Bourne erweitern die Hypothesentesttheorie durch die Annahme, Verarbeitung von Information vollziehe sich, neben der rein analytischen Weise, auch auf einer nicht-analytischen, automatischen Ebene.

Prototypentheorie

Nach der Prototypentheorie (Hull, 1943; Rosch, 1973, 1977) ist die mentale Repräsentation die *zentrale Tendenz einer Kategorie von Enitäten*, das heißt im Prototyp sind die „typischsten" Merkmalsinformationen abstrahiert und repräsentiert: Die typischen Beispiele stehen im *Zentrum* einer Klasse. Z. B. beim Wort „Vogel" denken wir zuerst eher an einen Spatz oder Adler, später erst an einen Pinguin oder ein Huhn, dies zeigt deutlich, dass dem Prototypen „Vogel" ähnlichere Abbildungen leichter und schneller erfasst werden, als weniger typische. Nach Rosch (1973) bilden die Elemente einer Kategorie einen Gradienten der Typikalität: Wie z. B.: Rotkehlchen vs. Pinguin als Element von Vogel.

Es erfolgt aber eine ständige Korrektur (Revision) der bereits erhobenen Kategorien, wobei man unterscheidet:

- der *Modalprototyp*, in dem die am häufigsten auftretenden Merkmale einer Kategorie zusammengefasst sind und
- der *Durchschnittsprototyp*, unter dem man den Schwerpunkt (Zentroid) der Merkmalsverteilung (vorstellbar in Form einer Merkmalsverteilung im mehrdimensionalen Raum) versteht.

Der *Prozess des Prototypenlernens* wird durch

- den *Umfang der Kategorie* (Reize pro Kategorie),
- die *Variabilität innerhalb einer Kategorie* (Unterschiedlichkeit der Reize) und
- die *Anzahl der Kategorien* (insgesamt) erleichtert,
- die *Ähnlichkeiten von Kategorien* erschweren jedoch den Lernprozess.

Exemplarisches Begriffslernen

Bedeutet das Speichern von Exemplaren im Gedächtnis, wobei es weder zu einer Abstraktion noch zu einer Revision gespeicherter Information kommt. Enitäten werden zuerst jenem Exemplar zugeordnet, deren Beschreibung dem der Enität am ähnlichsten ist, darauf erfolgt die Speicherung dieser neuen Information in der Kategorie, der das Exemplar bereits angehört.

Gegenwärtig wichtigster Vertreter im Forschungsgebiet des exemplartheoretischen Begriffslernens ist das generalisierte Kontextmodell (GMC; Nosofsky, 1986), welches das Modell der Speicherung in Form von Exemplaren mit dem Modell der mehrdimensionalen Skalierung von Ähnlichkeiten (Ausprägung der Übereinstimmung von Merkmalen zeigt sich in der Nähe oder Distanz der Exemplare zueinander) verbindet. Auf dem Modell des GMC basiert das elaborierte Modell des *Attention/Association Learning Exemplar Model* (ALEX; Nosofsky & Kruschke, 1992). Der Unterschied zu GMC besteht darin, dass es eine „interaktive Fehlerkorrektur" einschließt, die zu einer Aktivierung sämtlicher Kategorien (Exemplarknoten) bei auftretenden Fehlern kommt, während das GMC lediglich von einer Veränderung innerhalb der betroffenen Kategorie ausgeht.

Vorstellbar ist, dass das System ALEX in allen drei Abschnitten, *Eingabeknoten* (kodiert die eingelangte Information), *verdeckte Knoten* (kodieren die Position der Exemplare im mehrdimensionalen Raum) und *Ausgabeknoten* (kodieren den Grad der Aktivierung der verschiedenen Kategorien) wirkt.

Prototyp-Exemplar-Mischkonzept

Es geht davon aus, dass neben der Abstraktion von Prototypen auch die Speicherung von korrelierenden Merkmalen zwischen den Enitäten möglich ist.

Um Prototypen bilden zu können scheinen die Fähigkeiten, (1) Enitäten in Form von Exemplaren zu speichern, (2) das Vorhandensein einer ausreichend großen Kategorie (um Abstrahieren zu können) und (3) die Ähnlichkeit zwischen den gespeicherten Exemplaren notwendig zu sein.

Infolge der kritischen Betrachtung des „Ähnlichkeitsbegriffes" entwickelte sich das *Modell der intuitiven Theorien* (Medin & Smith, 1984; Keil 1989), welches das individuelle Vorwissen mit der Bildung von Begriffen in Zusammenhang brachte. Die

116

„*kognitiven Schemata*" bestimmen die Gewichtung (Hierarchisierung) der Merkmale einer Enität, sie Organisieren die Beziehung zwischen den verschiedenen Begriffen, die sich im Zuge der Begriffsbildung ständig ändert.

Implizite Bildung von Begriffen

Man unterscheidet hierbei die *inzidentielle* und die *inkrementelle* Begriffsbildung.

Im Gegensatz zur expliziten Begriffsbildung erfolgt das Speichern von Enitäten bei der impliziten Begriffbildung ohne Tutor. Somit ohne Anweisung, wie die Begriffe verarbeitet und gespeichert werden sollen.

Erfolgt die Begriffsbildung weder unter der supervisorischer Anleitung, noch um eine bestimmtes Ziel zu erreichen (nicht intentional) so spricht man von einer *inzidentiellen Begriffsbildung*. Die Untersuchung inzidentieller Begriffsbildung wird durch die unbekannte Anzahl der Kategorien, die zur Speicherung der Enitäten zur Verfügung stehen, erschwert. Forschungen an Kleinkindern belegen eine nicht intentionale Begriffsbildung schon ab dem Alter von wenigen Monaten. In Feldstudien zeigte sich erhöhte Aufmerksamkeit bei Objekten, die sich von bereits bekannten Objekten (bereits kategorisierten) unterschieden. Exemplare, welche vorher gezeigten Objekten ähnelten oder derselben Kategorie angehörten, wurden hingegen vernachlässigt.

Vollzieht sich die Bildung von Begriffen ohne Tutor, aber unter der Voraussetzung ein bestimmtes Ziel zu erreichen, so wird dies als *inkrementelle Begriffsbildung* bezeichnet. Die Bildung eines eigenen Begriffssystems vor dem eigentlichen Spracherwerb bei Kleinkindern ist ein Beispiel für inkrementelle Begriffsbildung.

Es werden zwei Arten der Verknüpfung von Begriffen unterschieden:

- Die *Partomie* beschreibt die Enität mit einer „hat-ein Relation",
- die *Taxonomie* verbindet die Begriffe untereinander mit einer „ist-ein Relation".

Letzteres System verknüpft Informationen in hierarchischer Weise, wobei Basisbegriffe, die maximale Information beinhalten, gebildet werden. Diese Verallgemeinerungen und Abstraktionen scheinen ein „optimales" Niveau zu haben, um Enitäten zu kategorisieren und über sie nachzudenken, Basisbegriffe können aus dem Gedächtnis am raschesten abgerufen und am effektivsten genutzt werden. (Vgl. mit den hierarchischen Netzwerkmodellen).

Dynamische Aspekte von Begriffen

Die Begriffsbildung ist auch von kulturellen Bedingungen abhängig. Untersuchungen interindividueller Abweichungen ergaben Unterschiede in den Typikalitätsnormen zwischen Personen verschiedener Kulturkreise. Um andererseits aber auch Kommunikation zwischen Menschen zu ermöglichen, bedarf es demnach an Begriffen, die einerseits stabil sind, aber doch auch den wechselnden Umweltanforderungen entsprechend passen. Barsalou (1989) unterscheidet

- *kontextunabhängige Information*, die mehr oder weniger automatisch mit einem Begriff verbunden ist (z. B. *wertvoll* für Edelstein),

- *kontextabhängige Information*, die lediglich im Zusammenhang mit einem Begriff assoziiert wird (z. B. essbar für Froschschenkel im Kontext des Besuchs in einem Restaurant) und

- *rezentabhängige Information*, eigentlich *kontextabhängige Information* die einige Tage nachher aus der Erinnerung gebildet wird (Verbindung von Frosch mit essbar einige Tage nach dem Restaurant).

Die Kombination von Begriffen in der *kreativen Auseinandersetzung* mit neuen, unerwarteten Beobachtungen ist besonders in der wissenschaftlichen Arbeit beim Entwickeln neuer Theorien und in der frühkindlichen Sprachentwicklung wichtig.

Labov (1973) sprach von der „Vagheit natürlicher Begriffe", weil der Kontext die Kategoriengrenzen beeinflusst. In diesem Beispiel werden – je nach Kontext – dieselben Objekte als „Tasse" oder als „Schüssel" kategorisiert

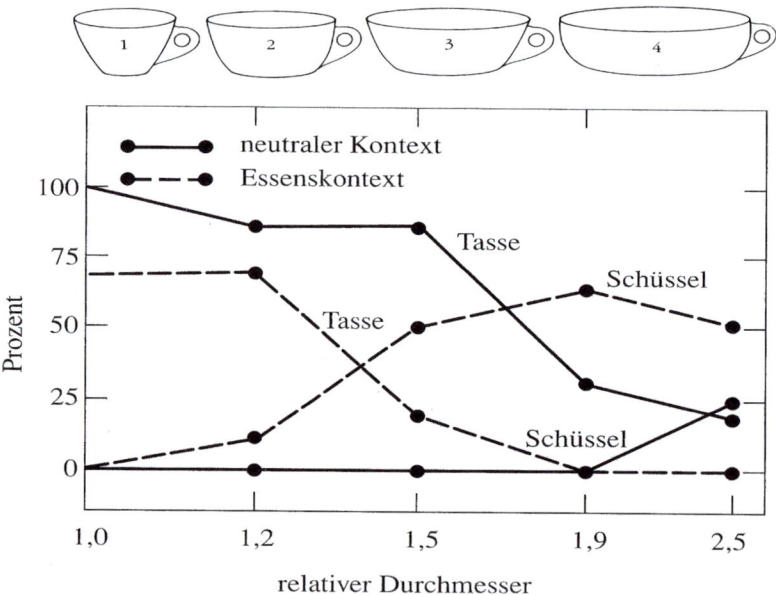

Abbildung 57: Ein Teil des verwendeten Stimulustmaterials (obere Abbildung) zur Untersuchung der Kontextabhängigkeit (neutraler Kontxt vs. Essenskontext) von Kategoriegrenzen (Kategorienzugehörigkeit in Abhängigkeit vom relativen Durchmesser (Labov, 1973; aus Anderson 1988, S. 124–125).

Gemeinsamkeiten der Begriffsbildung

Betrachtet man die Gemeinsamkeiten folgender Theorien der Begriffsbildung:

- *Relevante Merkmale* (definierende Attribute): ein Hund – 4 Beine und bellt und hat einen Schwanz, und …
- *Charakteristischen Merkmalen* („Prototyp" oder „bestes Beispiel"): eine Pizza ist rund, hat ca. 24 cm Durchmesser, Tomaten + Käse, …
- Beispiel-gestützte Theorie (Sammeln von Beispielen)
- Erklärungen / Tutor / Wissen (Eigenschaften, Kohärenzen, …)

… so ist die nachfolgend beschriebene Theorie der propositionalen Repräsentation mit allen diesen Ansätzen zumindest kompatibel.

Propositionale Repräsentationen

Eine Proposition ist definiert als die Basiseinheit der Bedeutung. Sie ist die kleinste bedeutungtragende Wissenseinheit, unabhängig von der Modalität des Inputs, sprachunabhängig und abstrakt. Sie hat die Eigenschaft entweder „wahr" oder „falsch" zu sein.

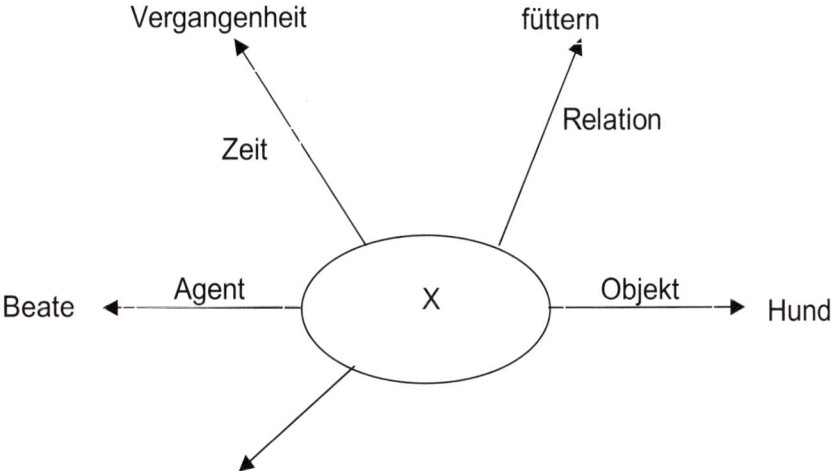

Abbildung 58: Darstellung propositionaler Relationen. „X" ist ein Knoten (Proposition, Relation, Argument), die „Pfeile" sind assoziative Verbindungen (Kanten). Jede Proposition kann Teil einer größeren Struktur sein, welche auch hierarchisch strukturiert sein können.

Folgendes Beispiel soll dies illustrieren: "Beate fütterte den Hund mit der teuren Wurst, die für Herrn Mayer, ihren Onkel, bestimmt war." Nach der Zerlegung des Satzes in kleinste Bedeutungseinheiten, zeigt sich, dass *der ganze Satz falsch ist, wenn auch nur eine Proposition falsch ist:*

- Beate fütterte den Hund mit der Wurst

- Die Wurst war teuer

- Die Wurst war für Herrn Mayer bestimmt

- Herr Mayer ist der Onkel von Beate

Nicht der Wortlaut der Sätze wird gespeichert, sondern deren Bedeutungen. Nach Kintsch (1974) sind Proposition im LZG Listen mit einer Relation (Verb, Adjektiv, Beziehungs-Terme) gefolgt von einer geordneten Liste von Argumenten (Nomen) z.B.: (Füttern, Beate, Hund, Vergangenheit); (Teuer, Wurst) gespeichert.

Zahlreiche Befunde zeigen, dass das Wiedererkennen leichter als das Reproduzieren ist. Nach der propositionalen Repräsentation werden beim Wiedererkennen zwei Knoten aktiviert, wohingegen beim schwierigeren Reproduzieren nur ein Knoten aktiviert wird, was eben dazu führt, das die „Aktivierungsausbreitung" (von dem *einen* Konten weg) zu schwach ist, um die zweite Einheit zu aktivieren.

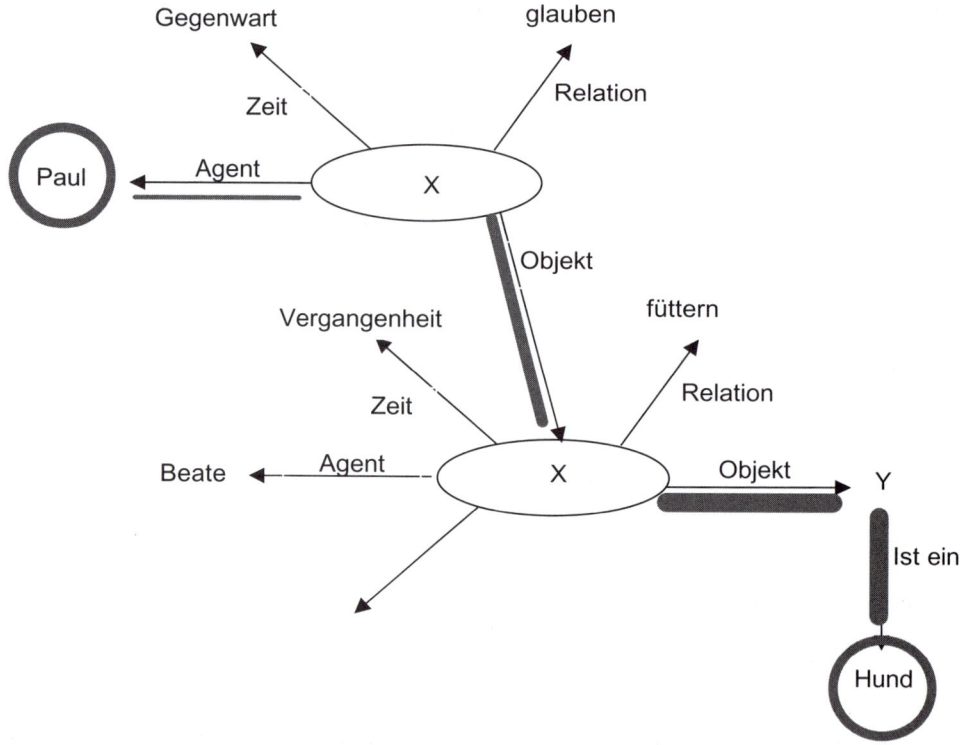

Abbildung 59: Unterschiedliche Aktivierungsausbreitung bei der Aktivierung von einem Knoten – wie bei der Reproduktion.

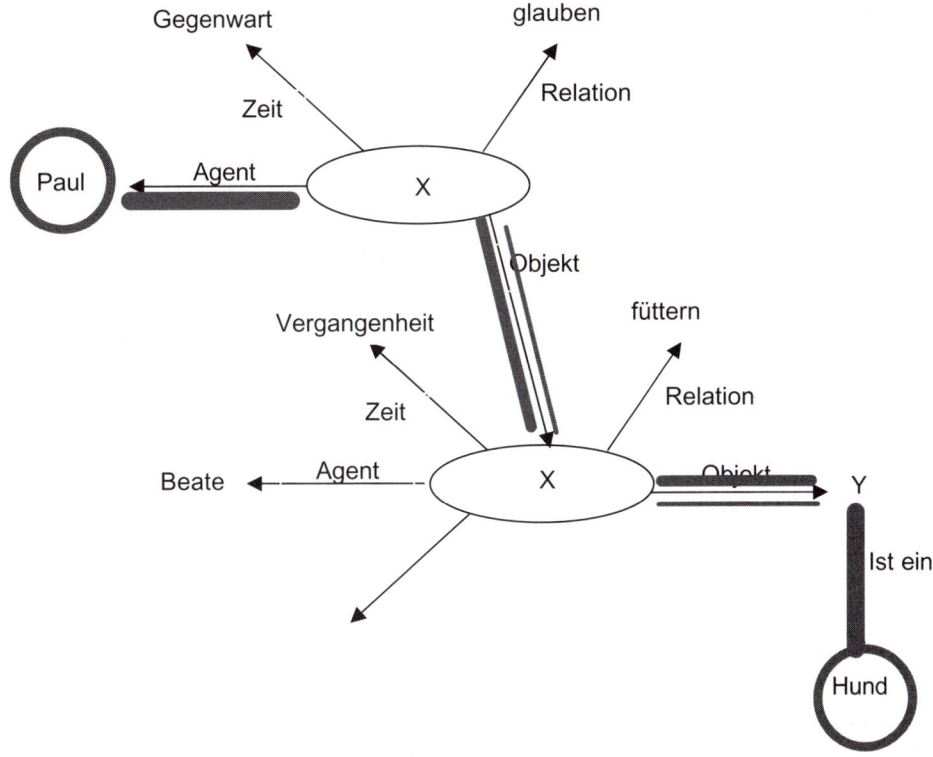

Abbildung 60: Unterschiedliche Aktivierungsausbreitung bei der Aktivierung von zwei Knoten – wie beim Wieder erkennen.

Hierarchische Netzwerktheorie

Beim hierarchischen Netzwerkmodell von Collins und Quillian (1969, 1972) wird eine Hierarchie derart angenommen, dass je allgemeiner bzw. abstrakter die Informationen sind, sie in einer höheren Hierarchie angeordnet werden.

Um Aufschluss über die Organisation semantischen Wissens zu bekommen, hat man den Vpn Sätze vorgelegt wie „Ein Kanarienvogel hat Haut" und „Ein Kanarienvogel kann singen". Die Versuchspersonen sollten feststellen ob es sich um eine richtige oder um eine falsche Aussage handelte.

Die Entscheidung ob ein Kanarienvogel eine Haut hat, findet entlang des folgenden Suchprozesses statt: Finde die Einheit für das Zielwort „ Kanarienvogel". Prüfe ob die Eigenschaft „hat Haut" mit dieser Einheit gespeichert ist, wenn nicht folge dem Richtpfeil zur nächst höheren Ebene der Hierarchie „Vogel", bei Bedarf gehe weiter zu „ Tier". Zeigen die Richtpfeile auf eine Einheit mit der gesuchten Eigenschaft, antworte „Ja"

Es kann von den Versuchspersonen rascher überprüft werden, dass ein Kanarien-vogel singen kann, da diese Eigenschaft näher bei Kanarienvogel abgespeichert liegt.

Der hierarchische Aufbau des Netzwerks bedeutet auch, dass die Eigenschaften einer übergeordneten Ebene ebenfalls für alle Knoten der ihr untergeordneten Ebenen gelten („Vererbung der Eigenschaften").

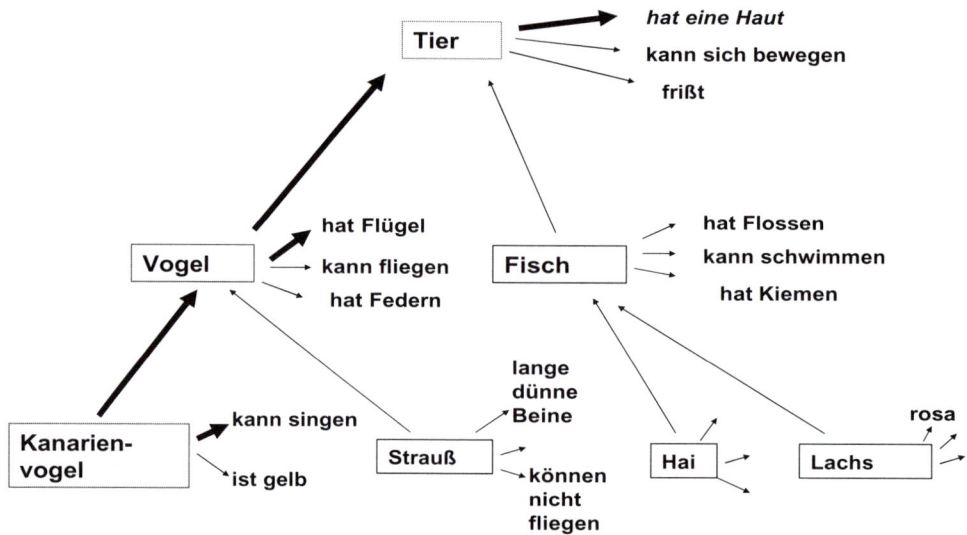

Abbildung 61: Hierarchisches Netzwerkmodell am Beispiel des Begriffs „Kanarienvogel".

Die Ergebnisse zeigen einen klaren Zusammenhang von der Anzahl der durchwanderten Ebenen mit der Reaktionszeit.

Modell der Aktivierungsausbreitung

Wesentlich sind hier die Stärke oder Zugänglichkeit der Verbindungswege zwischen den einzelnen Einheiten. Ein Beispiel einer häufig genutzten Verbindung ist etwa die zwischen Universität und Student, denn diese treten in unserer Erfahrungswelt nahezu gemeinsam auf. Welche Rolle dabei die Aktivierung spielt, ist gut an einem Experiment von Meyer und Schaneveldt (1971) zu veranschaulichen:

Die Autoren lasen ihren Vpn eine Liste von Wörtern, z.B. „Gabel" und „Löffel", vor und baten sie, so schnell wie möglich anzugeben, ob das jeweilige Wort lexikalisch richtig war. Bei einer solchen Aufgabe hängt die Zeit, die man braucht, um zu entscheiden, ob es sich um ein Wort im lexikalischen Sinne handelt oder nicht, von den Items ab, die gerade vorher verarbeitet wurden. Hier liegt ein so genannter semantischer Instruktionseffekt vor, da die Verarbeitung des nachfolgenden Wortes „Butter" im Zuge der Verarbeitung des vorhergehenden Wortes „Brot" bereits instruiert wird.

In der Entscheidungsphase ob es sich bei Brot um ein lexikalisch richtiges Wort handelt, wird das Begriffsumfeld des Wortes ebenfalls aktiviert. Die Begriffe dieses Umfeldes werden dementsprechend rascher erkannt. Zwischen den Begriffen Butter und Pflegerin hingegen wird keine Aktivierungsausbreitung angenommen.

Das Modell der Aktivierungsausbreitung enthält mehrere Annahmen über die Informationsverarbeitung: Verbindungswege unterscheiden sich in Zugänglichkeit oder Stärke. Es braucht weniger Zeit, einen starken als einen schwachen Verbindungsweg zu durchqueren. Wie zugänglich oder stark eine Verbindung ist, hängt von der Nutzungshäufigkeit dieser Verbindung ab.

Merkmalsvergleichsmodell

Dieses Modell nimmt an, dass ein großer Teil des Wissens aus im Gedächtnis gespeicherten Informationen neu gebildet wird. Das Wissen, dass ein Rotkehlchen ein Vogel ist, könnte folgend geschlussfolgert werden. So seien z. B im Gedächtnis zwei Merkmallisten enthalten:

- Rotkehlchen: lebendig, lebhaft, fedrig, rotbrüstig...
- Vogel: lebendig, lebhaft, Federkleid, zweibeinig...

Vielleicht verifizieren wir den Satz dadurch, indem wir beide Merkmalslisten vergleichen und ihr Ausmaß an Übereinstimmung prüfen. Ist die Merkmalsähnlichkeit sehr hoch dann kann die Aussage entsprechend schnell verifiziert werden. In diesem Beispiel wird die Beziehung zwischen „Rotkehlchen" und „Vogel" zum Zeitpunkt der Verifikation neu gebildet – sie wäre also nicht im Netzwerk des Gedächtnisses bereits gespeichert gewesen.

Propositionen im HAM-Modell

Der Versuch, ein Modell zu erstellen, das einfache und komplexe kognitive Prozesse umfasst, wurde von Anderson und Bower (1972) mit der Formulierung des HAM-Modells unternommen.

Die Bezeichnung HAM steht für:

H: Human
A: Associative
M: Memory

Nach dem HAM-Modell lassen sich Propositionen auf 5 Arten von Assoziationen zusammenfügen:

- Ereignis und Kontext: z. B. Lisa liest zuhause.
- Assoziation zwischen Subjekt und Prädikat: z. B. Lisa liest.
- Assoziationen zwischen Ort und Zeit: z. B. am Tisch am Morgen
- Beziehung zum Objekt z. B. liest Macbeth
- Assoziation zwischen Begriff und seinem Beispiel z. B. liest.

Für die Abbildung von Situationen sind folgende Verknüpfungen z. B. von Anderson vorgeschlagen worden:

- Relation (die Handlung selbst)
- Agent (Handlungsausführende)
- Objekt (Gegenstand der Handlung)
- Rezipient (Empfänger)
- Zeit
- Ort

So lässt sich der Satz „Ein deutscher Tanker pumpt nachts Säure in die Nordsee, die Fische vergiftete" in 3 einfache Propositionen zerlegen:

- Ein deutscher Tanker.
- Ein Tanker pumpt nachts Säure in die Nordsee.
- Die Säure vergiftete die Fische.

ACT-Modell (*adaptiv control of thought*)

Anderson unterscheidet ein *deklaratives* und ein *prozedurales* Gedächtnis. Das *deklarative* sei ein *semantisches Netz* und das *prozedurale* ein *Produktsystem*. Das semantische Netz besteht aus miteinander verbundenen Wissenseinheiten. Jede Wissenseinheit kann aus bis zu fünf Elementen zusammengesetzt sein. Z. B. könnte Restaurant aus den Bestandteilen „Hingehen und Platznehmen", „Bestellen", „Essen" und „Bezahlen und Verlassen" bestehen. Jedes dieser Elemente kann wiederum mit einer Wissenseinheit verknüpft sein welche auch wieder aus mehreren Teilen besteht.

Jede Wissenseinheit hat eine variable Stärke und ein variables Aktivationsniveau. Ein bestimmtes Faktum kann zu einem bestimmten Zeitpunkt sehr fest, doch zu einem andern Zeitpunkt mehr oder weniger präsent sein. Der Ursprung der Aktivation sind Wissenseinheiten, die sich zu einem gegebenen Zeitpunkt im Arbeitsgedächtnis befinden. Befindet sich eine Einheit im Arbeitsgedächtnis, so besteht eine gewisse Wahrscheinlichkeit, dass sie ins langfristige Gedächtnis übertragen wird. Ist sie bereits im langfristigen Gedächtnis vorhanden, so erhöht sich dort ihre Stärke. Die Stärke einer

Wissenseinheit im langfristigen Gedächtnis ist von der Häufigkeit des Gebrauchs abhängig.

Wird ein Element im Folgenden nicht mehr beachtet, so nimmt seine Aktivität ab (Ausnahme: Zielelement, es ist eine ständige Aktivationsquelle). Die adaptiven Prozesse würden durch ein Produktionssystem – mit mehreren Mechanismen – bewerkstelligt werden: Einen *Muster-Vergleichs-Prozess*, der prüft ob die Bedingung einer Produktion mit Teilen des deklarativen Gedächtnisses übereinstimmt. Von der Aktivation der betroffenen Knoten hängt es ab, wie schnell dieser Vergleich ausgeführt wird. Jede Produktion besitzt außerdem eine bestimmte Stärke, die mit jeder erfolgreichen Anwendung der Produktion wächst.

Weiters enthalten Produktionen in ihren Bedingungen *Zielelemente*, wobei für den Fall, dass diese mit dem Zielelement im Arbeitsgedächtnis übereinstimmen, die Produktion bevorzugt zur Anwendung kommt.

Ein weiterer Aspekt ist das *Erlernen kognitiver Fähigkeiten* (= Prozeduralisierung von Wissen). Die wiederholte Ausführung kognitiver Operationen führt zu einer Automatisierung oder *Prozeduralisierung*.

Anderson nimmt in seinem ACT-Modell eine 3-modale Kodierung menschlichen Wissens an:

- *abstrakte Propositionen* (sie bilden den Sinn, die Bedeutung von Sachverhalten, Ereignissen und sprachlichen Inhalten ab)
- *zeitliche Folgen* (sie repräsentieren die sequenziellen Strukturen von Ereignissen) und
- *räumliche Vorstellungen* (sie bilden die Konfigurationen von Elementen im Raum ab).

Produktionssysteme

Als ein wichtiges Modell der Repräsentation prozeduralen Wissens (Wissen, *wie* man etwas tut) gelten nach Newell (1973) die Produktionssysteme. Es handelt sich dabei um „Rechnerprogramme", welche kognitive Prozesse simulieren.

Ein Produktionssystem besteht im Wesentlichen aus 3 Teilen:

- Einer Menge von Produktionsregeln oder Produktionen
- einer Datenbasis
- einem Interpretor

Die Produktionen haben die Form einer „Wenn-Dann-Anweisung". Z. B. Wenn der Wecker läutet, dann drücke ich auf den Knopf. Die linke Seite, der Wenn-Teil, ist die Bedingung und die rechte Seite, der Dann-Teil, die Aktion. Beim Programmablauf wird für jede Produktion geprüft, ob die jeweilige Bedingung erfüllt ist. Trifft sie zu, wird die rechte Seite, d. h. die Aktion, ausgeführt.

Die Datenbasis enthält diejenige Information, welche von den Produktionen bearbeitet wird. Bei der Verwendung von Produktionssystemen zur Repräsentation kognitiver Prozesse wird die Datenbasis meist mit dem Gedächtnis gleichgesetzt.

Der *Interpreter* kontrolliert den Ablauf des Systems, indem er z. B. entscheidet, welche Produktionen anwendbar d. h. welche Bedingungen erfüllt sind. Die Produktionsysteme arbeiten zyklisch. Jeder Durchgang besteht aus 3 Elementen:

- Prüfen jeder Bedingung
- Konfliktlösung und
- Ausführung und Produktion.

Analoge visuelle Repräsentation

Analoge Repräsentationen (*images*, bildhafte Vorstellungen) sind Abbildungen, welche die Eigenschaften eines abzubildenden Objekts (Geschehens) beibehalten und in einer bestimmten – eben *analogen* („kontinuierliche Eigenschaften") – Weise den äußeren Gegebenheiten ähnlich sind (z.B. die visuelle Repräsentation einer Badebucht).

Man denkt hier allerdings eher an räumlich-visuelle oder figurale Entsprechungen, wie z.B. die Vorstellung der Anordnung von Straßen und Plätzen, oder an die Vorstellung einer Körperhaltung oder Bewegungsabfolge beim Tanzen oder Sport.

Analoge Vorstellungen sind nicht auf die visuelle Sinnesmodalität beschränkt. Man kann darunter eine „äußere Repräsentation" verstehen, die für etwas steht, wie z.B. einen Stadtplan. Oder der Begriff bezieht sich auf „innere Repräsentationen".

Analoge Repräsentationen, haben unterschiedliche „Analogien" (Entsprechungen):

- räumliche Ähnlichkeiten
- zeitliche Relationen
- kausale Relationen
- logische Relationen

Überall dort, wo es um eine Repräsentation von figuralen Gegebenheiten geht, ist es wahrscheinlich, dass typische Merkmale in analoger Weise repräsentiert werden:

- räumliche Ausdehnung
- figurale Anordnungen
- Kombinationen von Elementen
- Farbe, Kontrast und Textur.

Empirische Belege für das Vorhandensein einer analogen Repräsentation stammten aus Untersuchungen zur *mental rotation* und zum *scanning*.

Mentale Rotation

Im Experiment von Cooper und Sheppard (1973) wurden Vorstellungen als analoge Repräsentationen untersucht. Den Versuchspersonen wurden Buchstaben in unterschiedlichen Abweichungen von der Normallage präsentiert. Dabei sollten sie möglichst rasch herausfinden ob es sich um einen „normalen" oder einen „spiegelverkehrten" Buchstaben handelt.

Die Ergebnisse zeigten, dass die Reaktionszeiten beinahe linear mit der Größe des Rotationswinkels, bis zu 180 Grad zu- und nachher wieder abnahmen.

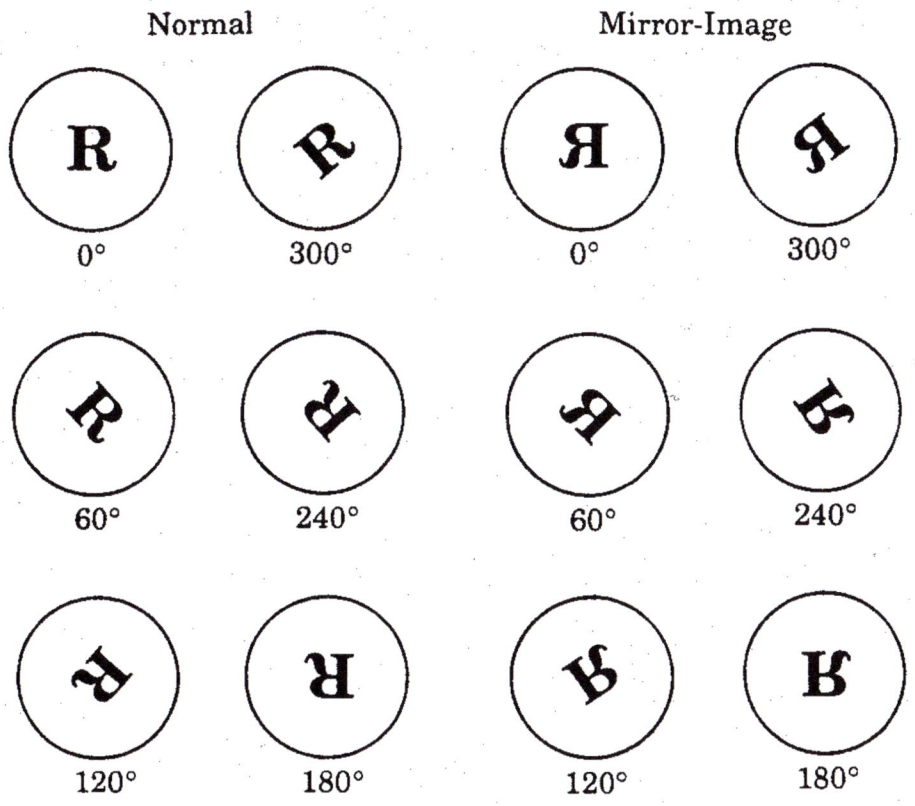

Abbildung 62: Vorlagen zur Untersuchung der mentalen Rotation (Cooper & Shepard, 1973).

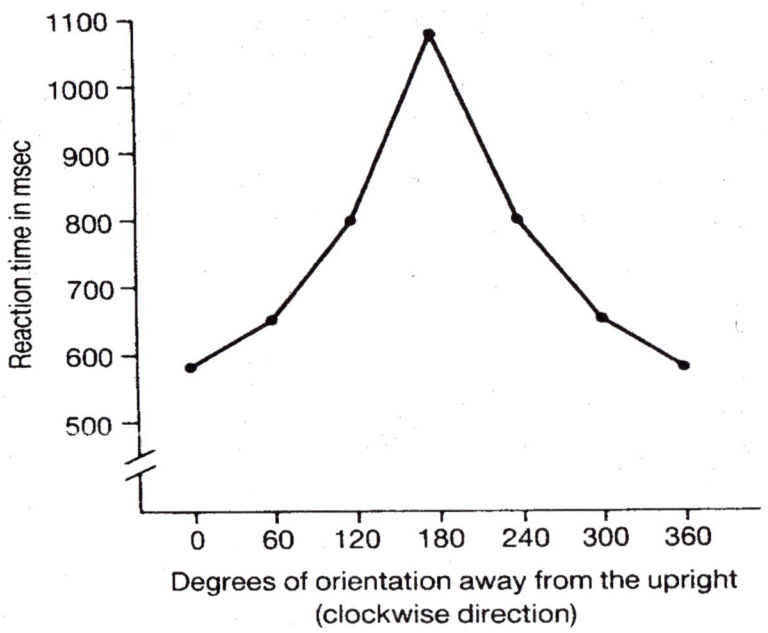

Abbildung 63: Die Ergebnisse von Cooper und Shepard (1973) zeigten, dass die Reaktionszeit (*Reaction time*) in einem direkten Zusammenhang mit Rotationswinkel (*Degrees of orientation ...*) steht.

Scanning

Das Absuchen räumlicher Vorstellungen (*scanning*) bezüglich bestimmter Kriterien wurde von Kosslyn, Ball und Reiser (1978) untersucht.

Die Untersuchungspersonen sollten sich die Landkarte einer Insel einprägen. Dann wurde ihnen gesagt, sie sollten sich einen Ort auf der Landkarte vorstellen und 5 sec später einen zweiten. Es zeigte sich: Die Dauer bis zur Vergegenwärtigung des zweiten Ortes war umso länger, je weiter die beiden Orte auf der Landkarte entfernt waren.

Auch dieser Befund wurde als analoge Entsprechung zur physikalischen Operation des sich Bewegens von Ort A

Abbildung 64: Landkarte aus der Untersuchung von Kosslyn, Ball und Reiser (1978).

nach B interpretiert und es wurde angenommen, dass die intern gebildete Repräsentation einer physikalischen Anordnung analog ist.

Bildhafte Vorstellungen – *imagery theory* **von Kosslyn**

Kosslyn (1983) baute seine Vorstellungen über die analoge Repräsentation zu einer ganzen Theorie der bildhaften Vorstellung – welche nach seiner Theorie auch sehr ähnlich Mechanismen sind – aus.

(a)

Im *„Spatial medium"* sind mentale Bilder von Gerüststruktur bis ins Detail aufgebaut: Folgende Eigenschaften sind charakteristisch:

- limitierte Kapazität in der *Körnung* (*grain*)
- höchste Auflösung im Zentrum
- das Gesamtfeld ist ein Rechteck
- Vorstellungen, die verblassen, können immer wieder regeneriert werden

(b)

Folgendes Experiment wurde zur *Körnung* durchgeführt. Den Versuchspersonen wurden 2 Bilder vorgelegt:

Hase – Elefant (a) Hase – Fliege (b)

Mit dem Ergebnis, dass die Versuchspersonen bei Bild (a) mehr Zeit benötigten und weniger Details behielten, was einen Hinweis auf *grain* bedeutet.

Abbildung 65: Vorlagen aus dem Experiment zur Körnung (*grain*) von Kosslyn (1983).

Die *Imagery-debate*

Der Erklärungswert von Vorstellungen als einer spezifischen Repräsentationsart wurde in der so genannten *imagery-debate* in Zweifel gezogen (Pylyshyn, 1973). Folgende Kritikpunkte wurden dabei angeführt:

- Mentale Bilder sind Epiphänomene (Begleiterscheinungen) propositionaler Repräsentation.
- Vpn verhalten sich als ob, sie benutzen propositional gespeichertes Wissen.
- Das Metawissen über Reizverarbeitung (*tacit knowledge*) wird unbewusst angewandt, aufgrund von Versuchsleitererwartungseffekten.

Mentale Landkarten

Mentale Landkarten beschreiben die Struktur unserer Umwelt in „analoger" Weise.

Routenkarten und Übersichtskarten

Nach Hart und Moore (1973) lassen sich unterscheiden:

- Routenkarten: Pfad, der markante Punkte angibt, aber keine „2D Informationen"
- Übersichtskarten: beinhalten „2D Information" über die gesamte Lage

Übergeordnete Eigenschaften gehen auf „darunterliegende" über

Aufgrund der hierarchischen Strukturierung von mentalen Landkarten entstehen systematische Verzerrungen (Stevens & Coup, 1978). Dazu folgende Illustration:

- Was liegt östlicher: Rom oder Venedig
- Was liegt östlicher: Innsbruck oder Florenz
- Was liegt östlicher: Neapel oder Ancona
- Was liegt östlicher: Graz oder Rijeka

Sollten Sie sich irren – sofern Sie versuchten diese Fragen auch zu beantworten (immer der erstgenannte Ort liegt östlicher) –, so könnte es sein, dass übergeordnete Eigenschaften der Geografie, z. B.: das Adriatische Meer liegt östlich vom Tyrrhenischen Meer usw., die analoge mentale Repräsentation untergeordneter Strukturen beeinflusste.

Theorie der dualen Kodierung

Paivio (1971, 1983, 1986) schlägt zwei voneinander unabhängige, jedoch miteinander verknüpfte Kodierungssysteme und deren Interaktion vor: ein *imaginales* (*Imagene*) und ein *verbales* System (*Logogene*).

Während das *imaginale System* die Abbildung und Verarbeitung insbesondere des visuellen Inputs leistet, bildet das *verbale System* die linguistischen Informationen ab und verarbeitet sie.

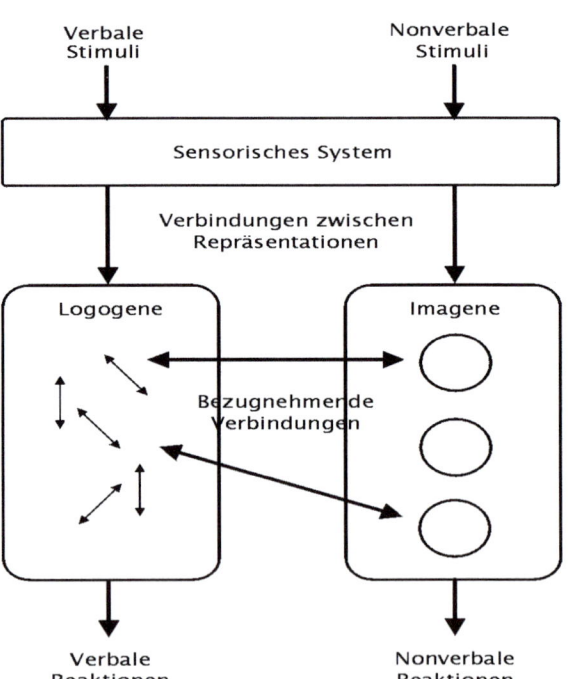

Abbildung 66: Schematische Darstellung der „Dualen Kodierung" nach Paivio mit dem verbalen System (*Logogene*) und dem non-verbalen System (*Imagene*).

130

Santa (1977) untersuchte eine (geometrisch) visuelle und eine verbale Anordnung. Er kam zu dem Ergebnis, dass visuelle Information eher entsprechend ihrer räumlichen Anordnung und verbale als lineare Anordnung gespeichert wird.

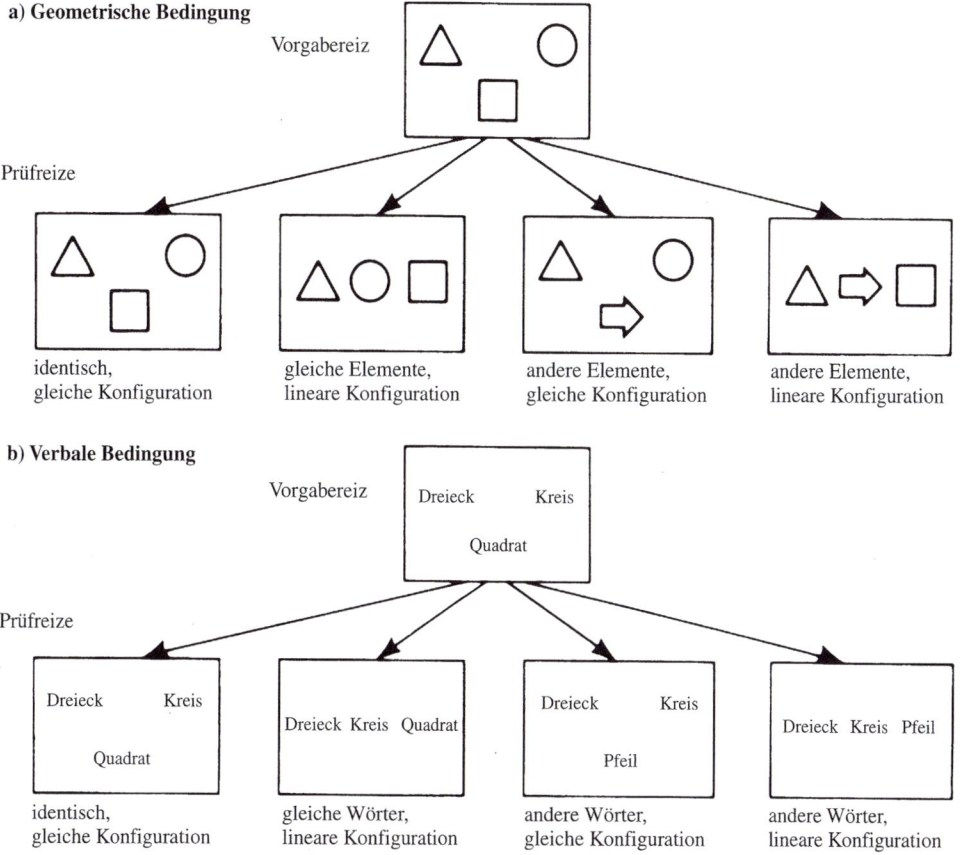

Abbildung 67: Verbale vs. visuelle Verarbeitungen (Santa, 1977, aus Anderson, 2001, S. 108). Verbale Stimuli (Bedingung): Modalitäten bilden eine unspezifische Einheit. Nonverbale Stimuli (geometrische Bedingung): identifizieren und repräsentieren Bilder. Kommunikation über Relationen. In der geometrischen Bedingung war eine bessere Leistung bei gleicher Anordnung der Elemente und in der verbalen Bedingung in der linearen Konfiguration. Die Ergebnisse belegen die Unterschiedlichkeit der Repräsentationen und deren Bedeutung für die Reproduktion.

Roland und Friberg (1985) konnten die Theorie der dualen Kodierung neuro-psychologisch belegen: Demnach bestehen Unterschiede zwischen visuellen und verbalen Repräsentationen auf kortikaler Ebene: (1) Aktivierung der occipitalen Areale im Zusammenhang mit visuellem Material. (2) Aktivierung des Broca-Zentrums bei der Verarbeitung von verbalem Material.

Gedächtnis für visuelle Information

- Gedächtnis für visuelle Information hat höhere Kapazität als für verbale Information
- Bilder werden in Form einer Interpretation ohne deren physikalische Eigenschaften gespeichert
- Details werden – im Normalfall – nicht behalten, sondern die Bedeutung
- Details (z.B. räumliche Orientierung eines Bildes) scheinen schnell aus der Erinnerung zu verschwinden
- Erinnert werden Interpretationen und Bedeutungen von Inhalten
- Interpretationen bleiben über längere Zeit erhalten

Abbildung 68: Erinnerung für visuelle Details am Beispiel von Gernsbach Untersuchungsmaterial (1985; aus Anderson, 2001, S. 145). Ein Beispiel für ein Bild aus einer Experimentalgeschichte in seiner ursprünglichen (links) und in der seitenverkehrten Orientierung (rechts).

Schematische Repräsentationen

Schema ist die Bezeichnung für eine komplexe, geordnete Wissensorganisation, die allgemeines Wissen, Ereignisse, Abläufe von Ereignissen, Wahrnehmungen, Situationen, Beziehungen und Begriffe – manchmal auch Handlungsstrukturen – beinhaltet.

Dem Schema "verwandte" (manchmal auch synonym verwendete) Begriffe sind *Frames* und *Scripts* (Skripts), aber auch Mentale Modelle.

Der Begriff Schema (Mehrzahl: Schemata; gr.: Gestalt) geht (zumindest) auf Immanuel Kant (1724–1804) zurück, wonach „Schema" ein kognitiver Mechanismus sei, der ein Bild dem Begriff zuordnet. Häufig wird der Schemabegriff Bartlett (1932) zugeordnet: Schemata sind organisierte Strukturen des Wissens und der Erwartungen über Aspekte unserer Welt. Piaget (1967, 1970) verwendete den Schemabegriff (u. a.) zur Beschreibung der kognitiven Entwicklung.

Im derzeitigen wissenschaftlichen Sprachgebrauch wird Schema im Sinne einer Abstraktion vom Individuellen mit der Betonung von Form und Muster sowie zur vereinfachten anschaulichen Darstellung und zur Kennzeichnung der Struktur von Sachverhalten mit der Betonung der Beziehungen zwischen (auswechselbaren) Teilen im Sinne eines Gerüsts oder Plans verwendet.

Schemabegriffe der Kognitionspsychologie

Nach Bergius (1987/1994) wird in der Kognitionspsychologie der Schemabegriff sehr verschiedenartig angewandt:

- *Wissensaktualisierung* und „Mittelfindung" beim Lösen von Aufgaben im Sinne eines antizipierenden Schemas (Selz, 1913) als teilweise unausgefüllter Wissenskomplex. Dieser besteht aus den Beziehungen zwischen den Begriffen und Sachverhalten mit Leerstellen, die nach gelungenem Suchvorgang besetzt sind.

- Als *Umformung von Informationen* bei der Speicherung im Gedächtnis (Bartlett, 1932; Rumelhart, 1975). Für die typisierende Vereinfachung von Gedächtnisinhalten gibt Bartlett folgende Mechanismen an:

- *Nivellierung*: Wahrnehmungen, die wenig beachtet werden, sinken weiter ab und verflachen (auch der Vorgang der Bedeutungsabwertung gehorcht diesem Prinzip), im Gegensatz zur

- *Akzentuierung oder Pointierung*: einer Überspitzung des als wesentlich Angesehenen.

- Beim *sprachlichen Verstehen* im Sinne von Wissensstrukturen, die an Sätze herangetragen werden, um sie interpretieren zu können (*frames*; Minsky, 1975).

- Für Geschichts- und Handlungsschemata im Zusammenhang mit Gedächtnis- und Wissensphänomenen (Skripts, *scripts*, siehe dort; Schank & Abelson, 1977).

- Auf die *Koordination von sensomotorischen Mustern* oder ihren Handlungsregeln (Operationen mit Objekten in Abhängigkeit von der Erfahrung im Umgang mit ihnen, wie z. B. Saugschema oder Raumschema bei Piaget, 1947).

- Auf das informationstheoretisch erklärte Prinzip der *Mustererkennung* (Attneave, 1974) bzw. der Prototypentheorie (Rosch & Lloyd, 1978).

- Auf die Repräsentation des eigenen Körpers (Körperschema).

- Auf *Instinkthandlungen* und deren Auslösung durch angeborene Auslösemechanismen.

- Auf das Lernen mit Einsicht in *Strukturen* („schemaorientiertes" Lernen; Skemp, 1971).

- Auf die *Orientiertheit über die persönlichen Lebensumstände* und die eigene Lage (Lageschema; Thomae, 1968).

- Auf die erlebten habituellen Zusammengehörigkeitsbeziehungen (*soziales Schema*; Kuethe, 1962).
- Auf *schematisierte Gesichter* als Ausdrucksträger (Brunswick & Reiter, 1938).
- Als „*Bewegungsprogramme*" zur Steuerung und zum Erlernen einfacher Bewegungen (Schmidt, 1975).

„The War of the Ghosts" F. C. Bartlett (1932)

In der Untersuchung von Bartlett (1932) wurde „The war of the ghost" als Vorlage verwendet. Dabei handelt es sich um ein nordamerikanisches Indianermärchen, in dem kein nachvollziehbarer Zusammenhang zwischen manchen Ereignissen besteht. Die geschilderten Geschehnisse produzieren lebhafte Vorstellungen. Die Aussage ist die Beschreibung eines übernatürlichen Geschehens. Die Durchführung des Experiments von Bartlett (1932):

20 Versuchspersonen (7 Frauen, 13 Männer) nahmen an der Untersuchung Teil. Sie konnten die Erzählung zweimal in eigenem Lesetempo durchlesen. Nach 15 Minuten erfolgte die erste Reproduktion der Geschichte nach Tagen, Monaten und sogar Jahren erfolgten weitere Reproduktionen. Folgende Ergebnisse des Experiments „*The War of the Ghosts*" wurden beschrieben:

- Kernaussagen werden behalten
- Persönliche Interessen beeinflussen das Behalten von Details
- Allgemeine Form der Reproduktionen erkennbar (erste Reproduktion beeinflusst alle weiteren)
- Anordnung und Merkmale erinnerter Details werden stereotyp
- Details werden ausgelassen
- Ereignisse und Strukturen werden vereinfacht
- Merkmale werden auf vertraute Art und Weise transformiert

Charakteristika von Schemata

Für den „klassischen" Schemabegriff (aufbauend auf Bartlett, 1932) lassen sich folgende Eigenschaften definieren. Ein Schema hat

- Relationen: einfach (ist, hat, …), komplex, kausal (erlaubt, …),
- Variablen bzw. *slots* (Leerstellen) und
- Werte.
- Variablen/*slots* beinhalten sub-Schemata oder Begriffe.
- Schemata enkodieren allgemeines, vielfältig anwendbares Wissen.
- Schemata haben *slots* offen oder mit „*default*-Werten" (wahrscheinlichen Werten) besetzt.

Beispiel für eine Schemarepräsentation: „HAUS"

- Häuser haben (rechteckige) Räume
- Häuser können aus Holz gebaut sein
- Häuser haben ein Dach (Flach-, Giebel-, Walmdach)
- Häuser haben Fenster
- Häuser haben Wände
- Material: Holz, Ziegel, Beton, Glas
- Größe: 10–1000 m²
- In Häusern leben Menschen

Vorteile der Schemata

- Beeinflussen die Aufmerksamkeit, die Auswahl der zu speichernden und wieder abzurufenden Informationen
- Sind behilflich bei der Verbindung von aktuellen mit alten Informationen
- Sind behilflich beim Verstehen und Interpretieren von Ereignissen
- Sind durch schemageleitete Erinnerung behilflich bei der Wiedergabe

Kritik an der Ungenauigkeit der Schematheorie

- Schemata können nicht von einem Individuum auf das andere übertragen werden.
- Das Gedächtnis für ungewöhnliche Informationen steht in keinem Zusammenhang mit Schemata.
- Die Schematheorie liefert keine Erklärung für die Art und Weise des Erwerbs von Schemata.
- Die Selektion von geeigneten Schemata, die bei der Verarbeitung neuer Information helfen sollen, ist nicht klar.

Schemata und Gedächtnis

In *„Role of schemata in memory for places"* von Brewer und Treyens (1981), wurde festgestellt, dass das Gedächtnis für eine Szene vom passenden Schema für die spezielle Szene beeinflusst wird. Dadurch kann folgende Vorhersage getroffen werden:

- Objekte, die im Schema-Kontext erwartet werden, werden besser erinnert
- Objekte, die im Schema-Kontext nicht erwartet werden, werden schlechter erinnert

Versuchsdesign und -durchführung (Brewer & Treyens, 1981): Es erfolgte die Konstruktion eines Raums (das Büro eines Professors), wobei einerseits Gegenstände des Büroschemas platziert wurden (Schreibtisch, Schreibmaschine, Kalender, Kaffeemaschine) andererseits wurden Objekte platziert, die in einem Büro nicht erwartet werden (Totenkopf, Stück Rinde, Nadelkissen).

86 Versuchspersonen (Studenten) wurden einzeln in den Versuchsraum geführt und mussten 35 Sekunden im Büro warten. Anschließend wurden sie in einen Seminarraum gebracht. Danach sollten sie entweder aufschreiben, aufzeichnen oder verbal wiedergeben was sie gesehen hatten.

Zusammenfassend kamen Brewer und Treynes (1981) es zu folgenden Ergebnissen: Die Versuchspersonen zeigten eine hohe Erinnerungsleistung für tatsächlich vorhandene und ins Büroschema passende Gegenstände, übersahen Gegenstände die nicht Teil des Büroschemas waren und berichteten über Gegenstände, die in das Büroschema passten, jedoch nicht vorhanden waren.

Scripts (Drehbücher)

Die Abbildung von Handlungsfolgen (Prozessen), die in unserem Alltag immer wieder vorkommen und als Handlungswissen abgespeichert sind, wurde von Schank und Abelson (1977) als scripts bezeichnet.

Im Vergleich zum Schema gewinnt beim *script* vor allem die *Ereignisfolge* (also die Zeitdimension) an Bedeutung. Das in *scripts* gespeicherte Wissen dient vor allem der Orientierung in öfter auftretenden Situationen bzw. als Modell für neuartige Situationen.

Scripts enthalten:

- typischen Ablauf
- typische Rollen
- typische Objekte

Vorteile von *scripts*

- Vereinfachen des Verstehens (von Berichten etc.)
- Erleichterung von Vorhersagen und Planen

Bei Bower, Black und Turner (1979) sollten Versuchspersonen die Ereignisse in einem Restaurant angeben. 73% der Versuchspersonen stimmten bei folgenden Schritten überein: Setzen, Speisekarte anschauen, Bestellen, Essen, Zahlen.

Die Versuchspersonen lasen eine Geschichte mit 12 typischen Abläufen wobei 8 Abläufe in üblicher Reihenfolge und 4 in nicht üblicher Reihenfolge (z. B. Bezahlen am Beginn) stattfanden. Mit dem Ergebnis, dass im Gedächtnistest die starke Tendenz besteht, Abläufe in der üblichen Reihenfolge zu berichten.

Ablauf grob:	Ablauf detaillierter:
Hineingehen	G geht ins Restaurant
Platz nehmen	*Szene 1:* G nimmt Platz G schaut Tische an G sucht einen Sitzplatz G geht zum Tisch G setzt sich
Auswählen und Bestellen	*Szene 2:* *Auswählen und Bestellen* *Keine Speisekarte* *Speisekarte auf dem Tisch* G informiert sich über Speisen G entscheidet sich für Speise Y G gibt K ein Zeichen K geht zu G G sagt zu K: "Ich will Y." K geht zu C K sagt zu C: "Ich brauche Y."
Serviert bekommen und Essen	…
Bezahlen	…
Hinausgehen	…

Tabelle 4: Restaurant-*scritp*. Gegenüberstellung grober und detaillierter Abläufe (G: Gast, K: Kellner).

Bedeutung von *scripts*

Bower, Black und Turner (1979) fassen die Bedeutung von *scripts* zusammen.

- Sie beeinflussen Enkodierung neuer Ereignisse
- Sie beeinflussen die Wiedergabe von Ereignissen
- Sie beinhalten Informationen über die Abfolge von Ereignissen
- Sie können fehlende Informationen ergänzen
- Sie berichtigen automatisch „falsche" Informationen

Mentale Modelle

Mentale Modelle sind subjektive Funktionsmodelle für technische, physikalische und auch soziale Prozesse komplexer Gegebenheiten. *Kennzeichen der mentalen Modelle sind die Reduktion der Komplexität durch Einschränkung auf leicht überschaubare Gegebenheiten und der Rückgriff auf bekannte Sachverhalte mittels Analogiebildung.*

Der Begriff mentales Modell hat seine Vorläufer vor allem in der Untersuchung des Denkens und Problemlösens (z. B. Bruner et al., 1956; Craik, 1943; Duncker, 1935; Miller, Galanter & Pribram, 1960/1973; Tolman, 1948). Weite Verbreitung fand der Begriff durch die beiden gleichlautenden Bücher „*Mental Models*" (Genter & Stevens, 1983; Johnson-Laird, 1983).

Der raschen und breiten Aufnahme des Begriffs in den angewandten Disziplinen steht eine ins Stocken geratene theoretische Ausarbeitung gegenüber.

Eigenschaften Mentaler Modelle

- Mentale Modelle sind hypothetische Konstrukte, mit denen Aspekte der menschlichen Informationsverarbeitung beschrieben bzw. erklärt werden.

- Mentale Modelle bilden die Umwelt reduziert und elaboriert ab (in Abhängigkeit vom Vorwissen der Person, der Funktion des mentalen Modells und der Intention des Modellierers).

- Mentale Modelle dienen dem Verstehen von Sachverhalten und der Planung und Steuerung von Handlungen.

- Mentale Modelle messen sich nicht an der objektiven Korrektheit, sondern an der Nützlichkeit zur Erreichung von Zielen;

- … dementsprechend sind nützliche mentale Modelle schwer zu verändern.

- Mentale Modelle sind zwar anschaulich, aber nicht unbedingt „bildhaft". Vorstellungsbilder sind Sichtweisen auf ein Modell in einem bestimmten Zustand. Anschaulich meint zwar „vorstellbar", allerdings können dabei auch Repräsentationen anderer Sinnesmodalitäten beteiligt sein.

- Mentale Modelle werden z. B. von Dutke (1994) bzw. von Kahneman und Tversky (1982) als transitorische Vorstellungsprodukte gesehen, welche also keine Einheiten der langzeitlichen Speicherung sind, sondern eine Heuristik, welche immer dann gebildet wird, wenn (1) unzureichende Information vorliegt (z. B. Verständnisprobleme) oder (2) wenn die Nutzung unökonomisch wäre (z. B. Routinehandlungen).

- Mentalen Modellen ist die Perspektive des problemlösenden Denkens in einer ganzheitlichen Betrachtungsweise gemeinsam (wie die Funktionen des analogen Denkens, Gedächtnisorganisation, Vorstellung, deduktives Schließen, Urteilen unter Unsicherheit, Handlungssteuerung, usw.).

Individuenbezug bzw. Pespektivenproblem von Modellen

Nachdem ein gegebenes Modell nicht für alle Individuen von gleichem Nutzen bzw. Inhalt ist, ergibt sich eine Relativierung, wenn man den Nutzwert eines Modells sowohl in Beziehung zum Urheber als auch in Beziehung zum Rezipienten betrachtet (vgl. Norman, 1983; Oberquell, 1984; Stachowiak, 1973).

Norman (1983) erörtert das Perspektivenproblem anhand der Software-Entwicklung und der menschlichen Interaktion mit Computern: Danach soll der Benützer ein System („*target system*") erlernen und benützen. Im Laufe des Lernprozesses erwirbt der Benutzer ein mentales, also inneres gedankliches Abbild vom System.

Neben diesem Modell existieren aber auch andere Modelle desselben „Systems", nämlich z. B. eine schriftliche Dokumentation der Programme oder z. B. eine metaphorische Beschreibung für Marketingzwecke (sog. „konzeptuelle Modelle").

Programmentwickler (Lehrer, Wissenschafter, usw.) konstruieren aber auch ein Modell darüber, welches mentale Modell der Benutzer über das System entwickelt oder entwickeln soll (ein konzeptionelles Modell über ein mentales Modell des Benutzers). Klaffen diese Konzeptionen auseinander, so sind Schwierigkeiten in der Anwendung vorprogrammiert (ein typisches Problem der kognitiven Ergonomie).

Unvollständigkeit, Instabilität und Änderungsresistenz mentaler Modelle

Norman (1983) beschreibt eine Versuchsperson, welche eine mehrteilige Rechnung am Taschenrechner derartig löst, dass sie nach jedem Teilschritt die *CLEAR*-Taste betätigt, anstatt das Zwischenergebnis zu verwerten. Er führt dies nicht nur darauf zurück, dass entsprechende Zusammenhänge nicht gelernt werden würden, sondern auf das Vergessen von Details (besonders bei unregelmäßiger Benützung). Ferner ist sich die Vpn dieser Tatsache offenbar bewusst und nimmt für die Verminderung kognitiver Komplexität und Unsicherheit eine erhöhte Anzahl von Operationen hin.

Die Unsicherheit über Systemzusammenhänge kann aber auch zu „abergläubischem" Verhalten führen.

Allerdings führen die Defizite der mentalen Modelle nicht notwendigerweise zu suboptimalen Leistungen. Die Abwägung von Lernaufwand und Nützlichkeit könnte dafür verantwortlich sein, dass mentale Modelle – auch wenn sie technisch nicht korrekt sind – gegenüber Veränderungen sehr resistent sein können. (Hiermit wird die aus dem allgemeinen Modellbegriff abgeleitete Eigenschaft der Funktionalität von Modellen bestätigt.)

Nützliche mentale Modelle sind schwer zu verändern, selbst wenn Gegebenheiten falsch oder unzureichend abgebildet werden.

Mentale Modelle und neue Sachverhalte

Mentale Modelle zum Verständnis neuer Sachverhalte basieren oft auf Analogien, wobei eine Analogie der Spezialfall eines Modells ist, bei dem nur Relationen zwischen Elementen eines Basisbereiches (des gespeicherten Wissens) auf Elemente *eines* Zielbereiches übertragen werden. Demnach besteht der Erkenntnisgewinn in der Übertragung der Relationen und nicht in der Ähnlichkeit der Elemente selbst.

Um die Vergleichbarkeit der Relationen im Basis- und Zielbereich erkennen zu können, bedarf es eines schematischen Wissens. Dieses muss abstrakter sein als die Relationen im Basis- und im Zielbereich. Die Aktivierung geeigneter Schemata zur Übertragung der Relationen wird durch ein hohes Ausmaß der Ähnlichkeit der Elemente im Basis- und Zielbereich begünstigt.

Die Konstruktion eines mentalen Modells zum Verstehen eines neuen Sachverhalts geht mit dem „Auffüllen von Leerstellen eines Schemas" mit den Gegebenheiten einer bestimmten Situation einher. Neue Gesichtspunkte werden dadurch gewonnen oder erleichtert, dass abstrakte Relationen durch Beispiele vorstellbarer und vertrauter repräsentiert sind. Mentale Modelle sind demnach konkreter als die zugrunde liegende schematische Wissensbasis.

Subsymbolische Repräsentation (konnektionistische Repräsentation)

Die konnektionistische Repräsentation (neuronale Netze; *Parallel Distributed Processing*, PDP; Rummelhart & McClelland, 1986) stellt eine subsymbolische Repräsentation dar, weil in keiner „Einheit" eine inhaltliche Zuordnung zum repräsentierenden Objkekt/Prozess feststellbar ist. Nur in der *Summe* der Aktivitäten erfolgt ein Abbild.

Das zugrunde liegende Prinzip ist ähnlich der Informationsverarbeitung in Nervenzellen (was wahrscheinlich einen plausiblen Grund für die Popularität des Ansatzes darstellt). Das kognitive System besteht aus einem Netzwerk, dessen Knoten *reelle Variablen* (im Sinne von Aktivierungen) darstellen. Zwischen Eingangsknoten und Ausgangsknoten liegen (mehrere) *hidden notes*. Bahnende / hemmende Kanten verbinden die Knoten und sind für ein bestimmtes Muster an Aktivität (der Repräsentation) verantwortlich.

Die Gewichtungen erfolgen nach „einem Lernprinzip" – damit handelt es sich zugleich um eine Lerntheorie. Das „Wissen" (Regeln, deklarative Inhalte) wird in der Gesamtkonfiguration der Gewichte der Kanten „verteilt", wobei einzelne Kanten nicht semantisch interpretierbar sind.

Am Beispiel Rotkäppchen und der Wolf: Rotkäppchen muss drei Charaktere unterscheiden und angemessen reagieren: Die Großmutter, den Jäger und den Wolf.

Jeder Charakter hat drei Merkmale *(Input-Vektor)*:

- Großmutter ist nett, hat große Augen, und ist krank.
- Der Jäger hilft, ist freundlich, und hat große Ohren.
- Der Wolf hat große Ohren, große Augen, und ein großes Maul.

Der *Output-Vektor* sind bestimmte Verhaltensweisen für Rotkäppchen:

- Bei Großmutter sollte Rotkäppchen näher kommen, auf die Wange küssen und Essen anbieten.
- Beim Jäger sollte sie näher kommen, freundlich sein und Essen anbieten.
- Beim Wolf soll sie schreien, den Jäger holen und weglaufen.

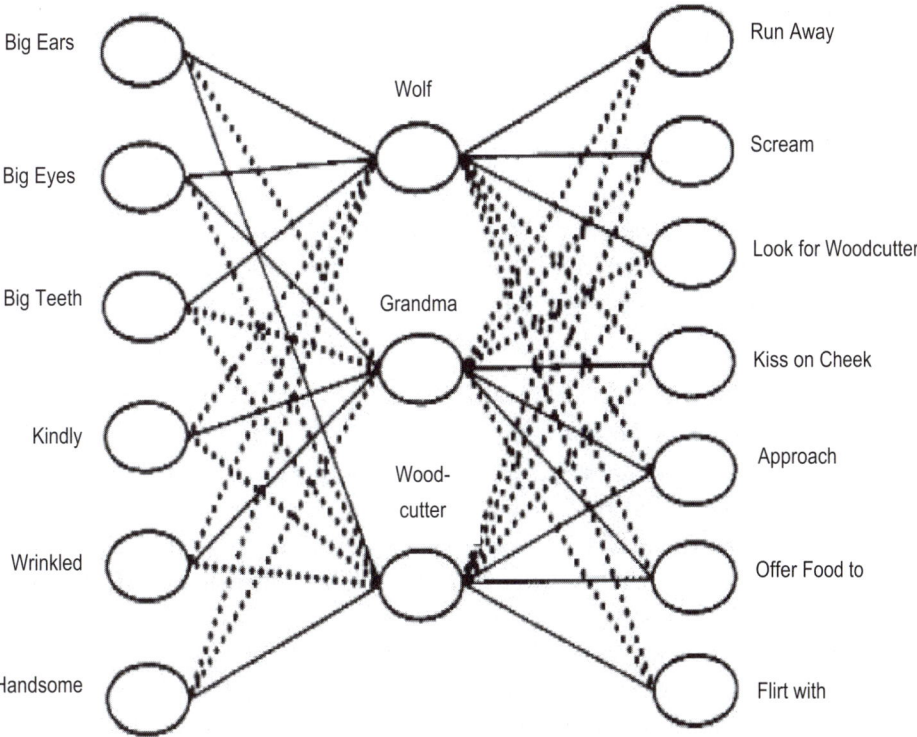

Abbildung 69: *Input- hidden-* und *output layer* mit einer (groben) Darstellung der Gewichtung durch ausgezogene oder strichlierte Linien des Rotkäppchenbeispiels. Man beachte, dass in dieser Darstellung der Jäger als „*Woodcutter*" bezeichnet wird (Jones & Hoskins, 1987).

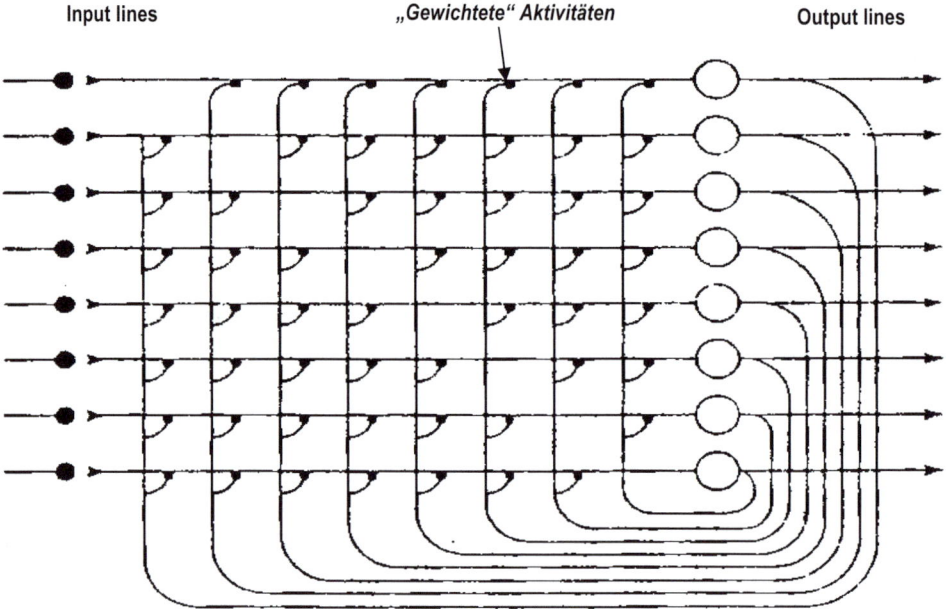

Abbildung 70: Das Prinzip eines neuronalen Netzwerkes und der Verbindungen läßt sich ähnlich einer
Matrix darstellen, bei dem alle *input-units* mit allen *output-units* durch eine „gewichtete" Aktivität
verbunden sind. Das Ausmaß der Aktivität an diesen"Knoten" erfolgt durch „Lernen", bei dem die
spezifischen Aktivitäten der Verbindungen (nach der „Delta-Regel") bestimmt werden.

Das Hauptcharakteristikum konnektionistischer Repräsentation ist die *verteilte Speicherung* und die *parallele Verarbeitung*.

Nach Meinung der Konnektionisten sei nicht die Ebene der virtuellen symbolmani-
pulierenden Maschine, sondern die subsymbolische Ebene die geeignete Beschreibungsebene. Die subsymbolische Ebene besteht aus Knoten (*units*, Einheiten, die einen ganz
einfachen Prozess ausführen), die untereinander durch gerichtete und gewichtete Kanten
verbunden sind (Netzwerk). Über die Verbindungen beeinflusst ein Element die Aktivation benachbarter Elemente. Die Aktivität einer Einheit kann von zahlreichen anderen
Einheiten beeinflusst werden. Die Knoten sind also zu einem bestimmten Zeitpunkt in
einem bestimmten Aktivationszustand (a). Der Aktivitätszustand des gesamten Systems
zum Zeitpunkt t ist der Zustandsvektor (at). Das Signal, das ein Knoten zum Zeitpunkt t
aussendet, ist eine Funktion des Aktivitätszustandes und die Ausgabefunktion des
Knotens (ot). Diese wird zu einem anderen Knoten weitergeleitet. Jede Verbindung hat
ihre eigene Stärke (Gewicht, w, eine positive oder negative reelle Zahl). Was die Verbindung durchgibt, ist somit das Produkt aus Gewicht und Ausgabesignal (wt x ot) und
bildet das Eingabesignal für den empfangenden Knoten.

Das Verhalten eines solchen konnektionistischen Netzwerkes lässt sich prinzipiell durch Differentialgleichungen beschreiben, zumeist nutzt man es für Computersimulationen. Mit dem einfachen Modell lässt sich z. B. die Paarassoziation (die Ähnlichkeit zweier Reize bzw. zweier Vektoren), das Lernen eines Reizes mit Wiedererkennen, die assoziative Speicherung und die Generalisation gut demonstrieren.

Weiterführende Möglichkeiten ergeben sich mit der Einführung verborgener Knoten. Dabei liegen zwischen den Eingabeknoten und den Ausgabeknoten die verborgenen Knoten. Das Netzwerk wird nun so stimuliert, dass die Eingabeknoten durch ein Aktivitätsmuster so lange stimuliert werden, bis die Ausgabeknoten ebenfalls eine konstante Aktivierungsverteilung aufweisen. Die Beziehung, die sich zwischen Eingabe- und Ausgabevektor bildet, wird hauptsächlich durch diese Gewichte bestimmt.

Bei den älteren Versionen wurden die Gewichte eingegeben (programmiert) indem man selbst allen Verbindungen Werte zuwies. Damit ist es in Computersimulationen relativ gut gelungen z. B. Wörter aus 4 Buchstaben zu erkennen (wie Able, Trap, Take, Card ...).

Die neuere Methode ist interessanter: Dabei bietet man dem Netzwerk Paare von Eingabemustern und gewünschten Ausgabemustern dar. Bei jedem Durchlauf wird für jeden Ausgabeknoten der Unterschied berechnet und mit Hilfe einer Technik die Gewichte der Verbindungen automatisch so modifiziert, dass ein Netzwerk die richtige Assoziation lernt (Delta-Regel). Dann kann es (meistens) auch bei neuen Stimuli die richtige Antwort generieren.

Der Hauptgedanke der Konnektionisten besagt, dass es keine expliziten Regeln im Netzwerk gibt und keine symbolische Repräsentation, sondern nur ein Muster von Assoziationen. Dennoch verhält sich das Netzwerk entsprechend einem System von Regeln. Es ist aber nicht so, dass die Regeln intern gespeichert sind und somit das Verhalten verursachen, sondern die Regeln sind vielmehr *emergent properties* (Epiphänomene).

Kreativität

Die Prozesse kreativen Verhaltens, kreativer Entscheidungen und Problemlösungen stellen einen bedeutenden Inhalt der Kognitiven Psychologie dar.

Nach Hussy (1993) ist zunächst zwischen Kreativität und kreativem Denken zu unterscheiden. Kreativität ist für Hussy ein komplexes Persönlichkeitsmerkmal (wie z. B. Intelligenz), kreatives Denken hingegen ein komplexer kognitiver Prozess (wie z. B. Lernen), daher auch eher im Zuständigkeitsbereich der kognitiven Psychologie.

Landau (1969) beschreibt Kreativität als „... etwas Dynamisches, ein Prozess, der sich entwickelt und entfaltet und der bereits Ursprung und Ziel in sich birgt" (S. 9).

Entwicklung der Kreativitätsforschung

Mit der Veröffentlichung des Buches *Hereditary Genius* von Galton (1869) begann die wissenschaftliche Erforschung der Kreativität. Galtons Interesse galt besonderen menschlichen Leistungen bzw. der kreativen Persönlichkeit. Seine Untersuchungen konzentrierten sich hauptsächlich auf das Studium von Biographien berühmter Persönlichkeiten und die Vererbung der Leistungen bzw. Fähigkeiten. Galton entdeckte einen Zusammenhang zwischen familiärem Hintergrund und Begabung und glaubte damit die Determiniertheit kognitiver Leistungen durch die Genetik bestätigt.

Erst in den 60-er Jahren dieses Jahrhunderts wurde die Kreativitätsforschung wieder erheblich vorangetrieben. Zwei Faktoren erscheinen in diesem Zusammenhang nennenswert:

- Die US-amerikanische Gesellschaft erlebte im internationalen Wettkampf um technische Erfolge, vor allem auf dem Gebiet der Raumfahrt, den sogenannten „Sputnik-Schock": 1957 wurde der russische Erfolg gemeldet, als erste Nation einen Satellit in der Erdumlaufbahn platziert zu haben. Daraufhin erkannten die Forschungsverantwortlichen der USA die Notwendigkeit der Unterstützung und Förderung kreativer Leistungen, um eigene wissenschaftliche bzw. technische Erfolge voranzutreiben und unterstützten die bereits 1950 von J. P. Guilford angeregte Kreativitätsforschung.

- Einen weiteren Impuls für die Bemühung um Kreativität stellten wirtschaftliche Interessen dar. Die Wirtschaft bemühte sich nach dem zweiten Weltkrieg um Wachstum und war auch auf kreative Ideen bzw. neue Verkaufsstrategien angewiesen. So war die Kreativitätsforschung zunächst stark von wirtschaftlichen und politischen Interessen geprägt, die eine Förderung kreativer Leistungen erforderten.

Der Stand der psychologischen Forschung – zu diesem Zeitpunkt – konnte wenig zur Förderung von Kreativität beitragen. Der Intelligenzbegriff war an das Wissen über *vorliegende* Fakten/Methoden gebunden, das heißt, intelligent war nicht jemand, der sich Gedanken um neue Lösungswege machte, sondern jemand, der bereits bekannte, erprobte Lösungen parat hatte. Die 50-er und 60-er Jahre waren noch stark vom Behavioristischen Paradigma geprägt, so wurde erst mit Fortschreiten der kognitiven Psychologie die Beschäftigung mit der Kreativität vorangetrieben (Caesar, 1981).

Problembereiche der Kreativitätsforschung

Wie bereits aus diesem sehr kurzen Umriss der geschichtlichen Entwicklung ersichtlich, prägten wirtschaftliche und politische Bemühungen zunächst die Frage nach kreativen Produkten bzw. nach kreativen Leistungen. Denn es galt zu bestimmen, was ein kreatives Produkt ist oder wann eine Leistung als kreativ bezeichnet werden kann. Später entwickelten sich andere Ansätze der Kreativitätsforschung, als man versuchte, den kreativen Prozess bzw. den kreativen Menschen zu beschreiben. Nicht zuletzt erkannte man auch die Bedeutung der Umwelt, die im hohen Ausmaß auf Kreativität wirken kann.

Im Folgenden werden die vier Ansätze der Kreativitätsforschung („4 P")

- Produkt,
- Prozess,
- Persönlichkeit,
- Umweltbedingungen (*press*),

einzeln umrissen. Es soll aber betont werden, dass alle diese Ansätze zum Verständnis des kreativen Verhaltens beitragen und innig ineinander verwoben sind.

Produktorientierter Kreativitätsansatz

Die Kreativitätsforschung konzentriert sich beim produktorientierten Ansatz auf die Bestimmung dessen, was ein kreatives Produkt ist. Wann ist ein Produkt bzw. eine Lösung kreativ? Was muss an diesem Produkt, an dieser Lösung sein, dass man sagen kann, sie ist kreativ?

Ob ein Produkt kreativ ist, lässt sich bis heute nicht eindeutig identifizieren. Übliche Kriterien wie *Neuheit*, *Originalität* und *Nützlichkeit* sind in hohem Maße von bereits bestehenden Wertvorstellungen (Normen) abhängig, was bedeuten kann, dass wirklich originelle Ideen und Erfindungen oft unerkannt bleiben, weil sie nicht in die jeweilige Zeit passen (dieser zu sehr voraus sind!). Damit sind kreative Produkte immer personen-, situations- und zeitspezifisch. Denn es kommt auch darauf an, wer die Leistung erbringt, unter welchen Bedingungen und wann (Facaoaru, 1985).

Neben Neuartigkeit, Originalität und Nützlichkeit spielen auch *Einfachheit*, *Kommunikabilität*, *Umstrukturierungskraft*, *Verallgemeinerungskraft* und ähnliche Kriterien eine kritische Rolle.

Vom pragmatischen Standpunkt aus wurde (und wird) ein Produkt als kreativ bezeichnet, wenn es *neu*, *wertvoll* und *nützlich* ist. „Nützlich" sei ein wichtiges Kriterium, denn was nützt ein kreatives Produkt, wenn es völlig sinnlos ist? Das kreative Produkt soll also einen sinnvollen Beitrag zur Problemstellung liefern. (An dieser Stelle sei angemerkt, dass die oben vorgetragenen Standpunkte eher die Meinung der angloamerikanischen Kreativitätsforschung denn die europäische Meinung oder gar die des Autors widerspiegelt; zumindest seit James kommt dem Pragmatismus in der US-amerikanischen psychologischen Forschung eine große Bedeutung zu.)

Prozessorientierter Kreativitätsansatz

Der prozessorientierte Ansatz bezieht sich auf die Schaffung (den Prozess) einer kreativen Lösung. Wie werden Informationen verarbeitet, wie werden sie (neu) zusammengesetzt, wie geht jemand bei der Lösung des Problems vor?

Um den Prozess der Auseinandersetzung mit dem Problem (bzw. einer Aufgabe) zu beschreiben, gehen Wallach und Kogan (1966) von einem assoziationstheoretischen Ansatz aus: Die Kreativität sei an gedankliche Assoziationen gebunden, die sich in einem hierarchischen Modell vorzustellen sind. So kommen die Ideen – wie bei Assoziationen –, zuerst die bekannten, trivialen und später die originellen. Deshalb sind die meisten Kreativitätstests im Unterschied zu Intelligenztests ohne Zeitdruck konzipiert (vgl. Caesar, 1981).

Bei Torrance (1965) wird Kreativität als ein Prozess des Problemlösens verstanden, wobei er von der Fähigkeit der Problemsensitivität ausgeht. Grundlegend ist, zuerst das Problem zu erkennen und es wahrzunehmen. Anschließend wird nach einer Lösung gesucht.

Auch Hussy (1993) versteht den kreativen Prozess als einen Problemlösevorgang besonderer Art und hebt die Art der neuen Verknüpfungen hervor. So ergeben sich drei Aspekte, die für den kreativen Prozess charakteristisch sind.

Danach sind die Lösungen:

- *selten* – wirklich kreative Lösungen werden nur von wenigen Personen gefunden (z. B. die Entdeckung der DNS);
- beziehen sich auf ein *umfangreiches bereichsspezifisches Faktenwissen* – die neuen Lösungen stützen sich auf einen großen Wissensbereich, in dem eigene Begriffsnetze und Verknüpfungen hergestellt werden. Eine kreative Lösungsfindung kann in einem komplexen Bereich manchmal auch Jahre dauern;
- *folgen keinem geläufigen Lösungsweg.* Lösungen sind demnach erst dann kreativ, wenn sie durch eine neue Verknüpfung bekannter (oder gänzlich neuer) Fakten entstehen.

Nach Wallas (1926) wird der Prozess der kreativen Lösungsfindung (wie auch das Problemlösen im Allgemeinen) in vier – bereits vom französischen Mathematiker Henri Poincaré (1850–1912) beschriebene – Phasen unterteilt:

- *Vorbereitungsphase*: Aktivation des vorhandenen Wissens. Eine intensive Auseinandersetzung mit dem Problem und Sammlung von Informationen.
- *Inkubationsphase*: hier stehen unbewusste Verarbeitungsprozesse im Vordergrund (schöpferische Pause). Bezeichnenderweise betonen zeitgenössische Darstellungen auch die bewussten, willentlichen Denkprozesse wie Informationsanalyse und Hypothesenerstellung.

- *Illuminationsphase*: der erleuchtende Einfall, das „Aha-Erlebnis". (Bei willentlicher Aktion handelt es sich hier um eine kritische Analyse der Lösungsideen, bis man schließlich die „optimale Lösungsvariante" findet.)
- *Verifikationsphase*: Bewertung und Ausarbeitung der Idee; Überprüfung der Idee.

Untersucht man die Faktoren, welche den kreativen Prozess beeinflussen, so lassen sich prinzipiell *hemmende* und *fördernde* unterscheiden.

Hemmende Faktoren

Sets und *funktionale Fixierung* (Rigidität) wurden bereits im Abschnitt über Problemlösen behandelt und spielen auch hier eine grundlegende Rolle, da nämlich vorhandenes Wissen kreativem Verhalten im Wege stehen kann.

Fördernde Faktoren

Pausen spielen bei der kreativen Lösungsfindung eine bedeutende Rolle. Oft kommt es vor, dass erst nach einer Pause – dann unerwartet – eine Lösung gefunden wird. Dieses Faktum lässt sich als eine zeitabhängige Form der Überwindung von Fixierungen bzw. als eine passive Form der Überwindung der funktionalen Gebundenheit interpretieren.

Eine ähnliche Wirkung können *unbewusste Vorgänge* zeigen. Nach langer, erfolgloser Arbeit können Lösungen manchmal im Traum oder im Zustand der Entspannung (zwischen Traum und Wachsein) gefunden werden. So denke man beispielsweise an Wissenschaftler, die jahrelang an einem Problem arbeiten und plötzlich ihren genialen Einfall haben – aber bei einer Tätigkeit, die nichts mit ihrer Forschungsfrage zu tun hat! Anton Hanak (Bildhauer) soll einmal von einer Dame der feinen Gesellschaft gefragt worden sein: „Meister wann kommen Ihnen die besten Ideen?" – „Gnädige Frau, am Häusl!".

Als Erklärung für derartige Effekte stellte Koestler (1964) die *Bisoziationstheorie* (Bisoziationen sind Neuverknüpfungen, Assoziationen sind Altverknüpfungen) auf: zuerst wird die Lösung eines Problems bewusst (logisch und rational) angestrebt. Wenn keine Lösung gefunden wird, so setzt sich die Suche im Unterbewusstsein fort. Hier sind die neuen Verknüpfungen flexibler und leichter zu finden, da die Merkmalsgebundenheit schneller überwunden wird und keine große Erfolgskontrolle vorliegt. Werden hier nun neue Lösungen gefunden, so werden sie bewusst, als hätte man einen plötzlichen (genialen) Einfall. Der Bisoziationstheorie zufolge sind unbewusste Prozesse als Hauptdeterminanten der Kreativität zu sehen (Hussy, 1993).

Dass im kreativen Prozess nicht nur Lösungen, sondern auch das Finden von Problemen eine bedeutende Rolle spielt, haben Getzels und Csikszentmihalyi (1975) und Getzels (1979) festgehalten und unterscheiden (neben dem Aufnehmen vorgegebener Probleme, wie z. B. in der Schule):

- das Entdecken von Problemen (z. B. Probleme der Natur) und

- das selbständige Entwickeln von Problemen (wie z. B. bei Künstlern), da das schöpferische Gestalten das Aufwerfen geeigneter Fragen voraussetzt bzw. einschließt).

Persönlichkeitsorientierter Kreativitätsansatz

Der persönlichkeitsorientierte Ansatz der Kreativitätsforschung bemüht sich um die Beantwortung der Frage nach den kognitiven Fähigkeiten, die kreative Leistungen bzw. Produkte möglich machen. Kreativität wird hier sowohl als eine für ein bestimmtes Individuum spezifische Leistung angesehen bzw. auch als ein Komplex einzelner Persönlichkeitsmerkmale.

Geht man auf der Suche nach kognitiven Leistungsmerkmalen kreativer Personen von den klassischen Intelligenztheorien aus, so nimmt das Intelligenz-Struktur-Modell (siehe dort) – mit den beiden Hauptfaktoren konvergentes und divergentes Denken – einen dominierenden Platz ein.

Divergentes Denken nach Guilford

Ein wesentlicher Beitrag für die Kreativitätsforschung liegt in der von Guilford (1967, 1971) propagierten Zweiteilung des Denkens in konvergentes und divergentes Denken vor. Während das konvergente Denken als das Denken zu verstehen ist, welches nach bekannten Antworten sucht und eine bereits vorher definierte Lösung anstrebt (so genanntes intelligentes Denken), sucht das divergente Denken nach neuen Lösungsstrategien (kreatives Denken).

Im Modell von Guilford (1967, 1971) interagieren beide Denkprozesse. Konvergentes und divergentes Denken schließt sich nicht aus, sondern ergänzt sich (z. B. um zu bestimmen, was eine kreative Lösung ist, muß man bereits bekannte Lösungen kennen und jene auch beurteilen können). In diesem Sinne ist die Kreativitätsforschung an die Erforschung der Intelligenz gebunden und hängt mit dieser zusammen.

Für die Kreativitätsforschung interessant ist Guilfords Aufstellung der kognitiven Fähigkeiten, die bei kreativen Leistungen eingesetzt werden:

- *Flüssigkeit*: Ideen, Einfälle zu einem Problem bzw. einer Frage
- *Flexibilität*: die Fähigkeit der Neuformulierung von Gedanken bzw. die Fähigkeit, eine Sache von verschiedenen Seiten betrachten zu können
- *Originalität*: ungewöhnliche Ideen zu einem Problem
- *Elaboration*: Grad der Vertiefung in ein Problem
- *Problemsensitivität*: das Problem wahrnehmen und erkennen können

Caesar hält fest, dass kreative Fähigkeiten keine kreativen Leistungen garantieren (Caesar, 1981, S. 85), denn es müssen auch Faktoren wie Handlungsmöglichkeiten, Lernerfahrung, Motivation und Anregungsbedingungen berücksichtigt werden – welche

148

aber wieder mit der Persönlichkeit des Menschen zusammenhängen. Folgende Persönlichkeitsmerkmale bestimmen demnach kreative Leistungen:

- *Neugier*: offene Haltung gegenüber der Umwelt, Interesse für neue Umweltreize;
- *Ausdauer*: Konflikt- und Frustrationstoleranz;
- *Aktivation bzw. Erfolgsbereitschaft*: Risikobereitschaft und Zuversicht;
- *Unabhängigkeit*: Eigenständigkeit, non-konformes Verhalten;
- *Ich-Stärke*: psychische Gesundheit, Stabilität ;
- *Kontrollierte Regressionsfähigkeit*: Offenheit, Gefühle zuzulassen, unlogisch, unkontrolliert zu handeln.

Umweltorientierter Kreativitätsansatz

Umwelten können fördernd oder hemmend auf Kreativität wirken. Sie können sowohl den Menschen als auch den Prozess oder das Produkt selbst beeinflussen. Preiser (1976) nennt eine Reihe hemmender und fördernder Faktoren welche den kreativen Prozess fördern oder hemmen können:

- Aktivierung,
- Hemmungen,
- motivationale Bedingungen,
- Unabhängigkeit und
- Gruppeneinflüsse

In einer Gruppe z. B. spielen soziale Kooperationsmöglichkeiten, Kommunikationsmöglichkeiten, das Arbeitsklima und soziale Konflikte eine wesentliche Rolle bei der Lösungsfindung. Sie können sich je nach Art ihrer Ausprägung positiv oder negativ auf die Leistung auswirken.

Diagnostische Erfassung der Kreativität

Während man früher versuchte, durch das Studium von Biographien und Dokumenten bzw. Kunstwerken Kreativität zu diagnostizieren, versucht man heute mit Hilfe von Tests, den Grad kreativer Leistungen bzw. kreativer Handlungen zu objektivieren. Die Schwierigkeit liegt darin, dass in herkömmlichen Intelligenztests meistens nur eine Antwort richtig und gefragt ist (somit festgelegt), während bei kreativen Problembewältigungen die „richtige Antwort" vorher nicht definiert ist.

Die meisten der derzeit verwendeten Kreativitätstests richten sich in der Auswertung nach den Faktoren von Guilford. Dabei werden u. a. folgende Variablen erhoben:

- *Flüssigkeit*: als Anzahl der Ideen.
- *Flexibilität*: Ausmaß der inhaltlichen Differenzierung der Ideen.

- *Orginalität*: statistische Seltenheit der Idee im Vergleich zur Stichprobe.
- *Elaboration*: als Sorgfalt bei der Problembearbeitung, Detailliertheit.
- *Problemsensitivität*: inwiefern stellt der Proband Fragen, erkennt er Schwierigkeiten usw.?

Aufmerksamkeit

Wurden jahrelang die kognitiven Strukturen, vor allem die Eigenschaften des Gedächtnisses und die Bedingungen, die Lernen fördern oder hemmen, untersucht, so stellt die Aufmerksamkeitsforschung die *kognitiven Prozesse* in das Zentrum des Interesses. Abgesehen von William James dauerte es (annäherungsweise) bis zu Donald Broadbent bis die Aufmerksamkeit explizit zum Forschungsgegenstand wurde. Im Laufe der 70er Jahre wurde von den US-Amerikanern die Bedeutung (wohl auch im Zusammenhang mit psychologischen Leistungen) erkannt und an der UCLA San Diego ein Zentrum der Aufmerksamkeitsforschung (auch der neuropsychophysiologischen) eingerichtet. Die Namen Treismann, Deutsch, Pashler, Hillyard, Luck u. a. sprechen für sich.

Was ist Aufmerksamkeit?

Everyone knows what attention is. It is the taking possession by the mind, in a clear and vivid form, of one out of what seem several simultaneously possible objects or trains of thought. ... It implies withdrawal from some things in order to deal effectively with others (James, 1910).

Er leitete auch 3 Dimensionen der Aufmerksamkeit ab, welche erstaunlich „modern" anmuten:

- Aktive und willentliche vs. passive, unwillkürliche, anstrengungslose Aufmerksamkeit
- Sensorische vs. gedankliche
- Unmittelbare vs. abgeleitete. Man könnte heute formulieren: *bottom up* vs. *top down*.

Definition der Aufmerksamkeit

In einer englischen Kuzversion: *selection, awareness and control*:

- Die *selektive Ausrichtung* des Wahrnehmens, Vorstellens und Denkens auf bestimmte gegenwärtige oder erwartete Erlebnisinhalte
- *Bewusstheit* von Selektion / Modifikation / Erleben von Wahrnehmungen, Handlungsplänen, mentalen Zuständen
- *Kontrolle / Steuerung* von Denken (kognitiven Prozessen) und Handlungen

Bewusstsein

Eine Wurzel der Aufmerksamkeitsforschung liegt ja in der Bewusstseinspsychologie. Deshalb wollen wir uns kurz den Bewusstseinsinhalten zuwenden.

Bewusstseinsinhalte

- *Qualität des Wachseins* (variiert mit Wachheit und Schlaf, Koma, Hypnose)
- *Qualität der Wahrnehmung* und des Denkens (Bewusstsein von etwas)
- *Eigenschaft mentaler Zustände.* (1) Sie sind bewusst wenn ihre Inhalte für kognitive Prozesse (Denken, Verhaltenskontrolle, …) verfügbar sind („Zugriffsbewusstsein"). (2) Sie sind bewusst, wenn wir von ihren Erlebnisqualitäten Kenntnis nehmen.

Physiologische Theorien des Bewusstseins

- Bewusstsein als Resultat dynamischer Integrationsprozesse durch *Synchronisation von Aktivierungszuständen*
- *Stabilität phänomenaler Repräsentationen*: kohärente (gleichzeitig aktive) repräsentationale Zustände werden für einen längeren Zeitraum aufrechterhalten (rekurrente Schaltkreise)
- Rhythmische 40-Herz-Aktivität in *thalamokortikalen* Systemen
- ARAS (*nucleus reticularis*)

Metaphern und Theorien

Aufmerksamkeit und Bewusstsein (Jaspers, 1913)

Jaspers (1913) beschreibt den Zusammenhang von Aufmerksamkeit und Bewusstsein besonders anschaulich:

„Bildlich stellen wir uns das Bewusstsein gewissermaßen als die Bühne vor, auf der die einzelnen seelischen Phänomene kommen und gehen; oder als das Medium, in dem sie sich bewegen. Dieses Bewusstsein, das jedem psychischen Phänomen zu eigen ist, wechselt seine Art auf sehr mannigfaltige Weise. Im Bilde gesprochen wird z. B. die Bühne sehr eng (Bewusstseinsenge), das Medium wird trübe (Bewusstseinstrübung) usw. Um den Blickpunkt des Bewusstseins lagert sich nach der Peripherie hin immer dunkler werdendes Blickfeld. Bei planmäßiger Selbstbeobachtung kann man diese Bewusstseinsgrade (Aufmerksamkeitsgrade, Bewusstseinsstufen) untersuchen. "

Jaspers Bild der *Klarheit* des Bewusstseins als die „Beleuchtung der Szene" durch den „Scheinwerfer der Aufmerksamkeit" lässt sich überraschend gut mit heutigen neuropsychologischen Erkenntnissen bzw. Modellen in Einklang bringen. Seine Vorstellung zur „Weite" bzw. „Enge" des Bewusstseins findet sich in den Ergebnissen zur *selektiven* Aufmerksamkeit.

Lichtspot-Modell (Posner, 1980)

- Visuell-räumliche Aufmerksamkeit scheint wie ein Lichtspot auf das visuelle Feld.
- Alles innerhalb des Lichtspots – eine ziemlich kleine Region des visuellen Feldes – kann deutlich und klar gesehen werden.
- Was nicht innerhalb des Lichtspots ist, kann nur schwierig gesehen werden
- Verschieben von Aufmerksamkeit wird durch Verschiebung des Lichtspots erreicht.
- Der Lichtspotdurchmesser (der Aufmerksamkeitsbereich) ist immer gleich groß.

Zoomlens-**Modell (Eriksen & James, 1986)**

- Aufmerksamkeit wird zu einer bestimmten Region des visuellen Feldes dirigiert.
- Der Umfang der fokalen Aufmerksamkeit wird je nach Anforderungen der Aufgabe vergrößert / verkleinert.
- Die Aufmerksamkeit kann verteilt oder konzentriert sein.
- Die gesamte Menge der verteilten Ressourcen bleibt konstant: daraus folgt ein (1) reziprokes Verhältnis von Ausdehnung des Aufmerksamkeitsbereichs und Menge der für die an einem bestimmten Punkt zur Verfügung stehenden Energie; (2) die Fokussierung von Aufmerksamkeit schränkt zwar die Zahl der betrachteten Objekte ein, verbessert jedoch die Informationsverarbeitung.

Gradienten-Modell (LaBerge & Brown, 1989)

Im Gradienten-Modell wird die Interaktion der Aktivität in unterschiedlichen Domänen hervorgehoben. Dementsprechend ist die Aufmerksamkeitszuwendung eine Öffnung eines „Kanals" zwischen (1) Domänen der Merkmalsregistrierung, (2) Filterdomänen und den räumlich organisierten (3) Aktivationsgradienten.

Beschränkungen der Informationsverarbeitung

Die Informationsverarbeitung ist durch verschiedene Faktoren beschränkt. Wir können nicht beliebig viel Information beliebig lang verarbeiten, zudem hängt die Qualität und Geschwindigkeit der Informationsverarbeitung auch von den Reizgegebenheiten, dem Kontext und zahlreichen anderen Faktoren ab.

Einflüsse auf die Informationsverarbeitung

Versucht man die relevanten Parameter aufzulisten, so lassen sich (zumindest) folgende Einflussfaktoren unterscheiden.

- Kapazität der Information aufgrund des so genannten „Flaschenhalses" der Informationsverarbeitung

- Zeitdauer (durch mentale Ermüdung kommt es zu einem Vigilanzabfall)
- Bekanntheit des „Materials" bzw. dem Ausmaß an vorangegangener Übung
- Features („spezifische Einzelheiten des Reizmaterials"; siehe: *feature integration theory*)
- Kontext
- Bedeutsamkeit (Motivation, Ziele, …)
- „Personenparameter": IQ, Gesundheit, …

Der Flaschenhals – ein Konzept der Aufmerksamkeitsforschung

Das große Ungleichgewicht von verfügbarer Information (aus der Umwelt aber auch aus dem Kurz- und Langzeitgedächtnis) und der bewusst verarbeiteten Information veranschaulicht das Flaschenhalsmodell. Diese Reduktion wird als Ergebnis eines Selektionsvorganges gesehen, weshalb auch die so genannten „Filtertheorien" (welche allerdings nur einen Teilbereich der Aufmerksamkeit darstellen) zu den am besten bekannten Konzeptionen der Aufmerksamkeitsforschung gehören.

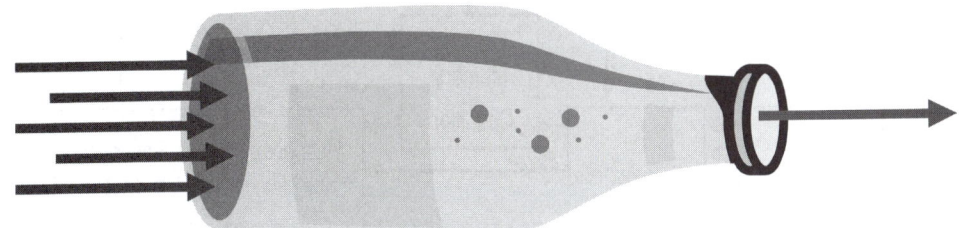

Verfügbare Information

Bewusste Information / Informationsverarbeitung

Abbildung 71: Der „Flaschenhals" als ein Konzept der Selektivität der Aufmerksamkeit.

Aufmerksamkeitsprozesse

Betrachtet man genauer die *Prozesse* der Aufmerksamkeit, so lassen sich folgende Leistungen unterscheiden.

- Aufteilung begrenzter Ressourcen
- Selektion (Filterung) „relevanter" Inhalte
- Gewichtungen in Entscheidungsprozessen
- Bindung (*feature integration* bei der Objektwahrnehmung)

- „Signalverstärkung" (Signal-Rauschen)
- Transfer vom/zum Arbeitsgedächtnis
- Handlungskontrolle
- Planung und Evaluation von Handlungen

Wickens Modell der Informationsverarbeitung

Im aktuellen Modell der Informationsverarbeitung von Wickens kommt den Kontroll-
prozessen der Aufmerksamkeit eine besonders große Rolle zu. Danach werden sowohl
frühe Wahrnehmungsleistungen, das Arbeitsgedächtnis und die Handlungsselektion
bzw. Steuerung (*response execution*) von Aufmerksamkeitsprozessen moduliert.

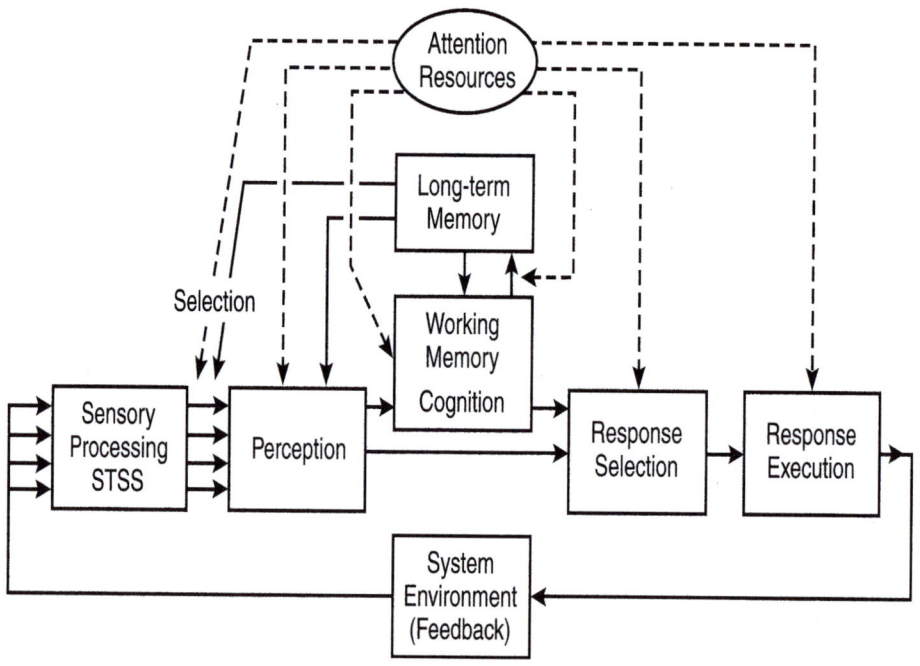

Abbildung 72: Modell der menschlichen Informationsverarbeitung (in der Darstellung von Wickens &
Holland, 2000, S. 11) bei der die Aufmerksamkeitseinflüsse durch strichlierte Linien dargestellt sind.

Quantifizierungen der Aufmerksamkeit

Folgende Faktoren ermöglichen die Quantifizierung der Aufmerksamkeit: (1) Leistung
(Menge, RT, Fehler, Fehlerart), (2) physiologische Vorgänge, (3) Introspektion durch
Berichte und Skalierungen.

Biokybernetische Sicht (Keidel, 1989)

Nach der biokybernetischen Sicht der Informationsverarbeitung (Keidel, 1989) liegen 10^9 Bit/sec am Input, befinden sich 10^2 Bit/sec im Bewusstsein und 10^7 Bit/sec werden abgegeben (Output). Das erfolgt durch Selektion am Input und dem Abruf unbewusster, gespeicherte Programme am Output.

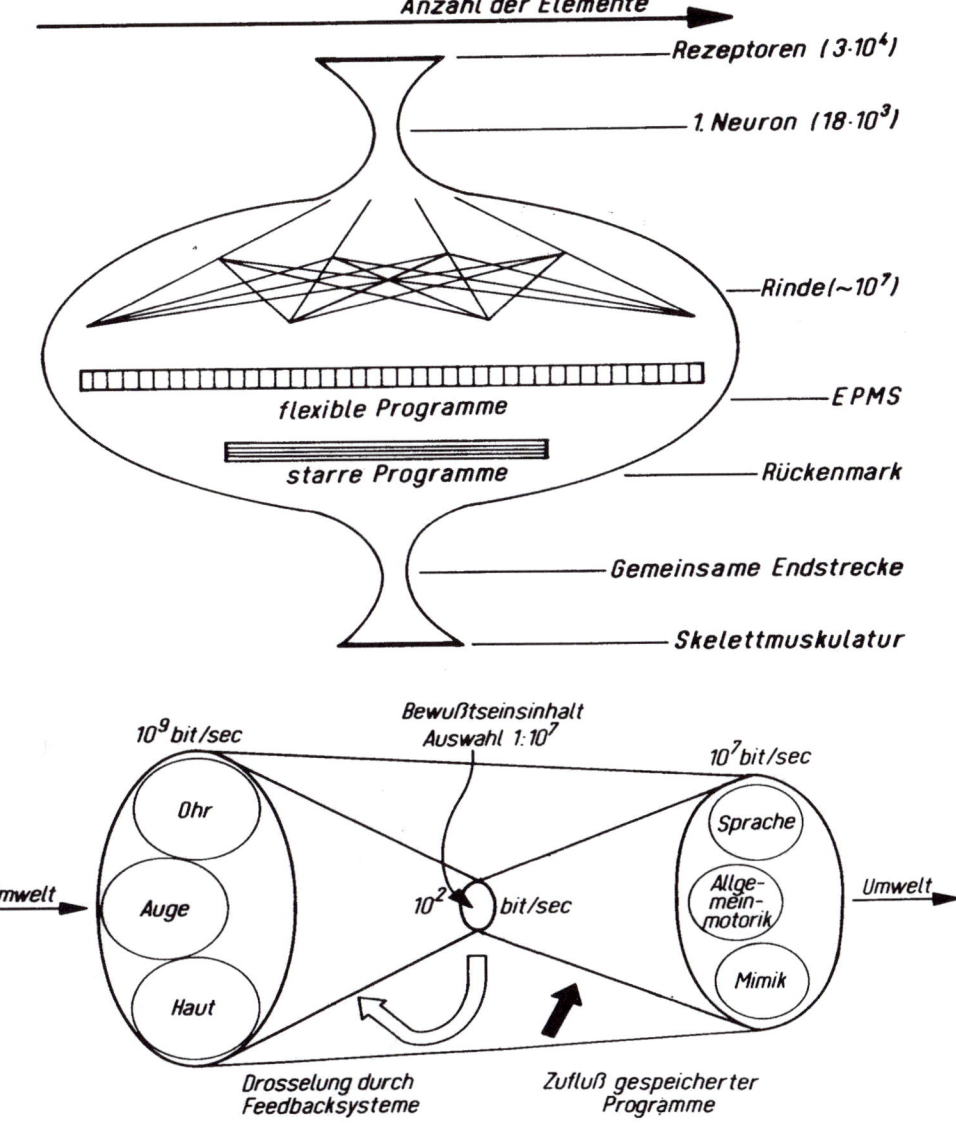

Abbildung 73: Die Informationsmenge am Input (links) im Bewusstsein (mitte) und am Output (rechts) (Keidel, 1989, S. 161).

155

Taxonomie der Aufmerksamkeit(en)

Es wurde eine Vielzahl von Aufmerksamkeitsphänomenen und -leistungen beschrieben. An dieser Stelle wird die folgende Nomenklatur vorgeschlagen. Man beachte die feine Unterscheidung von fokussierter und selektiver Aufmerksamkeit, was nach Meinung des Autors sowohl für die Nebenordnung (geteilte Aufmerksamkeit) als auch für die Unterordnung, im Besonderen für Vigilanz und das visuelle Suchen von Vorteil ist.

Fokussierte Aufmerksamkeit

  – *Selektive Aufmerksamkeit*
  - Filtertheorie (Broadbent)
  - Späte Selektion (Deutsch & Deutsch)
  - Abschwächungstheorie (Treisman)
  – *Vigilanz / Daueraufmerksamkeit*
  – *(visuelle) Suche*

Geteilte Aufmerksamkeit (*Dual Task*, Mehrfachaufgaben)

  – Psychologische Refraktärperiode
  – Kapazitätstheorien
  – Multiple Ressourcen

Automatisierte Aufmerksamkeit

  – [Orientierungsreaktion]
  – Stroop-Effekt
  – *Priming*
  - Stimulus-*driven (repetition priming)*
  - Konzept-*driven (concept priming)*
  – Preattentive Prozesse *(Pop-out)*
  – *Inhibition of return (IOR)*

Fokussierte Aufmerksamkeit

Cocktail-Party Phänomen

Cherry (1953) untersuchte, warum wir in der Lage sind, auf einer Party *einer* Konversation zu folgen – und dennoch „etwas wichtiges anderes" hören. Er beschrieb Eigenschaften der *selektiven* Aufmerksamkeit was in der Folge eine eigene Forschungsrichtung begründete.

Abbildung 74: Cocktail-Party Phänomen: Man kann der Konversation trotz Geräuschkulisse folgen.

156

Phänomene der selektiven Aufmerksamkeit

- Willkürliche vs. unwillkürliche Selektion

  - *Willkürliche*: explizite selektive Absicht

  - *Unwillkürliche*: ohne explizite Absicht.

- Inhaltliche vs. lokale Selektion

  - *Lokale* Selektion relevanter und irrelevanter Info aufgrund des "Ortes" der Info-Quelle (z.B.: Kanal)

  - *Inhaltliche* Selektion aufgrund der Bedeutung

- Blick- / Kopfbewegung

  - *Mit Hinwendung*

  - *Ohne Hinwendung*

Shadowing (Cherry, 1953)

Zwei Texte werden über Kopfhörer simultan dargeboten und die Untersuchungsperson hat die Aufgabe, einen davon nachzusprechen. Dabei erfolgte die Instruktion, entweder auf

- den *Inhalt* zu achten (wenn die Texte *binaural*, beiden Ohren gemeinsam, dargeboten wurden) oder auf

- *Inhalt und Ort* (wenn die Texte *dichotisch*, d. h. wenn über Kopfhörer ein Text dem linken und der andere Text dem rechten Ohr vorgespielt wurde).

Die Ergebnisse zeigten, dass Veränderungen der physikalischen Eigenheiten *immer bemerkt* wurden, wenn ein:

- Wechsel von Text zu Dauerton , oder ein

- Wechsel von männlichem zu weiblichem SprecherIn & umgekehrt erfolgte.

Nicht bemerkt wurden Veränderungen, welche das Klangspektrum weitgehend unverändert lassen:

- Wechsel Englisch – Deutsch (beim gleichen Sprecher), oder bei einer

- Änderung der Laufrichtung des Tonbandes.

Die inhaltliche Selektion war schwierig, die lokale Selektion (linkes/rechtes) Ohr unproblematisch, ebenso sind Veränderungen der physikalischen Struktur unproblematisch. Insgesamt sprechen die Ergebnisse für eine Filtertheorie.

Dichotisches Hören

Dabei ist die Aufmerksamkeit nur auf *ein* Ohr gerichtet und die Versuchsperson soll das Gehörte nachsprechen (*shadowing*), das heißt das andere Ohr wird nicht mit Aufmerksamkeit belegt.

Die *Erkennensleistung* auf dem *beachteten Ohr* ist dabei **sehr gut,** die *Erkennensleistung* auf dem *nicht-beachteten Ohr* hingegen **schlecht.**

Abbildung 75: Illustration des dichotischen Hörens.

Filtertheorie (Broadbent, 1958, 1971)

Demnach werden gleichzeitige Inputs im sensorischen Puffer (Gedächtnis) gespeichert. Die Selektion *eines* Inputs erfolgt durch einen Filtermechanismus. Die Basis für die Auswahl hat physikalische Charakteristika wie z. B. den „Kanal" (Broadbent, 1958). In seinem Buch *Decision and Stress* hat Broadbent (1971) auch „Erwartungen" und „Konzepte" als Kriterien der Selektion angegeben! Die Selektion findet aufgrund begrenzter Verarbeitungskapazität statt, wobei ein Filter die Überladung verhindert. Dieser Selektionsprozess hat „Alles oder Nichts-Charakter".

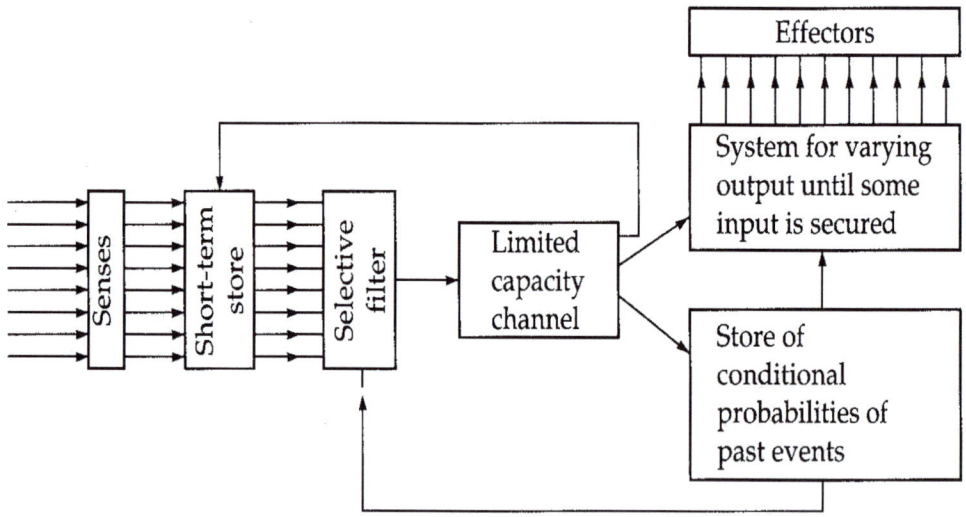

Abbildung 76: Filtertheorie von Broadbent (1958).

Wie gut eine Filterung aufgrund physikalischer Reizgegebenheiten funktioniert, soll hier kurz demonstriert werden. Lesen Sie bitte schnell und laut den „durchgestrichelten" Text:

Wenn man ein Experiment wie dieses Mann zur Aufmerksamkeit Auto durchführt Haus ist es Junge sehr Hut wichtig Schuh daß Bonbon das alte Material Pferd das Baum die Stift Versuchspersonen Telefon als Kuh relevante Buche Aufgabe heiß dargeboten Tonband bekommen Nadel zusammenhängend steht und Sicht grammatisch Himmel vollständig gelesen ist, Mann auf Auto der Haus anderen Junge Seite Hut darf Schuh es Bonbon weder alte zu Pferd einfach Baum sein Stift daß Telefon es Kuh nicht Buch die heiß volle Tonband Aufmerksamkeit Nadel beansprucht steht noch Sicht zu Himmel schwierig gelesen konzipiert sein.

Abbildung 77: Bitte den durchgestrichelten Text schnell und laut lesen. Ein Beispiel zur Wirkung des selektiven Filters aufgrund physikalischer Reizeigenschaften nach Lindsay und Norman (1981, S. 223).

Der Filtertheorie widersprechende Untersuchungen

Gray und Wedderburn (1960) finden in folgendem Experiment mit dichotischem Hören Widersprüche zur Filtertheorie:

Linkes Ohr	Rechtes Ohr
cat seven mouse	four ate eleven
Dabei gruppierten die Vpn die Wörter nach Inhalt und antworteten häufiger mit:	
"cat ate mouse"	"four seven eleven"

Tabelle 5: Gegenüberstellung der widersprüchlichen Befunde zur Filtertheorie durch Gray und Wedderburn (1960).

Die Ergebnisse zeigen, dass eine semantische (inhaltliche) Verarbeitung stattgefunden haben muss, was gegen die Filtertheorie spricht.

> Es ist wichtig, daß die Versuchspersonen Mann während Auto der Haus Aufgabendurchführung Junge gerade Hut unter Schuh ihrer hübschen Kompetenzgrenze Bonbon verbleiben Pferd weil man Stift nur sein so Telefon sicher Kuh sein Buch kann heiß daß Tonband sie Nadel sich lieben wirklich steht auf mit die relevante Zähne Aufgabe in konzentrieren an und der die leere sekundäre Luft oder Hut periphere Schuh Aufgabe Bonbon nur minimal beachten.

Theorie der späten Selektion (Deutsch & Deutsch, 1963)

Nach der Theorie der späten Selektion wird die gesamte Information zunächst völlig ungedämpft und völlig ungefiltert weitergeleitet und dann nach semantischen (bedeutungsmäßigen) und syntaktischen Kriterien analysiert. Die *Begrenzung* liegt dabei nicht im *Wahrnehmungs*- sondern im *Verarbeitungssystem*. Die *Auswahl* erfolgt nach einem *gewählten Kriterium* der *Wichtigkeit oder Relevanz* (Ort, Stimme, etc.)

Widersprüchliche Befunde zur späten Selektion

Nach Deutsch und Deutsch (1963) werden alle Stimuli voll analysiert. Die Auswahl erfolgt nachher aufgrund von Wichtigkeit. Treisman & Tiley (1969) gaben Versuchspersonen zwei konkurrierende Texte an jedes Ohr vor, wobei ein Text selektiv nachzusprechen war. In beiden Botschaften sollten Zielworte erkannt werden. Wenn ein Zielwort erkannt wurde sollte die Versuchsperson unterbrechen und klopfen.

- Vorhersage nach Deutsch und Deutsch: ungefähr gleicher %-Satz von Zielwörtern auf beiden Ohren wird erkannt.
- Vorhersage nach Treisman: Höherer %-Satz auf dem Ohr mit dem *primärem* Text.

Das Ergebnis zeigte, dass der %-Satz von erkannten Zielwörtern auf dem Ohr mit dem primärem Text deutlich höher war.

Abschwächungstheorie (Treisman, 1964, 1970)

Nach der Abschwächungstheorie wird der *unbeachtete Kanal* nicht ausgeblendet sondern nur *gedämpft*. Die Wörter, die einen gewissen Schwellenwert überschreiten, werden wahrgenommen. Dieser Vorgang hängt mit der *Wichtigkeit der Wörter* zusammen und in welchem Ausmaß sie in einem *relevanten Kontext* erwartet werden.

Die Theorie erklärt, wieso so viel von der Information verarbeitet werden kann, auch wenn die Aufmerksamkeit *nicht* zugewandt wird.

Treisman (1970) hat in der revidierten Fassung eine Hierarchie von Verarbeitungsprozessen zur Analyse sprachlicher Information angegeben: (1) Analyse der physikalischen Stimuluseigenschaften, (2) Silben-Analyse, (3) Wort-Analyse, (4) Analyse grammatikalischer Strukturen und (5) Bedeutungsanalyse.

In Bezug auf die Aufmerksamkeitszuwendung lässt sich danach festhalten, dass je *weniger Aufmerksamkeit einer Information* zugewendet wird, desto *mehr Verarbeitungsstufen entfallen*

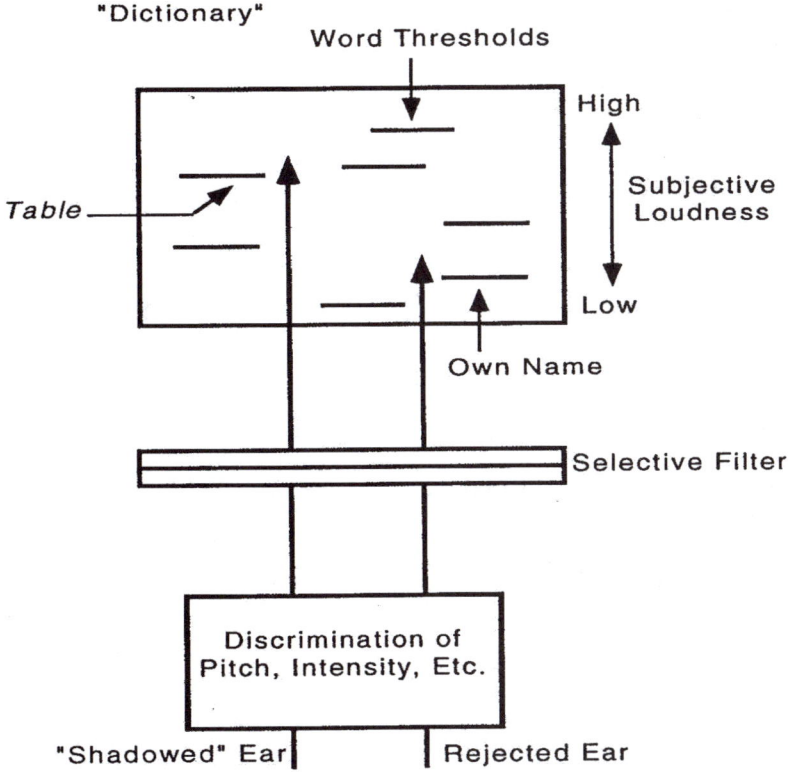

Abbildung 79: Schema der Abschwächungstheorie von Treisman (1970).

Erweiterung von Johnston und Heinz (1978)

Das Modell von Treisman (1970) wurde von Johnston und Heinz (1978) erweitert. Demnach besteht auch eine Aufgabenabhängigkeit: Die konkrete Aufgabe determiniert z. T. wie viele Verarbeitungsstufen vor der Selektion ausgeführt werden.

Das Modell von Treisman und dessen (Erweiterung) scheint derzeit das am besten bestätigte Modell zu sein, wofür derzeit u. a. auch elektrophysiologische Belege existieren.

N100-ERP-Signale und Aufmerksamkeit

Die Analyse der ereigniskorrelierten Potentiale auf (angekündigte versus nicht angekündigte) Stimuli im linken bzw. rechten visuellen Feld („*Posner Paradigma*") dient zur Analyse von Aufmerksamkeitsphänomenen. Vor allem die frühe Informationsverarbeitung wird davon beeinflusst: Modulation der Amplitude der N100-Komponente (N1) des ereigniskorrelierten Potentials der kontralateralen parietalen Hemisphäre.

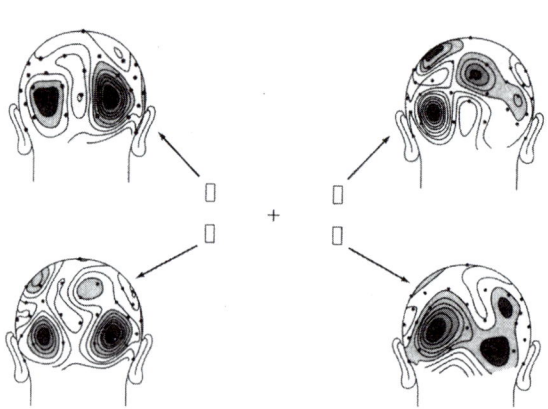

Abbildung 80: ERP-Gradienten der N1 in Abhängigkeit der Stimulus-Lokalisation bezogen auf den Fixationspunk (+; Mangun, Hillyard & Luck, 1993).

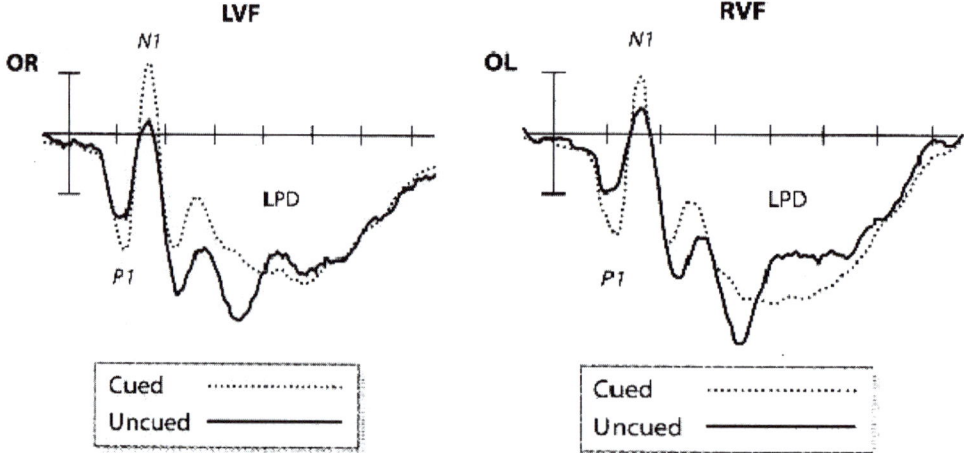

Abbildung 81: Modulation der N1-Amplitude (N1) und der „späten positiven Welle" (LPD) am linken (OL) und rechten (OR) Parietallappen bei Stimulation im linken (LVF) und rechten (RVF) visuellen Feld durch Aufmerksamkeit (*Cued* vs. *Uncued* Stimuli; Mangun, Hillyard & Luck, 1993).

Vigilanz / Daueraufmerksamkeit

Unter Vigilanz (Wachsamkeit) versteht man den Zustand oder den Grad der Bereitschaft, kleine Veränderungen in der Umwelt (welche nicht genau antizipiert werden können) zu erkennen und auf sie zu reagieren.

Für die Unterscheidung zwischen Vigilanz und Daueraufmerksamkeit gilt, dass Vigilanz ein aufmerksames Beobachten mit seltenem Reagieren ist, während unter Daueraufmerksamkeit ein aufmerksames Beobachten mit häufigerem Reagieren klassifiziert. Die Vigilanzforschung hat ihren Ursprung in der industriellen Fertigung und Problemen der Kriegstechnik. Der aktuelle Bezug liegt im Zusammenhang mit „menschlichen Fehlern" – vor allem im Zusammenwirken mit der Überwachung technischer Systeme (Kernkraftwerken, Flugzeugen, Fertigungsanlagen usw.).

Zur Erklärung des Leistungsabfalls in Dauerbeobachtungssituationen wurden u. a. die Ermüdungs-, Adaptations-, Blockierungs-, und Aktivierungstheorie herangezogen. Die Vigilanzleistung wird im Allgemeinen durch die Anzahl der nicht beachteten Signale und/oder der Reaktionszeit bei beachteten Signalen, objektiviert.

Optimale Vigilanzleistungen dürften mit einer „mittleren Aktivierung" korrelieren, während Über- und Unteraktivierung einen negativen Einfluss zeigen. Besondere Beachtung fand das neuropsychologische Erklärungsmodell der Aktivierung von Haider (1969; Haider, Groll-Knapp & Ganglberger, 1981) bzw. die zugrunde liegenden experimentellen Befunde (Haider, Spong & Lindslay, 1964) und neuere Ergebnisse welche die Bedeutung kortikaler Gleichspannungspotentiale bzw. deren Veränderung in Zusammenhang mit Vigilanzleistungen darstellt (Trimmel & Meixner-Pendelton, in Druck).

Visuelle Suche

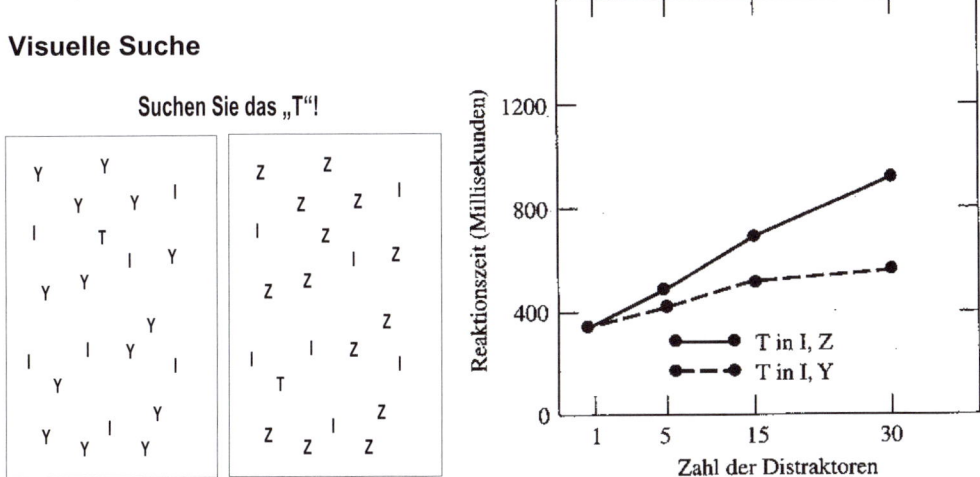

Abbildung 82: Suchen Sie das „T". Wie im rechten Teil der Abbildung ersichtlich ist, hängt die Suchdauer sowohl von der Anzahl der Distraktoren als auch von den „*features*" (Merkmalen) der Objekte ab (Treisman & Gelade, 1980).

Die visuelle Suche ist eine typische Alltagsanwendung der *fokussierten Aufmerksamkeit*, z. B. ein Buch, ein Hinweisschild, eine Person, einen Tippfehler. Wie wir dabei von den *features* (Merkmalen) der Suchreize und der Distraktoren beeinflusst werden, wird von der Merkmalsintegrationstheorie von Treisman erklärt.

Theorien zur visuellen Suche

Derzeit konkurrieren einige Theorien zum visuellen Suchen: Merkmalstheorie (Treisman, 1988, 1992), *Guided-Search*-Theorie (Wolfe, 1989), *Attentional Engagement* Theorie (Duncan & Humphreys, 1989, 1992) und *Search via Recursive Rejection* (Humphreys & Müller, 1993). Ich will mich hier auf eine kurze Darstellung der FIT Theorie beschränken.

Merkmalsintegrations-Theorie (FIT, Treisman, 1988, 1992)

Die Merkmalsintegrationstheorie (*feature integration theory*, FIT) von Treisman (1988, 1992) basiert zum Teil auf neurophysiologischen Erkenntnissen der kortikalen Detektoren und den Phänomenen des visuellen Suchens und der Einflüsse der willentlichen Aufmerksamkeit. Sie geht von folgenden Annahmen aus:

- Es gibt *prä-attentive* (aufmerksamkeitsunabhängige) Prozesse zur Erkennung von Objektmerkmalen; diese sind schnell und arbeiten parallel.
- Dann beginnt ein serieller Prozess, wo Merkmale (*features*) zu Objekten kombiniert werden (*feature integration)*,
- dieser ist langsamer und von *Set*-Größe abhängig.
- Die Kombination der Merkmale erfolgt durch *Aufmerksamkeit*, indem sie auf den relevanten Ort gerichtet wird;
- aufgrund der Kombination der Merkmale werden Objekte identifiziert.
- Wissen kann die Merkmalskombination beeinflussen; so erleichtert das Wissen, dass Erdbeeren normalerweise rot sind, die Objekterkennung.
- Ohne fokussierter Aufmerksamkeit bzw. Wissen werden die Merkmale der Objekte bloß „zufällig" kombiniert.

Hauptaussagen:

- Es erfolgt eine *Unterscheidung* von Merkmalen und Objekten.
- Es ist eine *lokalisierte* Aufmerksamkeitsausrichtung auf den Stimulus notwendig, bevor Merkmale zu Mustern kombiniert werden können.
- Die Itemanzahl am Display hat einen Einfluss auf die Suchgeschwindigkeit und dieser ist stärker, wenn eine *Kombination von Merkmalen* erkannt werden soll; er ist geringer, wenn nur nach *einzelnen Merkmalen* gesucht wird.

- *Ergänzung 1990:* Auch der Ähnlichkeitsgrad *zwischen* Zielobjekt und Distraktoren beeinflusst die Suchzeit.

Schwächen des ersten FIT Modells: (1) Die Annahme, dass visuelle Suche völlig parallel oder seriell verläuft, wurde widerlegt. (2) Die Suche nach Merkmalskombinationen ist schneller als die FIT vorhersagt. (3) Andere mögliche Faktoren (z. B. Gruppierung von Distraktoren) werden nicht berücksichtigt. (4) Illusorische Konjunktionen treten eher bei nahen als bei weit auseinander liegenden Items auf.

Revidierte FIT (Treisman, 1993)

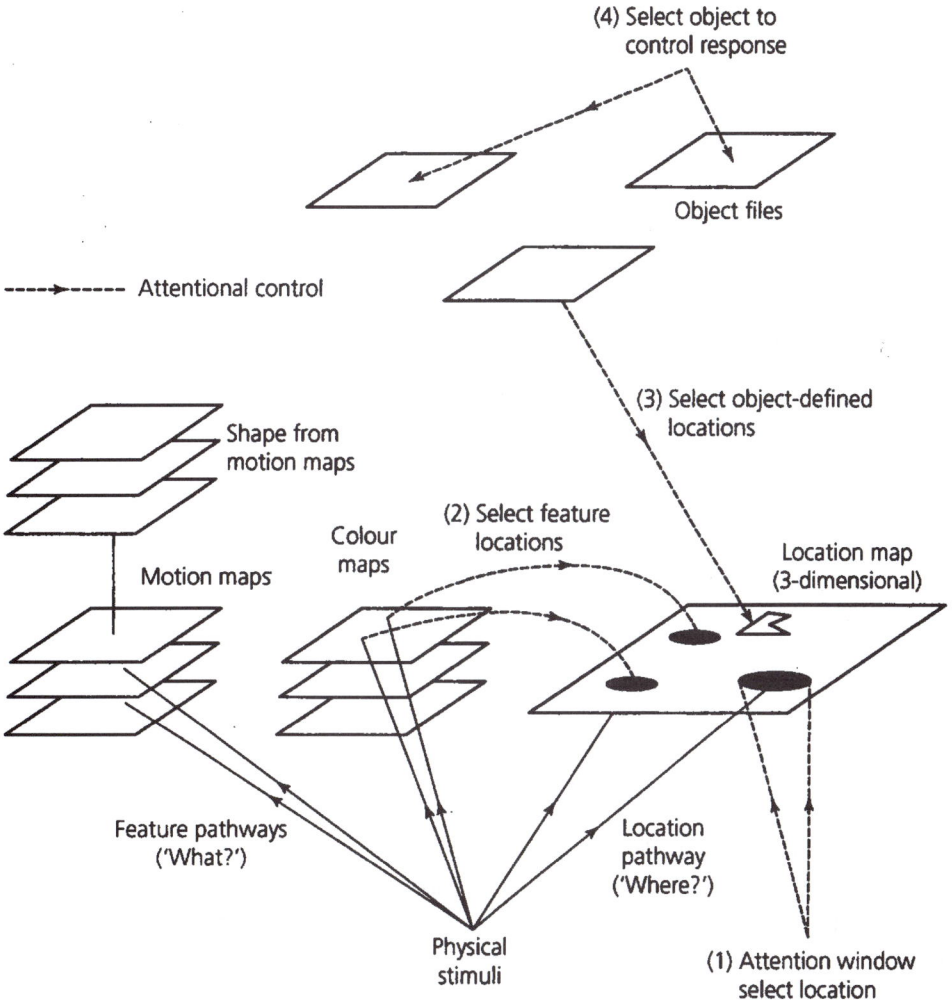

Abbildung 83: Das revidierte FIT-Modell mit 4 Aufmerksamkeitsprozessen (1-4) von Treisman (1993).

In der revidierten Fassung wird auch auf den Effekt der Aufmerksamkeitsselektion eingegangen.

- *Map of Location*: Auswahl aufgrund Lokation/Ort
- *Feature Maps*: Auswahl aufgrund der Merkmale:
- Oberfläche (Farbe, Helligkeit, Bewegung)
- Form (Größe, Orientierung)
- *Object File*: Auswahl auf Basis der Objekt-definierter Lokation
- *Late-Selection-Stage*: Legt das *Object-File* fest, das die Reaktion des Individu-
  ums kontrolliert.

Objektzentrierte Aufmerksamkeit

Manchmal fokussieren wir Aufmerksamkeit mehr auf bestimmte *Objekte* als
auf Raumregionen. Das ist „sinnvoll"
für die Betrachtung der realen Welt, da
Objekte sich durch den Raum bewegen.

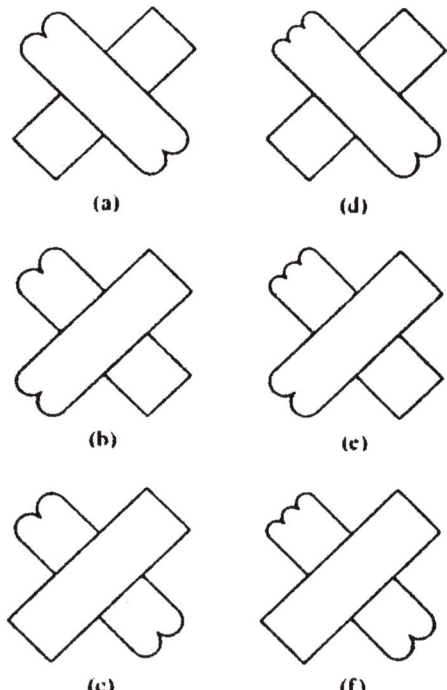

Befunde belegen, dass es Proban-
den manchmal leichter fällt, auf ein Objekt und nicht auf einen Ort im Raum zu
achten. Behrmann et al. (1998) unter-
suchten die objektzentrierte Aufmerksamkeit: Vpn mussten entscheiden, ob
die Anzahl an Ausbuchtungen an zwei
Enden von Objekten gleich ist.

Folgende *Ergebnisse* resultierten
aus dem Experiment: Die Personen gaben schnellere Urteile ab, wenn sich die
Ausbuchtungen auf dem gleichen Objekt (1. und 3. Zeile in der Abbildung)
als wenn sie sich auf unterschiedlichen
Objekten (mittlere Zeile) befanden –
obwohl sie im Raum näher beisammen
sind, wenn sie sich auf unterschiedlichen Objekten befinden, was die Entscheidung eigentlich erleichtern sollte.

Abbildung 84: Itembeispiele zur Untersuchung der
objektzentrierten Aufmerksamkeit (Behrmann,
Zemel & Mozer, 1998; aus Anderson, 2001,
S. 96).

Geteilte Aufmerksamkeit

Gemeint ist die gleichzeitige Ausführung zweier (oder mehrer) Tätigkeiten:

- Aufgaben kurz hintereinander (verdeutlicht die *Psychologische Refraktärperiode*)
- *Dual task* (Beschreibung der Ressourcenbeschränkung mit der *Performance Operation Charakteristik, POC*)
- Mehrfachaufgaben

Als Faktoren welche die Performanz bei gleichzeitiger Aufgabenbearbeitung beeinflussen, lassen sich aufzählen:

- Aufgabenähnlichkeit
- Aufgabenschwierigkeit
- Sinnessystem
- Übung

Psychologische Refraktärperiode (PRP) von Welford (1952)

Wenn 2 Stimuli fast unmittelbar nacheinander dargeboten werden, tritt eine Verlangsamung der Reaktion auf den 2. Stimulus auf. Das bedeutet:

- Man kann immer nur einen Sachverhalt zu einem Zeitpunkt innerhalb einer Modalität verarbeiten.
- Es können weder zwei Aufgaben gänzlich parallel bearbeitet werden, noch muss zunächst eine Aufgabe komplett abgeschlossen sein.
- Man kann zwar mehrere perzeptuelle Modalitäten gleichzeitig verarbeiten, aber man kann nicht über zwei Dinge gleichzeitig nachdenken.

Man spricht vom *Flaschenhals* der Informationsverarbeitung.

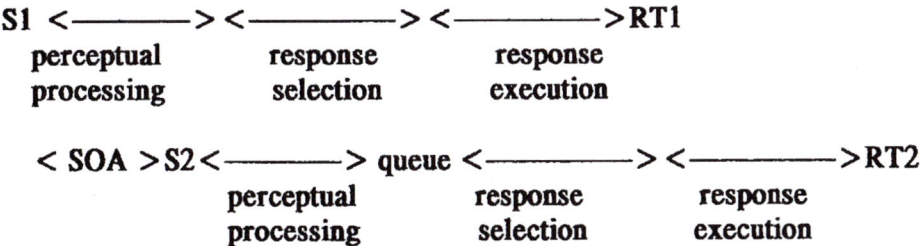

Abbildung 85: S1 = 1. Stimulus, S2 = 2. Stimulus, RT(1/2) = Reaktionszeit, SOA = *Stimulus Onset Asynchrony* das ist die Verzögerung des 2. Stimuli. RT2 ist größer, wenn beide Aufgaben bearbeitet werden müssen, als wenn nur der 2. Stimulus alleine bearbeitet werden müsste.

Dual task – Doppelaufgabe

Erfordert die Anforderung eine zeitlich überlappende Bearbeitung von zwei verschiedenen, oft durch eigenen Reiz- und Reaktionssets definierte Teilaufgaben, so handelt es ich um *Doppelaufgaben (Dual Tasks)*. Als Einflussfaktoren gelten: Aufgabenähnlichkeit, Aufgabenschwierigkeit und Übung. Die Interferenz ist am größten, wenn Aufgaben:

- gleiche Sinnesmodalität (z. B. visuell, taktil) beanspruchen
- Verarbeitungsprozesse (z. B. Sensorik, Arbeitsgedächtnis) teilen
- verwandte Gedächtnisformate (z. B. verbal, bildhaft) beanspruchen
- gleiche Antwortmodalitäten (z. B. Handbewegungen) erfordern

Doppelaufgaben illustrieren den Flaschenhals

Karlin und Kestenbaum (1968) führten folgendes Experiment zur Illustration des Flaschenhalses durch:

- *Aufgabe 1*: Zahl visuell dargeboten – Entscheidung ob eine 1
- *Aufgabe 2*: Töne dargeboten – Entscheidung ob tiefer Ton

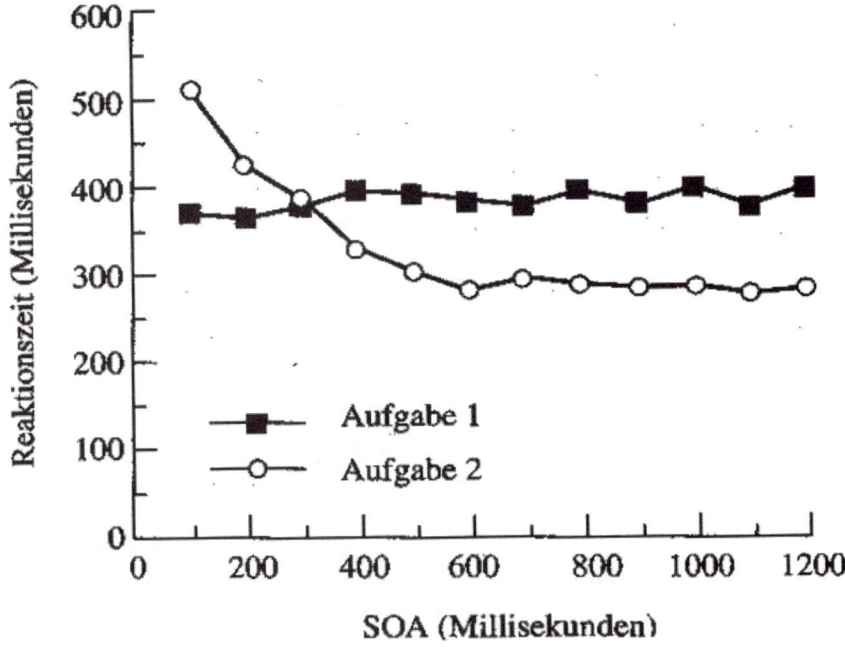

Abbildung 86: Reaktionszeiten der beiden Aufgabenstellungen in Abhängigkeit der SOA (*Stimulus Onset Asynchrony*) im Experiment von Karlin und Kestenbaum (1968).

Performance Operation Characteristic (POC) Kurve

Die Performance Operation Characteristic (POC) Kurve wird definiert als die *Abbildung einer Leistung in einer Aufgabe als Funktion der Leistung in der anderen Aufgabe.*

- Sind die Aufgaben *„ressourcenlimitiert"* so führt eine Leistungserhöhung in einer Aufgabe zur Minderung der anderen und umgekehrt.
- Verändert sich die Leistung A nicht von der Leistung B, so sind die Aufgaben *„datenlimitiert".*
- Ist die Leistung in beiden Aufgaben auch bei simultaner Bearbeitung gleich der der Einzelbearbeitung, so spricht das für *„separate Ressourcen".*

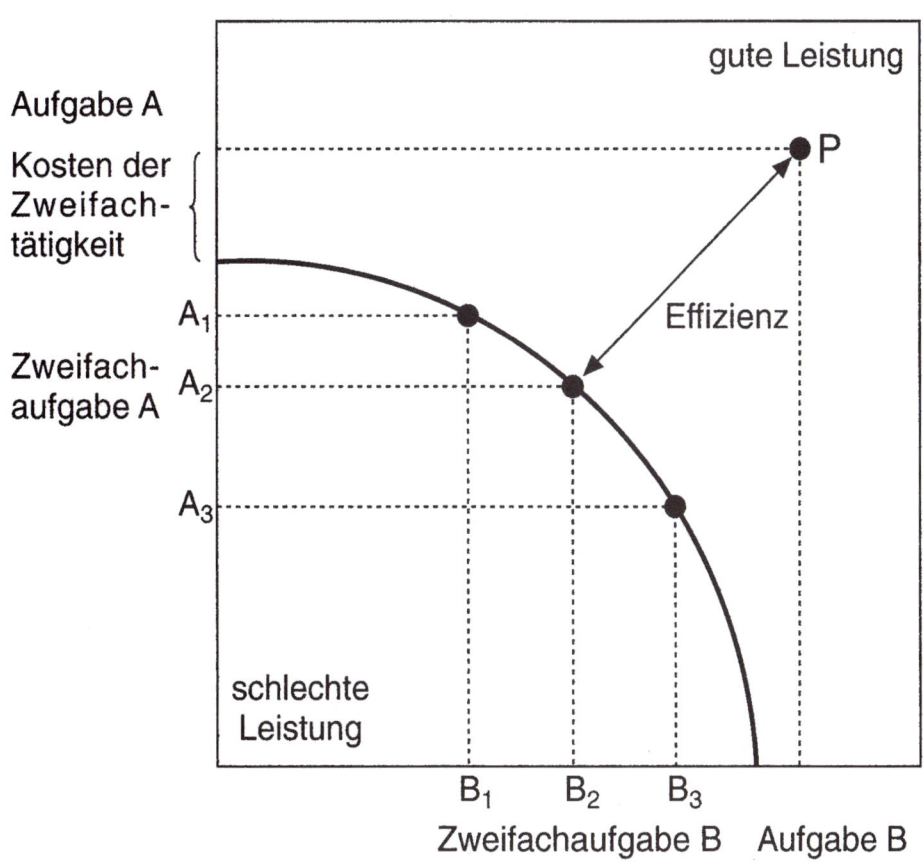

Abbildung 87: *Performance Operation Charakteristik* (Aus Müsseler & Prinz, 2002, S. 156).

Flaschenhalstheorien (Broadbent, 1958; Welford, 1952; Pashler 1990, 1993)

- Sie sind 1-Kanaltheorien, welche von einem *zentralen* beschränkten Verarbeitungskanal ausgehen

- Aufgabenbewältigung wird durch rasches „hin- und herschalten" gelöst

- Derzeit werden sowohl in der Enkodierung, Selektion, Reaktionsauswahl und Reaktionsinitiierung „Engpässe" diskutiert

Kapazitätstheorien von Moray (1967), Kahneman (1973) u. a.

Theorien einer einzelnen Aufmerksamkeitskapazität:

- Ausgegangen wird von einer *limitierten zentralen Verarbeitungskapazität*

- Die limitierte zentrale Verarbeitungskapazität *kann* – je nach Bedarf – *unterschiedlichen Aufgaben zugeordnet werden*

- Bei Mehrfachaufgaben *können die Ressourcen aufgeteilt werden*

- Übersteigt die Summe der Anforderungen die *vorhandene Kapazität*, so kommt es zu Leistungseinbrüchen

- Im Modell von Kahneman (1973) wird u. a. auch das *Arousal* als mitbestimmend gesehen und bei einem mittleren *Arousal* die beste Leistung erwartet

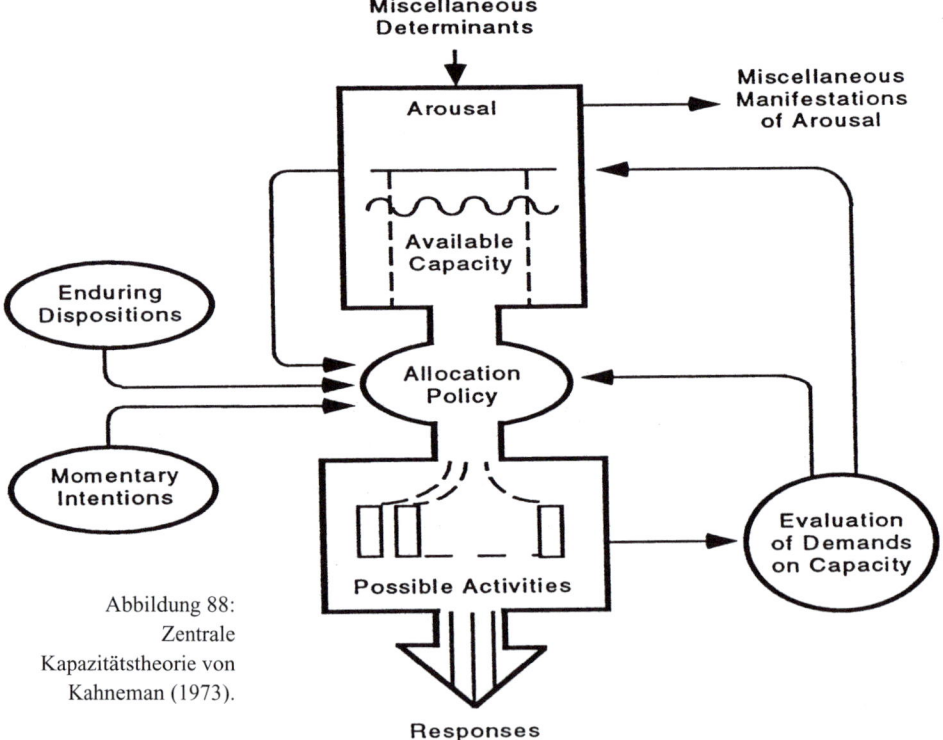

Abbildung 88:
Zentrale
Kapazitätstheorie von
Kahneman (1973).

Multiple Ressourcen (Norman & Bobrow, 1975; Wickens, 1984; Allport, 1989)

Wickens (1980) unterscheidet drei Dimensionen:

- Auditive vs. visuelle Wahrnehmung
- Wahrnehmende – kognitive Kapazitäten *(z. B. Lesen, Kopfrechnen)* vs. Antwortkapazitäten *(z. B.: sprechen, Hand bewegen)*
- Verbale Prozesse *(z. B. Sprache)* vs. Räumliche Prozesse *(z. B. Bilder, Diagramme)*

Systeme mit multiplen Ressourcen sind durch modulare und spezialisierte Verarbeitungssysteme gekennzeichnet. Bei *Aufgabenähnlichkeit* kommt es deshalb zu Interferenzen, weil auf „dieselbe Ressource", zugegriffen wird.

Automatisierte Aufmerksamkeit

Der Stroop-Effekt

gelb, grün, **blau**, gelb, **rot**, grün, **rot**, **blau**, gelb, grün

gelb, grün, blau, gelb, rot, grün, rot, blau, gelb, grün

xxxx, xxxx, **xxx**, xxxx, **xxx**, xxxx, **xx**, **xxxx**, xxxx, xxxx

gelb, **grün**, blau, **gelb**, rot, **grün**, rot, blau, **gelb**, **grün**

Abbildung 89: Nennen Sie jeweils – in jeder Zeile – die Farben der Wörter. Die Vorlagen zum Stroop-Effekt sind in der Originalversion naturgemäß färbig!

Bei der Untersuchung des Stroop-Effekts (in der Vorlage die letzte Zeile) kommt es wegen des automatisierten Lesens des Wortes zu einer Interferenz von Farbe und Wortbedeutung. Die anderen Zeilen dienen lediglich als Kontrollbedingungen.

Ergebnisse:

- etwas schneller in Kongruenz- als in Kontrollbedingung
- sehr viel langsamer und mehr Fehler in der Konfliktbedingung
- Fazit: Lesen eines Wortes erfolgt insgesamt viel schneller als die Benennung der Druckfarbe, da dieser Vorgang hoch automatisiert ist.

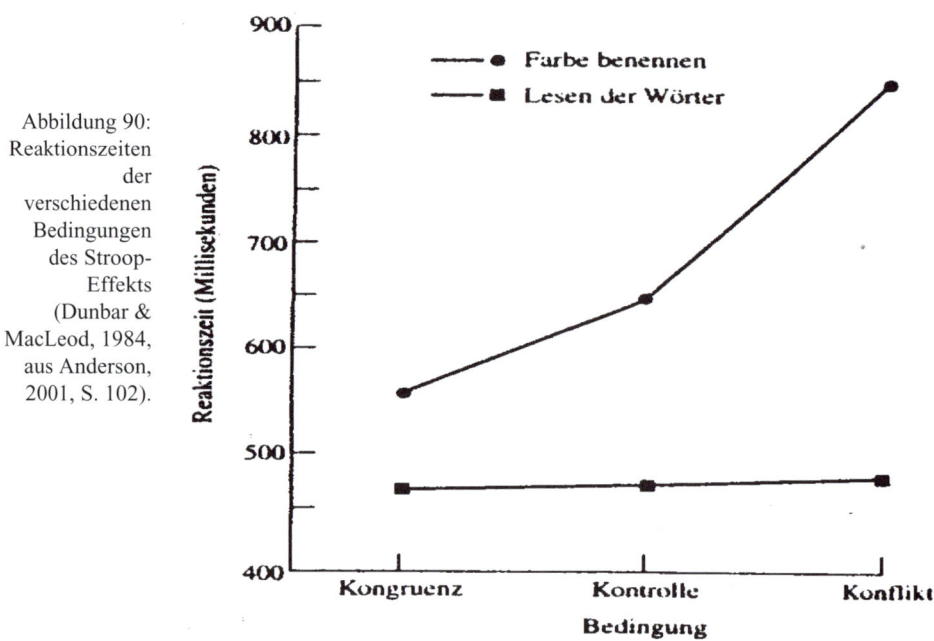

Abbildung 90: Reaktionszeiten der verschiedenen Bedingungen des Stroop-Effekts (Dunbar & MacLeod, 1984, aus Anderson, 2001, S. 102).

Automatische vs. kontrollierte Prozesse (Shiffrin & Schneider)

Automatische Prozesse	Kontrollierte Prozesse
Keine beschränkte Kapazität	Limitierte Kapazität
Benötigen keine Aufmerksamkeit	Benötigen Aufmerksamkeit
Beinhalten keine bewusste Kontrolle	Verlangen die bewusste Kontrolle des Prozesses
Arbeiten als Parallel-Prozesse	Sind fortlaufend ausgerichtet (Schritt für Schritt
Sind relativ schnell	Benötigen im Vergleich mit automatischen P. relativ viel Zeit
Schwer modifizierbar, wenn sie einmal erlernt sind	Flexibel in sich verändernden Umständen anwendbar
Werden bei gewohnten Aufgaben mit stabilen Eigenschaften eingesetzt (Aufgaben sind relativ einfach, oder durch genügend Training automatisiert	Sie werden bei neuen, unbekannten Aufgaben und bei Aufgaben mit vielen verschiedenen Merkmalen eingesetzt (Aufgaben haben meist einen relativ hohen Schwierigkeitsgrad)

Tabelle: Gegenüberstellung automatischer und kontrollierter Prozesse (Shiffrin & Schneider, 1977).

Supervisory Aufmerksamkeitssystem

Norman und Shallice (1986; Shallice, Burges, Schon & Baxter, 1989)) stellen ein Modell mit unterschiedlichen Funktionsniveaus vor:

172

Vollständig automatische Verarbeitung:

- von *Schemata* kontrolliert
- wenig bewusst
- würden Verhalten oft stören, wenn man sie komplett ihren eigenen Plänen über- ließe

Teilweise automatische Verarbeitung:

- beinhaltet *contention scheduling*, d. h. konkurrierende Schemen werden durch interaktive Inhibierung und Exzitation aussortiert
- bewusster als vollständig automatische Verarbeitung

Supervisor-Aufmerksamkeits-System (SAS)

- Entscheidungen, Störungssuche
- ermöglicht flexible Reaktionen in neuen Situationen

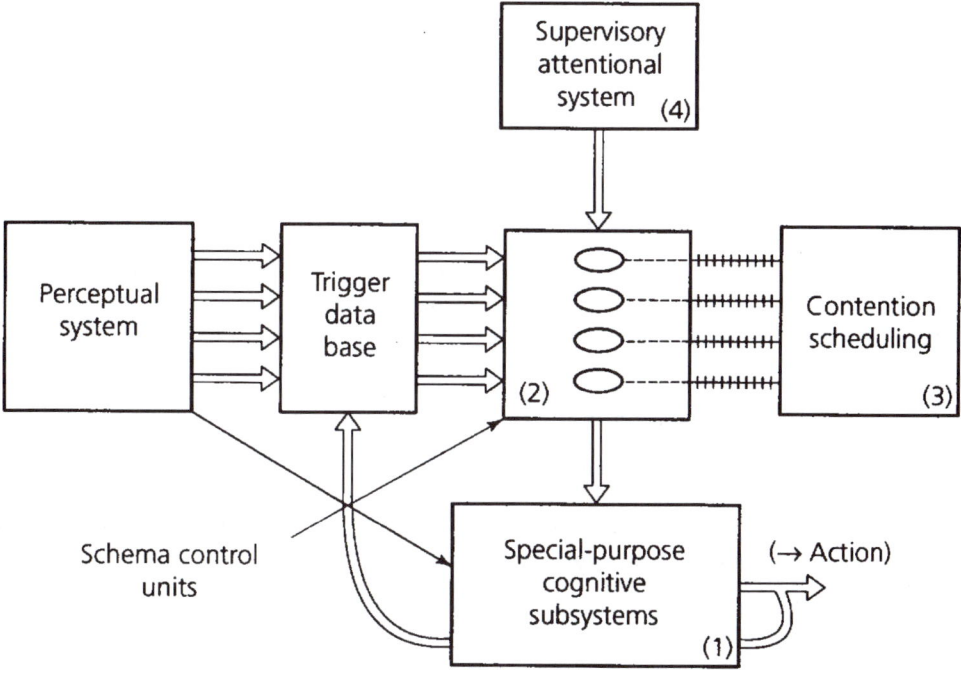

Abbildung 91: *Supervisory attentional system* (Shallice et al., 1989).

Nach Norman und Shallice haben wir Handlungsschemata im LG gespeichert, d. h. ein Set von Prozeduren für habituierte Aufgaben (für Aufgaben an die wir uns gewöhnt haben). Normalerweise kontrolliert das aktivierteste Schema die Handlung einer Person, wobei zwei Quellen der Aktivierung unterschieden werden: Umwelteinflüsse (*bottom-*

up) und zielbezogene Motivation (*top-down*). Wenn es noch kein bestehendes Schema gibt, werden vorhandene Schemata vom SAS auf dem "*top-down*"-Weg aktiviert oder gehemmt. Durch den SAS-Einfluss wird die Selektion via *Contention-scheduling* Mechanismen verändert. Der *Top-down*-Einfluß durch SAS wird eingesetzt, wenn Kontrolle durch Aufmerksamkeit benötigt wird.

Priming

Priming bezieht sich auf die Verbesserung der Fähigkeit, Wörter oder Objekte zu ent-decken oder zu identifizieren, mit denen man kurz zuvor direkt oder mit dessen „Kontext" man Erfahrungen gesammelt hat.

Die Funktion besteht darin, die Wahrnehmung von Reizen, denen man kürzlich ausgesetzt war oder die in einem relevanten Zusammenhang mit der Situation stehen, zu verbessern. Allerdings muss man sich nicht bewusst sein, dass die Geschwindigkeit oder Effizienz der Wahrnehmung gestiegen ist.

Es erfolgt eine Unterteilung in:

- *Repetition priming* (*perzeptuelles priming*): der Stimulus wird vor der Prüfung dargeboten
- *Semantisches priming* (*konzeptuelles priming*): Ein in der Bedeutung zum Ziel-reiz relevanter Stimulus wird vor der Prüfung dargeboten

Hemmung der Rückkehr (*inhibition of return, IOR*)

Wenn man den Blick *aufgrund eines automatischen Aufmerksamkeitsprozesses* auf einen Ort „A" richtet, dann auf „B", so dauert die Rückkehr zu „A" länger als zu einem (gleich weit entfernten) Ort „C" – alles nur bei *automatischen* Aufmerksamkeitszuwen-dungen!

Es ist also schwieriger, mit unserer atomatisierten Aufmerksamkeit unmittelbar zu einer Raumregion zurückzukehren, die wir bereits gescannt haben, als eine neue aufzusuchen. Als Grundlage wird u. a. diskutiert, dass es effektiver ist, Orte zu durch-suchen, die wir noch nicht beachtet (*gescannt*) haben. Dieser Mechanismus trifft auch auf „Aufmerksamkeitsverschiebungen" ohne Augenbewegung zu.

Bibliografie

Abramson, L. Y., Seligman, M. E. & Teasdale, J. D. (1978). Learned helplessness in humans: Critique and reformulation. *Journal of Abnormal Psychology*, *87*, 49–74.

Ach, N. (1905). *Über die Willenstätigkeit und das Denken.* Göttingen: Vandenhoeck & Ruprecht.

Ach, N. (1910). *Über den Willensakt und das Temperament.* Leipzig: Quelle & Meyer.

Ach, N. (1935). *Handbuch der biologischen Arbeitsmethoden.* Berlin: Urban & Schwarzenberg.

Adams, J. S. (1965). Inequity in social exchange. In L. Berkowitz (Hrsg.), *Advances in Experimental Social Psychology* (S. 267–299). New York: Academic Press.

Adamson, R. E. & Taylor, D. W. (1954). Functional fixedness as related to elapsed time and set. *Journal of Experimental Psychology, 47,* 122–216.

Aebli, H. (1973). Einführung. In G. A. Miller, E. Galanter & K. H. Pribram. *Strategien des Handelns* (S. 7–9). Stuttgart: Klett.

Aebli, H. (1981). *Denken: das Ordnen des Tuns* (Bd. 2). Stuttgart: Klett-Cotta.

Aebli, H. (1989). *Über die geistige Entwicklung des Kindes.* Frankfurt/M.: Fischer.

Ajzen, I. & Fishbein, M. (1977). Attitude-behavior relations: A theoretical analysis and review of empirical research. *Psychological Bulletin*, *84*, 888–918.

Ajzen, I. & Fishbein, M. (1980). *Understanding attitude and predicting social behavior.* Englewood Cliffs: Prentice Hall.

Ajzen, I. & Madden, T. J. (1986). Prediction of goal directed behavior: attitudes, intentions, perceived behavioral control. *Journal of Experimental Social Psychology*, *22*, 453–474.

Ajzen, I. (1985). From Intensions to Actions: A Theory of Planned Behavior. In J. Kuhl & J. Beckmann (Hrsg.), *Action Control* (S. 11–39). Tokyo: Springer.

Alfermann, D. & Strauß, B. (2002). Soziale Prozesse im Sport. In H. Gabler, J. Nitsch & R. Singer (Hrsg.), *Einführung in die Sportpsychologie* (S. 73–108). Schondorf: Hofmann.

Allport, (D.) A. (1987). Selection for action: some behavioural and neurophysiological consideratons of attention and action. In H. Heuer & A. F. Sanders (Hrsg.), *Perspectives on perception and action.* Hillsdale, NJ: Lawrence.

Allport, (D.) A., & Styles, E .A. (1990). *Multiple executive functions, multiple resources ? Experiments in shifting attentional control of tasks.* Unpublished manuscript, Oxford University.

Allport, (D.) A., Styles, E. A. & Hseih, S. (1994). Shifting intentional set: Exploring the dynamic control of tasks. In C. Umiltà & M. Moscovitch (Hrsg.), *Attention and performance XV: Conscious and nonconscious information processing* (S. 421–452). Cambridge, MA: MIT Press.

Allport, D. A. (1980). Patterns and actions. In G. Claxton (Hrsg.), *Cognitive Psychology: New directions.* London: Routledge & Kegan Paul.

Allport, D. A., Antonis, B., & Reynolds, P. (1972). On the division of attention: A disproof of the single channel hypothesis. *Quarterly Journal of Experimental Psychology, 24,* 25–35.

Allport, F. H. (1955). *Theories of perception and the concept of structure.* New York: John Wiley & Sons.

Allport, G. W. (1935). Attitudes. In C. Murchison (Hrsg.), *Handbook of social psychology* Worcester, MA: Clark University Press.

Allport, G. W. (1968). The historical background of modern social psychology. In G. Lindzey & E. Aronson (Hrsg.), *Handbook of social psychology* (S. 1–80). Reading, MA: Addison-Wesley.

Allport, P. A, Antonis, P. & Reynolds, P. (1972). On the division of attention: A disproof of the single channel hypothesis. *Quarterly Journal of Experimental Psychology, 24,* 225–235.

Altman, I. & Lett, E. E. (1970). The ecology of interpersonal relationsships: A classification system and conceptual model. In J. E. McGrath (Hrsg.), *Social and psychological factors in stress* (S. 177–201). New York: Holt, Rinehart and Winston.

Amelang, M. & Bartussek, D. (1981/1994). Differentielle Psychologie und Persönlichkeitsforschung (3. Aufl.). Stuttgart: Kohlhammer.

Anderson, J. R. & Bower, G. H. (1972). Recognition and retrieval processes in Free recall. *Psychological Review, 85*, 49–77.

Anderson, J. R. & Bower, G. H. (1973). *Human associative memory*. Washington, DC: Winston.

Anderson, J. R. (1983). *The architecture of cognition*. Cambridge, MA: Harvard University Press.

Anderson, J. R. (1985). *Cognitive psychology and its implications* (2nd ed.). New York: Henry Holt and Co.

Anderson, J. R. (1988). *Kognitive Psychologie*. Heidelberg: Spektrum der Wissenschaft-Verlagsgesellschaft.

Anderson, J. R. (1993). *Rules of the mind*. Hillsdale, NJ: Erlbaum.

Anderson, J. R. (1996). *Kognitive Psychologie* (2. Aufl.). Heidelberg: Spektrum Akademischer Verlag.

Anderson, J. R. (2000). *Cognitive psychology and its implications.* (5th ed.). New York. Worth Publisher, Inc.

Anderson, J. R. (2001). *Kognitive Psychologie* (3. Aufl.). Heidelberg: Spektrum Akademischer Verlag.

Androsch-Hiesinger, A. & Trimmel, M. (1995). Copingstrategien bei Geld- und DevisenhändlernInnen sowie ComputerarbeiterInnen. In M. Jirasko, J. Glück & B. Rollett (Hrsg.), *Psychologische Forschung in Österreich. Kurzfassungen* (S. 8–9). Wien: Institut für Psychologie der Universität Wien, Abteilung für Entwicklungspsychologie und Pädagogische Psychologie.

Atkinson, J. W. & Birch, D. A. (1970). *A dynamic theory of action*. New York: Wiley.

Atkinson, J. W. & Birch, D. A. (1974). The dynamic of achievement, oriented activity. In J. W. Atkinson & J. O. Raynor (Hrsg.), *Motivation and achievement* (S. 271–325). Washington, D.C.: Winston.

Atkinson, J. W. & Birch, D. A. (1978). *Introduction to motivation* (2. Aufl.). New York: Van Nostrand.

Atkinson, J. W. (1957). Motivational determinants of risk-taking behavior. *Psychological Review, 64*, 359–372.

Atkinson, J. W. (1958). Towards experimental analysis of human motivation in terms of motives, expectancies, and incentives. In J. W. Atkinson (Hrsg.), *Motives in fantasy, action, and society* (S. 288–305). Princeton, N.J.: Van Nostrand.

Atkinson, J. W. (1964). *An introduction to motivation*. Princeton, N.J.: Van Nostrand.

Atkinson, R. C. & Shiffrin, R. M. (1968). Human memory: A proposed system and its control processes. In K. W. Spence & J. T. Spence (Hrsg.), *The psychology of learning and motvation*, (Vol. 2, S. 89–195). New York: Academic Press.

Attneave, F. (1974). *Informationstheorie in der Psychologie*. Bern: Huber.

Attneave, F. (1959). *Applications of Information Theory to Psychology: A Summary of Basic Concepts, Methods, and Results*. New York: Holt-Dyden.

Auhagen, E. A. (1991). *Freundschaft im Alltag. Eine Untersuchung mit dem Doppeltagebuch*. Bern: Huber.

Averill, J. R. (1980). A constructivistic view of emotion. In R. Plutchik & H. Kellermann (Hrsg.), *Emotion. Theory, research and experience. Theories of emotion* (Vol. 1, S. 305–339). New York: Academic Press.

Baddeley, A. D. & Hitch, G. (1977). Commentary on „Working memory". In G. H. Bower (Hrsg.), *Human memory: Basic processes* (S. 191–197). New York: Academic Press.

Baddeley, A. D. (1979). *Die Psychologie des Gedächtnisses*. Stuttgart: Klett. (Original erschienen 1976: The Psychology of Memory)

Baddeley, A. D. (1986). *Working memory*. Oxford: Oxford University Press.

Baker, M. A. (1987). Sensory functioning. In M. A. Baker (Hrsg.), *Sex differences in human performance* (S. 5–36). Chichester: Wiley.

Bandura, A. & Huston, A. C. (1961). Identification as a process of incidental learning. *Journal of Abnormal and Social Psychology, 63*, 311–318.

Bandura, A. & Walters, R. H. (1963). *Social learning and personality development*. New York: Holt.

Bandura, A. (1977). Self-efficacy: toward a unifying theory of behavioral change. *Psychological Review*, *84*, 191–215.

Bandura, A. (1982). Self-efficiency mechanism in human agency. *American Psychologist*, *37*, 122–147.

Bandura, A. (1986). *Social foundations of thoughts and actions*. Engelwood Cliffs, NJ: Prentice Hall.

Bandura, A. (1995). Exercise of personal and collective efficacy in changing societies. In A. Bandura (Hrsg.), *Self -efficiency in Changing Societies* (S. 1–45). Cambridge: University Press.

Barker, R. G. (1968). *Ecological Psychology: Concepts and Methods for studying the Environment of Human Behavior*. Stanford: Stanford University Press.

Barsalou, L. W. (1989). Intraconcept similarity and its implications for interconcept similarity. In S. Vosniadou & A. Ortony (Hrsg.), *Similarity and analogical reasoning* (S. 76–121). Cambridge: Cambridge University Press.

Bartlett, F. C. (1932). *Remembering: a study in experimental and social psychology*. London: Cambridge University Press.

Bartlett, F. C. (1958). *Thinking*. London: Allen & Unwin.

Baumann, S. (1993). *Psychologie im Sport*. Achen: Meyer und Meyer.

Bäumler, G. (1991). Auf dem Weg zur operationalen Definition von Aufmerksamkeit. In J. Janssen, E. Hahn & H. Strang (Hrsg.), *Konzentration und Leistung* (S. 11–26). Göttingen: Hogrefe.

Baylis, G., Driver, J. & Rafal, R. (1993). Visual extinction and stimulus repetition. *Journal of Cognitive Neuroscience, 5*, 453–466.

Beaumont, J. G. (1987). *Einführung in die Neuropsychologie*. München: Psychologie Verlags Union.

Beck, A. T. (1976). *Cognitive theory and the emotional disorders*. New York: International Universities Press.

Behrmann, M., Zemel, R. S. & Mozer, M. C. (1998). Object-based attention and occlusion: Evidence from normal participants and computational model. *Journal of Experimental Psychology: Human Perception and Performance, 24*, 1011–1036.

Benbow, C. P. (1988). Sex differences in mathematical reasoning ability in intellectually talented preadolescents: Their nature effects, and possible causes. *Behavioral and Brain Sciences, 11*, 169–232.

Bengel, J., Strittmatter, R. & Willmann, H. (1998). *Was erhält den Menschen gesund? Antonovskys Modell der Salutogenese – Diskussionsstand und Stellenwert*. Köln: Bundeszentrale für gesundheitliche Aufklärung.

Bentham, J. (1789). In F. Rosen (Hrsg.), *An Introduction to the Principles of Morals and Legislation* Oxford: Clarendon Press.

Berger, C. R. (1988). Uncertainty and Information Exchange in Developing Relationships. In S. Duck (Hrsg.), *Handbook of Personal Relationships. Theory, Research and Interventions* (S. 239–256). Chichester, New York: Wiley.

Berger, I. E. (1997). The demographics of recycling and the structure of environmental behavior. *Environment and Behavior, 29*, 515–531.

Bergius, R. (1987/1994). Denken. In F. Dorsch, H., Häcker & K. H. Stapf (Hrsg.), *Dorsch Psychologisches Wörterbuch* (12. überarbeitete und erweiterte Aufl., S. 148–151). Bern: Huber.

Bergius, R. (1987/1994). Schema. In F. Dorsch, H., Häcker & K. H. Stapf (Hrsg.), *Dorsch Psychologisches Wörterbuch* (12. überarbeitete und erweiterte Aufl., S. 679–680). Bern: Huber.

Berlyne, D. E. (1960). *Conflict, arousal, and curiosity*. New York: McGraw-Hill.

Berlyne, D. E. (1965). *Structure and direction in thinking*. New York: Wiley.

Berlyne, D. E. (1967). Arousal and Reinforcement. Nebraska Symposium on Motivation. *University of Nebraska Press, 15*, 1–110.

Berlyne, D. E. (1971). *Aesthetics and psychobiology*. New York: Appleton-Century-Crofts.

Berlyne, D. E. (Hrsg.). (1974). *Studies in the new experimental aesthetics*. New York: Wiley.

Bernard, L. L. (1924). Discussion of Professor McDougall's Paper. *Journal of Abnormal Psychology and Social Psychology. 19,* 42–45.

Bianchi, L. (1895). The functions of the frontal lobes. *Brain, 18*, 497–530.

Bierhoff, H. W. & Herner, M. J. (2002). *Begriffswörterbuch Sozialpsychologie*. Stuttgart: Kohlhammer.

Bierhoff, H. W. (2000). *Sozialpsychologie* (5. Aufl.). Stuttgart: Kohlhammer.

Bieri, J. (1966). Cognitive complexity and personality development. In O. Harvey (Hrsg.), *Experience, structure and adaptability* (S. 13–18). New York: Springer-Verlag.

Bieri, T., Atkins, A. L., Briar, S., Leaman, R. L., Miller, H. & Tripodi, T. (1966). *Clinical and social judgement: The discrimination of behavioral information*. New York: Wiley.

Birbaumer, N. & Schmidt, R. F. (1991). *Biologische Psychologie*. Berlin: Springer-Verlag.

Birbaumer, N. & Schmidt, R. F. (1999). *Biologische Psychologie*. Berlin: Springer-Verlag.

Birch, H. G. & Rabinowitz, H. S. (1951). The negative effect of previous experience on productive thinking. *Journal of Experimental Psychology, 41*, 121–25.

Blodgett, H. C. (1929). The effect of the introduction of reward upon the maze performance of rats. *University of California Publication in Psychology, 4*, 113–134.

Bohner, G. (2002). Einstellungen. In W. Stroebe, K. Jonas & M. Hewstone (Hrsg.), *Sozialpsychologie. Eine Einführung* (S. 265–331). Berlin: Springer.

Bolles, R. C. (1972). Reinforcement, expectancy, and learning. *Psychological Review 79*, 394–409.

Boring, E. G. (1923). Intelligence as the tests test it. *New Republic, 34*, 35–37.

Boring, E. G. (1933). *The physical dimensions of conciousness*. New York: Century.

Bossel, H. (1990). *Umweltwissen. Daten, Fakten, Zusammenhänge*. Berlin: Springer.

Bouchard, T. J., Jr. & McGue, M. (1981). Familial studies of intelligence: A review. *Science, 250*, 223–238.

Bower, G. H. & Trabasso, T. R. (1963). Reversals prior to solution in concept identification. *Journal of Experimental Psychology, 66*, 409–418.

Bower, G. H. (1981). Mood and memory. *American Psychologist, 36*, 129–148.

Bower, G. H., Black, J. B. & Turner, T. J. (1979). Scripts in memory for text. *Cognitive Psychology. 11*, 177–220.

Bower, G. H., Karlin, M. & Dueck, A. (1975). Comprehension and memory for pictures. *Memory & Cognition, 3*, 216–220.

Bowers, K. S. (1973). Situationism in psychology: An analysis and a critique. *Psychological Review, 80*, 307–330.

Bradley, F. H. (1886). Is therere any special activity of attention? *Mind, 11*, 305–323.

Brandtstadter, J. & Renner, G. (1990). Tenacious goal pursuit and flexible goal adjustment: Explication and age-related analysis of assimilative and accomodative strategies of coping. *Psychology and Aging, 5*, 58–67.

Brehm, J. W. (1972). *Responses to loss of freedom. A theory of psychological reactance*. Morristown: General Learning Press.

Brehm, S. S. & Brehm, J. W. (1981). *Psychological reactance. A theory of freedom and control*. New York: Academic Press.

Brehm, S. S. (1976). *The application of social psychology to clinical practice*. New York: Wiley.

Breland, K. & Breland, M. (1961). A misbehavior of organism. *American Psychologist, 6*, 681–684.

Breuer, F. (1989). *Wissenschaftstheorie für Psychologen. Eine Einführung* (2. Aufl.). Münster: Aschdorf.

Brewer, W. & Treyens, J. C. (1981). Role of schemata in memory for places. *Cognitive Psychology, 13*, 207–230.

Broadbent, D. E. (1957). A mechanical model for human attention and immediate memory. *Psychological Review, 64*, 205–215.

Broadbent, D. E. (1958). *Perception and communication*. London: Pergamon Press.

Broadbent, D. E. (1971). *Decision and stress*. London: Academic Press.

Broadbent, D. E. (1982). Task combination and selective intake of information. *Acta Psychologica, 50*, 253–290.

Brown, R. (1973). *A first language: The early stages*. Cambridge: Cambridge University Press.

Bruce, V. & Green, P. (1990). *Visual perception: Physiology, psychology and ecology* (2nd ed.). Hillsdale, NJ: Lawrence Erlbaum Associates.

Bruner, J. & Postman, L. (1949). On the perception of incongruity: a paradigm. *Journal of Personality, 18,* 206–223.

Bruner, J. S. & Goodnow, J. J. (1986). Preface to the 1986 Edition. In J. S. Bruner, J. J. Goodnow & G. A. Austin (Hrsg.), *A study of thinking* (S. IX–XV). New Brunswick: Transaction.

Bruner, J. S. (1951). Personality dynamics and the process of perceiving. In R. R. Blake & G. V. Ramsey (Hrsg.), *Perception, an approach to personality* (S. 121–147). New York: the Ronald Press.

Bruner, J. S. (1957). On perceptual readiness. *Psychological Review, 64,* 152.

Bruner, J. S. (1964). The course of cognitive growth. *American Psychologist, 19,* 1–15.

Bruner, J. S., Goodnow, J. J. & Austin, G. A. (1956). *A study of thinking.* New York: Wiley.

Brunswik, E. & Reiter, L (1938). *Zeitschrift für Psychologie, 124.* (zitiert nach Rohracher, 1969)

Buck, R. (1979). Individual differences in nonverbal sending accuracy and electrodermal responding: The externalizing-internalizing dimension. In R. Rosenthal (Hrsg.), *Skill in nonverbal communication: Individual differences.* Cambridge, MA: Olegeshlager, Gunn & Hain.

Buck, R. (1984). *The communication of emotion.* New York: The Guilford Press.

Buck, R. (1985). Prime theory: An integrated view of motivation and emotion. *Psvchological Review, 92,* 389–413.

Bühler, K. (1907). Tatsachen und Probleme zu einer Psychologie der Denkvorgänge. *Pflügers Archiv der gesamten Psychologie, 9,* 297–365.

Burt, C. (1949a). Experimental tests of higher mental processes and their relation to general intelligence. *British Journal of Educational Psychology, 19,* 100–111.

Burt, C. (1949b). The structure of the mind. A review ot the results of factor analysis. *The British Journal of Educational Psychology, 19,* 176–199.

Burt, C. (1954). The differentiation of intellectual ability. *The British Journal of Educational Psychology, 24,* 76–90.

Butler, R. J. (1997). *Sports Psychology in Performance.* Oxford: University Press.

Caesar, S.-G. (1981). Über Kreativitätsforschung. *Psychologische Rundschau, 32,* 83–102.

Cannon, W. B. (1927). The James-Lange theory of emotions: A critical examination and an alternative theory. *American Journal of Psychology, 39.* 106–124.

Cannon, W. B. (1932). *The wisdom of the body .* New York: W.W. Simon.

Cantor, N. & Harlow, R. E. (1994). Social intelligence and personality: flexible life task pursuit. In R. J. Sternberg, & P. Ruzgis (Hrsg.), *Personality and intelligence* (S. 137–168). New York: Cambridge University Press.

Cantor, N. & Kihlstrom, J. F. (1987). *Personality and social intelligence.* Englewood Cliffs, NJ: Prentice-Hall.

Caplan, G. (1964). *Principles of preventive psychiatry.* New York: Basic Books.

Carron, A. V. & Chelladurai, P. (1978). Psychological factors and athletic success: An analysis of coach-athlete interpersonal behaviour. *Canadian Journal of Applied Sport Sciences, 3,* 43–50.

Cartwright, D. & Harary, F. (1956). Structural balance: A generalization of Heider`s theory. *Psychological Review, 63,* 277–293.

Carver, C. S. & Scheier, M. F. (1983). Two sides of the self: One for you and one for me. In J. Suls & A. G. Greenwald (Hrsg.), *Psychological perspectives on the self.* Hillsdale, N.Y.: Lawrence Erlbaum.

Cassidy, T. (1997). *Environmental Psychology. Behaviour and experience in contex.* Hove: Psychology Press.

Cattell, R. B. (1966). The screen test for the number of factors. *Multivariate Behavioral Research, 1,* 245–276.

Cattell, R. B. (1971). *Abilities – their structure, growth, and action.* Boston: Haughwn Mifflin.

Cattell, R. B., Weiss, R. & Osterland, J. (l977). *Culture fair intelligence test (CFT 1): Sprachfreier Grundintelligenztest Skala 1.* Braunschweig: Westermann.

179

Chafe, W. L. (1970). *Meaning and the structure of language.* Chicago.

Cherry, E. C. (1953). Some experiments on the recognition of speech, with one and with two ears. *Journal of the Acoustic Society of America, 25,* 975–979.

Chipeur, H. M., Rovine, M. & Plomin, R. (1990). LISREL modelling: Genetic and environmental influences on IQ revisted. *Intelligence, 14,* 11–29.

Chiu, C., Hong, Y. & Dweck, C. S. (1994). Toward an integrative model of personality and intelligence: a general framework and some preliminary steps. In R. J. Sternberg & P. Ruzgis (Hrsg.), *Personality and intelligence* (S. 104–137). New York: Cambridge University Press.

Chomsky, N. (1957). *Syntactic structures.* The Hague: Mouton.

Chomsky, N. (1972). Die Natur der Sprache. In Lenneberg, E. H. *Biologische Grundlagen der Sprache* (S. 483–538). Frankfurt/M.: Suhrkamp.

Chomsky, N. (1977). *Reflexionen über Sprache.* Frankfurt: Suhrkamp. (Original erschienen 1975: Reflections on language. New York: Pantheon Books)

Cialdini, R. B., Vincent, J. E., Lewis, S. K., Catalan, J., Wheeler, D. & Darby, B. L. (1975). Reciprocal concessions procedure for inducing compliance: The door-in-the-face-technique. *Journal of Personality and Social Psychology, 31,* 206–215.

Ciompi, L. (1988). *Außenwelt-Innenwelt.* Göttingen: Vandenhoeck & Ruprecht.

Clark, H. H. & Clark, E. V. (1977). *Psychology and language.* New York: Harcourt Brace Jovanovich.

Cohen, P. R. (Hrsg.). (1985). *The development of spatial cognition.* Hillsdale, NJ: Erlbaum.

Collins, A. & Loftus, E. (1975). A spreading-activation theory of semantic processing. *Psychological Review, 28,* 407–428.

Collins, A. M. & Quillian, M. (1969). Retrieval time from semantic memory. *Journal of Verbal Learning and Verbal Behaviour, 8,* 240–247.

Collins, A. M. & Quillian, M. R. (1972). How to make a language user. In E. Tulving & W. Donaldson (Hrsg.), *Organisation of memory* (S. 309–351). New York: Academic Press.

Conrad, W. (1983). Intelligenzdiagnostik. In K. I. Groffmann & L. Michel (Hrsg.), *Enzyklopädie der Psychologie* (Bd. 2, S. 104–201). Göttingen: Hogrefe.

Cook, S. W. & Berrenber, J. L. (1981). Approaches to encouraging conservation behavior: a review and conceptional framework. *Journal of Social Issues, 37,* 73–107.

Cooper, L. A. & Podgorny, P. (1976). Mental transformations and visual comparison processes. Journal of Experimental Psychology: *Human Perception and Performance, 2,* 503–514.

Cooper, L. A. & Shepard, R. N. (1973). Chronometric studies of the rotation of mental images. In W. G. Chase (Hrsg.), *Visul information processing* (S. 75–175). New York: Academic Press.

Cooper, L. A. (1976). Demonstration of a mental analog of an external rotation. *Perception & Psychophysics, 19,* 298–302.

Courneya, K. S. & Carron, A. V. (2003). The home advantage in sport competitions: a literatur review. *Journal of Sport & Exercise Psychology, 14,* 13–27.

Cowan, N. (1988). Envolving conceptions of memory storage, selective attention, and their mutual constrains within the human information-processing system. *Psychological Bulletin, 104,* 163–191.

Craik, F. & Tulving, E. (1975). Depth of processing and the retention of words in episodic memory. *Journal of Experimental Psychology: General, 104,* 268–294.

Craik, F. I. M. (1983). On the transfer of information from temporary to permanent memory. *Philosophical Transactions of the Royal Society of London, B302,* 341–359.

Craik, K. (1943). *The nature of explanation.* Cambridge, MA: Cambridge University Press.

Cramon, D. von (1979). *Quantitative Bestimmung des Verhaltensdefizits bei Störungen des skalaren Bewußtseins.* Stuttgart: Thieme.

Cranach, M.v., Hacker, W. & Volpert, W. (Hrsg.). (1982). *Kognitive und motivationale Aspekte der Handlung.* Bern: Huber.

Cranach, M.v., Kalbermatten, U., Indermühle, K. & Gugler, B. (1980). *Zielgerichtetes Handeln.* Bern: Huber.

180

Crespi, L. P. (1942). Quantitative variation of incentive and performance in the white rat. *American Journal of Psychology, 55*, 467–517.

Crespi, L. P. (1944). Amount of reinforcement and level of performance. *Psychological Review, 51*, 341–357.

Cropanzano, R. & Folger, R. (1989). Referent cognitions and task decision autonomy: Beyond equity theory. *Journal of Applied Psychology, 74*, 239–299.

Csikszentmihalyi, M. (1975). Play and intrinsic rewards. *Journal of Humanistic Psychology, 15*, 41–63.

Csikszentmihalyi, M. (1987). *Das flow-Erlebnis. Jenseits von Angst und Langeweile. Im Tun aufgehen.* Stuttgart: Klett-Cotta.

Csikszentmihalyi, M. (1991). "An investment theory of creativity and its development": Commentary. *Human Development, 34*, 32–34.

Dahrendorf, R. (1969). *Homo Sociologicus.* Köln und Opladen: Westdeutscher Verlag.

Darwin, C. (1872). *The expression of the emotions in man and animals.* London: Oxford University Press.

Darwin, C. (1859). *On the origin of species by means of natural selection.* London: John Murray.

Darwin, C. (1884). *Der Ausdruck der Gemüthsbewegungen bei den Menschen und den Thieren.* Stuttgart: Schweizerbart. (Original erschienen: 1872)

Daumenlang, K., Oswald, W. D. & Roth, E. (1980). *Intelligenz.* Stuttgart: Kohlhammer.

De Young, R. (1986). Some psychological aspects of recycling: the structure of conservation satisfactions. *Environment and Behavior, 18*, 435–449.

DeCharms, R. (1968). *Personal causation.* New York: Academic Press.

Deci, E. L. (1975). *Intrinsic motivation.* New York: Plenum.

DeJong, R. (1995). The role of preparation in overlapping-task performance. *Quarterly Journal of Experimental Psychology, 48A*, 2–25.

Delgado, J. M. R. (1971). *Physical control of the mind: Toward a psychocivilized society.* New Yort: Harper and Row.

Depue, R. A. & Monroe, S. M. (1978). The unipolar-bipolar distinction in the depressive disorders. *Psychological Bulletin, 85*, 1001–1029.

Deutsch, J. A. & Deutsch, D. (1963). Attention: Some theoretical considerations. *Psychological Review, 70*, 80–90.

DeValois, R. L. & DeValois, K. K. (1980). Spatial vision. *Annual Review of Psychology, 80*.

Dickenberger, D., Gniech, G. & Grabitz, H.-J. (1993). Die Theorie der psychologischen Reaktanz. In D. Frey & M. Irle (Hrsg.), *Theorien der Sozialpsychologie. Band 1: Kognitive Theorien* (S. 243–273). Bern: Huber.

Dlugosch, G. E. (1994). Modelle der Gesundheitspsychologie. In L. R. Schwenkmezger & L. R. Schmidt (Hrsg.), *Lehrbuch der Gesundheitspsychologie* (S. 149–168). Stuttgart: Ferdinand Enke Verlag.

Dockrell, W. B. (1970). On Intelligence. In W. B. Dockrell (Hrsg.), *The Toronto Symposium on Intelligence.* London.

Donders, F. C. (1862). Die Schnelligkeit psychischer Prozesse. *Archiv für Anatomie und Physiologie*, 657–681.

Döring, N. (1999). *Sozialpsychologie des Internet.* Göttingen: Hogrefe.

Dörner, D. (1976). *Problemlösen als Informationsverarbeitung.* Stuttgart: Kohlhammer.

Dörner, D. (1989). *Die Logik des Mißlingens.* Reinbek: Rowohlt.

Dörner, D., Kreuzig, H. W., Reither, F. & Stäudel, T. (Hrsg.). (1983). *Lohhausen vom Umgang mit Unbestimmtheit und Komplexität.* Bern: Huber.

Dorsch, F. (1976). *Psychologisches Wörterbuch* (9. Aufl.). Bern: Huber.

Dorsch, F., Häcker, H. & Stapf, K. H. (Hrsg.). (1987/1994). *Dorsch Psychologisches Wörterbuch.* (12. überarbeitete und erweiterte Aufl.). Bern: Huber.

Drever, J. (1952). *A dictionary of Psychology.* Harmondsworth: Penguin Books.

Dreyfus, S. E. & Dreyfus, U. L. (1987). Towards a reconciliation of phenomenology in AI. In D. Partidge & Y. A. Wilks (Hrsg.), *Foundational issues in artificial intelligence*. New York: Cambridge University Press.

Driver, J., & Baylis, G.C. (1989). Movement and visual attention: The spotlight metaphor breaks down. *Journal of Experimantal Psychology: Human Perception and Performance, 15*, 448–456.

Driver, J., & Spence, C. J. (1994). Spatial synergies between auditory and visual attention. In C. Umiltà & M. Moscovitch (Hrsg.), *Attention and performance XV: Conscious and nonconscious information processing*. Cambridge, MA: MIT Press.

Dudai, Y. (1992). *Neurobiology of memory. Concepts, findings, trends*. New York: Oxford University Press.

Duffy, E. (1962). *Activation and behavior*. New York: Wiley.

Duncan, J. & Humphreys G. (1989). Visual search and stimulus similarity. *Psychological Review, 96*, 433–458.

Duncan, J. & Humphreys, G. (1992). Beyond the search surface: Visual search and attentional engagement. *Journal of Experimental Psychology: Human Perception and Performance, 18*, 578–588.

Duncan, J. (1984). Selective attention and the organisation of visual information. *Journal of Experimental Psychology: General, 113*, 501–517.

Duncker, K. (1935). *Zur Psychologie des produktiven Denkens*. Berlin: Springer.

Dutke, S. (1994). *Mentale Modelle: Konstrukte des Wissens und Verstehens*. Göttingen: Verlag für Angewandte Psychologie.

Duval, S. & Wicklund, R. A. (1972). *A theory of objective self-awareness*. New York: Academic Press.

Eagly, A. H. & Chaiken, S. (1993). *The psychology of attitudes*. Fort Worth, TX: Harcourt Brace.

Ebbinghaus, H. (1885). *Über das Gedächtnis*. Leipzig: Veit.

Ebbinghaus, H. (1902). *Grundzüge der Psychologie* (Bd. 1). Leipzig: Veit.

Ebbinghaus, H. (1905). *Grundzüge der Psychologie* (Bd. 1, 2. Aufl.). Leipzig: Veit.

Edelman, G. M. (1992). *Brigth air, brilliant fire. On the matter of the mind*. New York: Basic Books.

Eibl-Eibesfeldt, I. (1980). Strategies of social interaction. In R. Plutchik & H. Kellermann (Hrsg.), *Emotion: Theory, research and experience: Theories of emotion 1* (S. 57–80). New York: Academic Press.

Eibl-Eibesfeldt, I. (1999). *Grundriß der vergleichenden Verhaltensforschung*. München: Piper.

Eich, E. (1984). Memory for unattended events: Remembering with and without awareness. *Memory and Cognition, 12*, 105–111.

Ekman, P. (1973). Universal facial expressions in emotion. *Studia Psychologica, 15*, 140–147.

Ekman, P. (1984). Expression and the naturc of emotion. In K. R. Scherer & P. Ekman (Hrsg.), *Approaches to emotion* (S. 319–344). Hillsdale: Erlbaum.

Ekman, P. (Hrsg.). (1982). *Emotion in the human face*. London: Cambridge University Press.

Engelkamp, J. & Pechmann, T. (Hrsg.). (1993). *Mentale Repräsentation*. Bern: Huber.

Eriksen, C. W. & St-James, J. D. (1986). Visual attention within and around the field of focal attention: A zoom lens model. *Perception and Psychophysics, 40*, 225–240.

Erlenmeyer-Kimling, L. & Jarvik, L. F. (1963). Genetics and intelligence: A review. *Science, 142*, 1477–1479.

Ewald, A. & Trimmel, M. (1992). Effects of Computer-work on locus of control. In H. Luczak, A. E. Cakir & G. Cakir (Hrsg.), *Work with Display Units, WWDU'92. Abstract book (p.B-XX)* Berlin: Technische Universität Berlin, Institut f. Arbeitswissenschaften.

Eysenck, H. J. (1992). *Intelligenz-Test*. Reinbek: Rowohlt. (Original erschienen 1962: Know Your own I.Q.)

Eysenck, M. E. (1984). *A handbook of cognitive psychology*. Lawrence Erlbaum.

Eysenck, M. W. & Keane M. (2000). *Cognitive Psychology. A Student's Handbook*. Hove: Francis & Taylor.

Facaoaru, C. (1985). *Kreativität in Wissenschaft und Technik. Operationalisierung von Problemlöse-fähigkeiten und kognitiven Stilen*. Bern: Huber.

Fagot, C., & Pashler, H. (1992). Making two responses to a single object: Implications for the central attentional bottleneck. *Journal of Experimental Psychology: Human Perception and Performance, 18*, 1058–1079.

Fatke, R. (Hrsg.). (1981). *Jean Piaget über Jean Piaget. Sein Werk aus seiner Sicht*. München: Kindler. (Original erschienen 1970: Carmichael's Manual of Child Psychology)

Feather, N. T. (1966). Effects of prior success and failure on expectations of success and subsequent performance. *Journal of Personality and Social Psychology, 3*, 287–298.

Fenigstein, A. (1975). Self-awareness, self-consciousness and rejection. *Dissertation Abstracts International, 35*(8-B), 4253.

Festinger, L. (1950). Informal social communication. *Psychological Review, 57*, 271–282.

Festinger, L. (1954). A theory of social comparison processes. *Human Relations, 7*, 117–140.

Festinger, L. (1957). *A Theory of Cognitive Dissonance*. Evanston/Ill.: Row, Peterson.

Fietkau, H.-J. & Kessel, H. (1981). *Umweltlernen*. Königstein/Taunus: Hain.

Fietkau, H.-J. (1984). *Bedingungen ökologischen Handelns. Gesellschaftliche Aufgaben der Umwelt-psychologie*. Weinheim: Beltz.

Fillmore, C. J. (1968). The case for case. In E. Bach & K. Harms (Hrsg.), *Universals in linguistic theory* (S. 1–90). New York.

Finke, R. & Freyd, J. (1985). Transformations of visual memory induced by implied motions of pattern elements. *Journal of Experimental Psychology: Learning, Memory and Cognition, 11*(1–4), 780–794.

Fishbein, M. & Ajzen, I. (1975). *Belief, attitude, intention and behavior. An introduction to theory and research*. Reading, MA: Addison-Wesley.

Fishbein, M. (1967). Attitude and the prediction of behavior. In M. Fishbein (Hrsg.), *Readings in attitude theory and measurement* New York: Willey.

Fisher, J. D. & Byrne, D. (1975). Too close for comfort: sex differences in response to invasion of personal space. *Journal of Personality and Social Psychology, 32*, 15–21.

Fiske, D. W. & Maddi, S. R. (1961). *Functions of varied experience*. Oxford, England: Dorsey.

Folger, R. (1986a). A refernt cognitions theory of relative deprivation. In J. M. Olsen, C. P. Herman & M. P. Zanna (Hrsg.), *Relative Deprivation and Social Comparison: The Ontario Symposium* (S. 35–55). Hillsdale, N.J.: Erlbaum.

Folger, R. (1986b). Rethinking equity theory: A referent cognitions model. In H. W. Bierhoff, R. L. Cohen & J. Greenberg (Hrsg.), *Justice in Social Relations* (S. 145–162). New York: Plenum.

Freedman, J. L. & Fraser, S. C. (1966). Compliance without pressure: The foot-in-the-door technique. *Journal of Personality and Social Psychology, 4*, 195–202.

French, J. R. P. & Raven, B. H. (1959). The basis of social power. In D. Cartwright (Hrsg.), *Studies in social power* (S. 150–167). Ann Arbor: The University of Michigan.

Freud, A. (1936). *Das Ich und die Abwehrmechanismen*. Wien: Internationaler Psychoanalytischer Verlag.

Freud, S. (1901). *Zur Psychopathologie des Alltagslebens. Gesammelte Werke* (Bd. 4). Frankfurt/M: Fischer.

Freud, S. (1938). *The basic writing of Sigmund Freud*. New York: Random House.

Freud, S. (1948). In A. Freud (Hrsg.), *Gesammelte Werke* (18 Bd.). Frankfurt: Fischer.

Freud, S. (1969). *Neue Folge der Vorlesungen zur Einführung in die Psychoanalyse. Studienausgabe*. Band 1. Frankfurt/.M.: S. Fischer (Original 1933 erschienen.).

Freud, S. (1975). *Triebe und Triebschicksale. Studienausgabe. Band 3*. Frankfurt/M.: S. Fischer (Original 1915 erschienen).

Frey, D. & Gaska, A. (1993b). Die Theorie der kognitiven Dissonanz. In D. Frey & M. Irle (Hrsg.), *Theorien der Sozialpsychologie. Band 1: Kognitive Theorien* (S. 275–325). Bern: Huber.

Frey, D. & Irle, M. (1978). (Hrsg.). *Kognitive Theorien der Sozialpsychologie*. Bern: Huber.

Frey, D. & Irle, M. (Hrsg.). (1993). *Theorien der Sozialpsychologie*. Bern: Huber.

Frey, D., Dauenheimer, D., Parge, O. & Haisch, J. (1993a). Die Theorie der sozialen Vergleichsprozesse. In D. Frey & M. Irle (Hrsg.), *Theorien der Sozialpsychologie. Band 1: Kognitive Theorien* (S. 81–121). Bern: Huber.

Fröhlich, W. D. (1990). *Wörterbuch zur Psychologie* (17. Aufl.). München: DTV.

Funke, J. (1986). *Komplexes Problemlösen*. Heidelberg: Springer-Verlag.

Gadenne, V. & Oswald, M. E. (1991). *Kognition und Bewußtsein*. Berlin: Springer.

Galton, F. (1869). *Hereditary genios*. New York: MacMillan.

Gamba, R. J. & Oskamp, S. (1994). Factors influencing community residents´ participation in commingled curbside recycling programs. *Environment and Behavior, 26*, 587–612.

Gardner, H. (1983). *Frames of mind*. New York: Basic Books.

Gardner, H. (1989). *Dem Denken auf der Spur. Der Weg der Kognitionswissenschaft*. Stuttgart: Klett-Cotta.

Gardner, H. (1994). *Abschied vom IQ*. Stuttgart: Klett-Cotta. (Original erschienen 1985: Frames of Mind. The Theory of Multiple Intelligences)

Gardner, R. W., Holzman, P. S., Klein, G. S., Linton, H. & Spence, D. S. (1959). Cognitive control: A study of individual consistencies in cognitive behavior. *Psychological Issues, 1* (whole number 4). (Zitiert nach Amelang & Bartussek, 1981/1994)

Garret, M. F., Bever, T. G. & Fodor, J. A. (1966). The active use of grammar in speech perception. *Perception and Psychophysics, 1*, 30–32.

Garrett, H. E. (1946). A developmental theory of intelligence. *American Psychologist, 1*, 372–378.

Gazzaniga, M. S. (1992). *Nature's mind*. New York: Basic Books.

Gehlen, A. (1962). *Der Mensch. Seine Natur und seine Stellung in der Welt*. Frankfurt/M.

Gentner, D. & Gentner, D. R. (1983). Flowing waters and teeming crowds: Mental models of electricity. In D. Gentner & A. L. Stevens (Hrsg.), *Mental models* (S. 99–129). Hillsdale, NJ: Erlhaum.

Gentner, D. & Stevens, A. L. (Hrsg.). (1983). *Mental models*. Hillsdale, NJ: Erlbaum.

Gentner, D. (1983). Structure mapping: A theoretical framework for analogy. *Cognitive Science, 7*, 155–170.

Getzels, J. W. & Csikszentmihalyi, M. (1975). From problem solving to problem finding. In I. A. Taylor & J. W. Getzels (Hrsg.), *Perspectives in creativity* (S. 90–116). Chicago: Aldine.

Getzels, J. W. (1979). Problem finding: A theoretical note. *Cognitive Science, 3*, 167–172

Gibson, E. J. & Rader, N. (1979). Attention. The perceiver as performer. In G. A. Hale & M. Lewis (Hrsg.), *Attention and cognitive development* (S. 1–21). New York: Plenum Press.

Gibson, E. J. (1988). Exploratory behavior in the development of perceiving, acting, and the acquiring of knowledge. *Annual Review of Psychology, 39*, 1–41.

Gibson, J. J. (1982). *Wahrnehmung und Umwelt*. München: Urban & Schwarzenberg. (Original erschienen 1979: The Ecological Approach to Visual Perception)

Gifford, R. (1997). *Environmental psychology. Principles and practice* (2. Aufl.). Boston: Allyn and Bacon.

Gilbert, D. T. & Malone, P. S. (1995). The correspondence bias. *Psychological Bulletin, 117*, 21–38.

Gilchrist, J. C. & Nesberg, L. S. (1952). Need and perceptual change in need-related objects. *Journal of Experimental Psychology. 44*, 369–376.

Godden, D. R. & Baddeley, A. D. (1975). Context-dependent memory in two natural environments: On land and underwater. *British Journal of Psychology, 66*(3), 325–331.

Goethals, G. R. & Darley, J. M. (1977). Social comparison theory: An attributional approach. In J. M. Suls & R. L. Miller (Hrsg.), *Social comparison processes: Theoretical and empirical perspectives* Washington: Hemisphere.

Goldenhar, L. M. (1991). *Understanding, predicting, and influencing recycling behavior: The future generation*. Michigan: University of Michigan.

Gollwitzer, P. M. (1988). *Motivationale vs. volitionale Bewußtseinslage.* Habilitationsschrift. Ludwig-Maximilians-Universität München.

Gollwitzer, P. M. (1991). *Abwägen und Planen: Bewußtseinlagen in verschiedenen Handlungsphasen.* Göttingen: Hogrefe.

Gollwitzer, P. M. (1996). The volitional benefits of planing. In P. M. Gollwitzer & J. A. Bargh (Hrsg.), *The psychology of action* (S. 287–312). New York: Guilford.

Grant, S. S. (1971). *Spatial behavior and caste membership in some North Indian Villages.* Dissertation, City University of New York. (zitiert nach Ittelson et al. 1977)

Graumann, C. F. (1965). (Hrsg.). *Denken.* Köln: Kiepenheuer & Witsch.

Graumann, C. F. (1966). Bewußtsein und Bewußtheit. Probleme und Befunde der psychologischen Bewußtseinsforschung. In W. Metzger & H. Erke (Hrsg.), *Allgemeine Psychologie 1: Wahrnehmung und Bewußtsein* (Bd. 1, S. 79–127). Göttingen: Hogrefe.

Graumann, C. F. (2002). Eine historische Einführung in die Sozialpsychologie. In W. Stroebe, K. Jonas & M. Hewstone (Hrsg.), *Eine Einführung* (S. 3–24). Berlin: Springer.

Gray, J. A. & Wedderburn, A. A. I. (1960). Grouping strategies with simultaneous stimuli. Quarterly *Journal of Experimental Psychology, 12,* 180–184.

Gray, J. A. (1971). *The psychology of fear and stress.* London: Weidenfeld & Nicolson.

Green, R. F., Guilford, J. P., Christensen, P. R. & Comrey, A. L. (1953). A Factor-analytic study of reasoning abilities. *Psychometrika, 18,* 135–160.

Greenwald, A.G., & Shulman, H.G. (1973). On doing two things at once: II. Elimination of the psychological refractory period. *Journal of Experimental Psychology, 101,* 70–76.

Grimm, H. & Engelkamp, J. (1981). *Sprachpsychologie: Handbuch und Lexikon der Psycholinguistik.* Berlin: Schmidt.

Groll-Knapp, E., Haider, M., Jenker, H., Liebich, H., Neuberger, M. & Trimmel, M. (1982). Moderate carbon monoxide exposure during sleep: Neuro- and psychophysiological effects in young and elderly people. *Neurobehavioral Toxicology and Teratology, 4,* 709–716.

Guilford, J. P. & Hoepfner, R. (1971). *The analysis of intelligence.* New York: McGraw-Hill.

Guilford, J. P. (1957). Creative abilities in the arts. *Psychological Review, 64,* 110–118.

Guilford, J. P. (1967). *The nature of human intelligence.* New York: McGraw Hill.

Guttmann, G. & Langer, G. (Hrsg.). (1992). *Das Bewußtsein. Multidimensionale Entwürfe.* Wien: Springer-Verlag.

Guttmann, G. (1982). *Lehrbuch Neuropsychologie* (3., überarbeitete und ergänzte Auflage). Bern: Huber.

Guttmann, G. (1986). Ergopsychometric Testing – Predicting and Actualizing Optimum Performance under Load. In M. H. Appley & R. Trumbull (Hrsg.), *Dynamics of stress: Physiological, psychological, and social perspectives* (S. 141–155). New York: Plenum Press.

Guttmann, G. (Hrsg.). (1992). *Allgemeine Psychologie. Experimentalpsychologische Grundlagen.* Wien: WUV-Universitätsverlag.

Guttmann, G. (Hrsg.). (1994). *Allgemeine Psychologie. Experimentalpsychologie: Denken, Problemlösen.* Wien: WUV-Universitätsverlag.

Guttmann, G., Bauer, H. & Trimmel, M. (1982). Ergopsychometry – Testing under physiological or psychological load. IAAP (Hrsg.), *Paper presented at the 20th Congress of Applied Psychology, Edinburgh 25th–30st July 1982.* Edinburgh: International Association of Applied Psychology.

Hacker, W. (1973). *Allgemeine Arbeits- und Ingenieurpsychologie.* Berlin: Deutscher Verlag der Wissenschaften.

Haider, M. (1969). Elektrophysiologische Indikatoren der Aktiviertheit. In W. Schönpflug (Hrsg.), *Methoden der Aktivierungsforschung* (S. 125–156). Bern: Huber.

Haider, M., Groll-Knapp, E. & Ganglberger, J.A. (1981). Event-related slow (DC) potentials in the human brain. *Reviews in Physiology and Biochemical Pharmacology, 55,* 125–197.

Haider, M., Groll-Knapp, E. & Kundi, M. (1989). Some theoretical viewpoints on combined effects of environmental factors. *Archives of Complex Environmental Studies, 1,* 7–13.

Haider, M., Groll-Knapp, E. & Trimmel, M. (1984). Combined Effects of Noise and Carbon Monoxide. In O. Manninen (Hrsg.), *Proceedings of the 1st Int.Conf.on the Combined Effects of Environmental Factors* (S. 387–394). Tampere: Kekuspaino, Central Printing House.

Haider, M., Kundi, M., Groll-Knapp, E. & Trimmel, M. (1990). Interaction between noise and air pollution. In B. Berglund & T. Lindvall (Hrsg.), *Swedish Council for Building Research: Noise as a public health problem* (S. 233–245). Stockholm: Swedish Council For Building Research.

Haider, M., Spong, P. & Lindsley, D. B. (1964). Attention, vigilance, and cortical evoked-potentials in humans. *Science, 145*, 180–182.

Haisch, J. & Zeitler, H. P. (1991). Einführung und konzeptionelle Begründung des Buches: Sozial-Behaviorale Grundlagen der Gesundheitspsychologie. In J. Haisch & H. P. Zeitler (Hrsg.), *Gesundheitspsychologie: zur Sozialpsychologieder Prävention und Krankheitsbewältigung* (S. 7–33). Heidelberger: Asanger.

Hall, E. T. (1979). *Die Sprache des Raumes*. Düsseldorf: Schwann.

Halpern, D. F. (1992). *Sex differences in cognitive abilities* (2 edition). Hillsdale, NJ: Erlbaum.

Handler, B. & Trimmel, M. (1998). Zusammenhänge zwischen der Beurteilung von Nazi- und (primitiven) Sportspielen am Computer und sozialer Einstellung bei männlichen Jugendlichen. In J. Glück, O. Vitouch, M. Jirasko & B. Rollett (Hrsg.), *Perspektiven psychologischer Forschung in Österreich Band 2* (S. 81–84). Wien: WUV-Universitätsverlag.

Hardesty, F. P. & Priester. J. R. (1966). *Hamburg-Wechsler-Intelligenztest für Kinder: Text-Band*. Bern: Huher.

Hart, R. A. & Moore, G. I. (1973). The development of spatial cognition: A review, In R. M. Downs & D. Stea (Hrsg.), *Image and Environment*. Chicago: Aldine.

Harvey, O. J. (Hrsg.). (1963). *Motivation and social interaction*. New York: Ronald.

Harvey, O. J. (Hrsg.). (1966). *Experience, structure, and adaptibility*. New York: Springer-Verlag.

Harvey, O. J., Hunt, D. E. & Schroder, H. M. (1961). Conceptual systems and personality organization. New York: Wiley.

Hebb, D. O. (1949). *The organization of behavior*. New York: Wiley.

Hebb, D. O. (1955). Drives and the C.N.S. (conceptual nervous system). *Psychological Review, 62*, 243–254.

Heckhausen, H. & Gollwitzer, P. M. (1987). Thought contents and cognitive functioning in motivational versus volitional state of mind. *Motivation and Emotion, 11*, 101–120.

Heckhausen, H. (1965). Leistungsmotivation. In H. Thomae (Hrsg.), *Handbuch der Psychologie (Vol. 2)* (S. 602–702). Göttingen: Hogrefe.

Heckhausen, H. (1976). The relevance of psychology as exchange between naive and scientific behavior theory. *Psychologische Rundschau, 27*, 1–11.

Heckhausen, H. (1981). Neuere Entwicklungen in der Motivationsforschung. In W. Michaelis (Hrsg.), *Bericht über den 32. Kongress der Deutschen Gesellschaft für Psychologie, Zürich 1980* (S. 325–335). Göttingen: Hogrefe.

Heckhausen, H. (1987). Perspektiven einer Psychologie des Wollens. In H. Heckhausen, P. M. Gollwitzer & F. E. Weinert (Hrsg.), *Jenseits des Rubikon: Der Wille in den Humanwissenschaften* (S. 121–142). Berlin: Springer.

Heckhausen, H. (1989). *Motivation und Handeln*. Berlin: Springer Verlag.

Heider, F. (1946). Attitudes and cognitive organization. *Journal of Psychology, 21*, 107–112.

Heider, F. (1958). *The psychology of interpersonal relations*. New York: Wiley.

Hellbrück, J. & Fischer, M. (1999). *Umweltpsychologie*. Göttingen: Hogrefe.

Hellpach, W. (1952). *Beiträge zur Individual- und Sozialpsychologie der historischen Dialektik*. Heidelberg: Carl Winter Universitätsverlag.

Helson, H. (1947). Adaptation-level as a frame of reference for prediction of psychophysical data. *American Journal of Psychology, 60*, 1–29.

Helson, H. (1964). *Adaptation-level theory: An experimental and systematic approach to behavior*. New York: Harper & Row.

Herbart, J. F. (1964). Psychologie als Wissenschaft. In K. Kehrbach (Hrsg.), *Herbarts sämtliche Werke* (Band 5 und 7). Aalen: Scientia Verlag. (Original erschienen: 1850 und 1851)

Herkner, W. (1986). *Psychologie*. Wien: Springer-Verlag.

Herkner, W. (1991). *Lehrbuch der Sozialpsychologie*. Bern: Huber.

Hernández-Peón, R. (1966). Physiological mechanisms in attention. In R. W. Russel (Hrsg.), *Frontiers in physiological psychology* (S. 121–147). New York: Academic Press.

Herrmann, T. (1995). *Allgemeine Sprachpsychologie*. Weinheim: Psychologie Verlags Union.

Hick, W.E. (1952). On the rate of gain of information. *Quarterly Journal Of Experimantal Psychology, 4,* 11–26.

Hillgruber, A. (1912). Fortlaufende Arbeit und Willensbetätigung. *Untersuchungen zur Psychologie und Philosophie, 1,* 1–51.

Hinton, G., & Anderson, J.R. (1981). *Parallel models of associative memory*. Hillsdale, NJ: Lawrence Erlbaum Associates Inc.

Hiroto, D. S. & Seligman, M.E. (1975). Generality of learned helplessness in man. *Journal of Personality and Social Psychology, 31* (2), 311–327.

Hirst, W. (1986). The psychology of attention. In J.E. LeDoux & W.Hirst (Hrsg.), *Mind and brain: Dialogues in cognitive neuroscience*. Cambridge: Cambridge University Press.

Hockett, C. F. (1960). The Origin of Speech. *Scientific American, 203,* 89–96.

Hofstätter, P. R. (1957). *Psychologie*. Frankfurt/M.: Fischer.

Hofstätter, P. R. (1966). *Einführung in die Sozialpsychologie*. Stuttgart: Kröner.

Homans, G. C. (1958). Human behavior as exchange. *American Journal of Sociology, 63,* 597–606.

Homans, G. C. (1961). *Social Behavior*. New York: Hartcourt.

Hörmann, H. (1978). *Meinen und Verstehen*. Frankfurt/M.: Fischer.

Horn, W. (1962). *Leistungs-Prüf-System*. Göttingen: Hogrefe

Hubel, D. H. & Wiesel, T. N. (1963). Receptive fields of cells in striate cortex of very young, visually inexperienced kittens. *Journal of Neurophysiology, 26*(6), 994–1002.

Hubel, D. H. & Wiesel, T. N. (1979). Brain mechanisms of vision. *Scientific American, 241,* 150–165.

Hull, C. L. (1920). Quantitative aspects of the evolution of concepts: An experimental study. *Psychological Monographs, 28,* No. 123.

Hull, C. L. (1943). *Principles of behavior: an introduction to behavior theory*. Oxford, England: Appleton-Century.

Hull, C. L. (1952). *A behavior system; an introduction to behavior theory concerning the individual organism*. New Haven, CT, US: Yale University Press.

Humphreys, G. W. & Mueller, H. J. (1993). Search via Recursive Rejection (SERR): A connectionist model of visual search. *Cognitive Psychology. 25,* 43–110.

Hurrelmann, K. & Laaser, U. (1993). Gesundheitswissenschaften. Handbuch für Lehre, Forschung und Praxis. Weinheim: Beltz.

Hurrelmann, K. (1994). Familienstreß, Schulstreß, Freizeitstreß. Weinheim: Beltz.

Hussy, W. (1993). *Denken und Problemlösen*. Stuttgart: Kohlhammer.

Isaacs, N. (1930). Children´s "why" queststions. In S. Isaacs (Hrsg.), *intellectual growth in young children* (S. 291–349). London: Routledge & Kegan Paul.

Ittelson, W. H., Proshansky, H. M., Rivlin, L. G. & Winkel, G. H. (1977). *Einführung in die Umwelt-psychologie*. Stuttgart: Klett.

Izard, C. E. (1991). *Emotions, personality, and psychotherapy*. New York: Plenum Press.

Izard, C. E. (1994). *Emotionen des Menschen* (3. Aufl.). Weinheim: Beltz, Psychologie Verlags Union. (Original erschienen 1977: Human emotions)

Jäger, A. O. (1967). *Dimensionen der Intelligenz*. Göttingen: Hogrefe.

Jäger, A. O. (1984). Intelligenzstrukturforschung: Konkurrierende Modelle, neue Entwicklungen, Perspektiven. *Psychologische Rundschau, 35,* 21–35.

James, W. (1882). Psychology. New York: Holt.

James, W. (1884). What is an emotion? Mind, 9, 188–206.

James, W. (1890). *The principles of psychology*. New York: Holt.

Janda, M., Johnson, D., Woelfl, H., Trimmel, M., Bressmann, T., Schrockmayr, H., Widder, J. & Trotti, A. (2002a). Measurement of quality of life in head and neck cancer patients utilizing the quality of life radiation therapy questionnaire. *Strahlentherapie und Onkologie, 178*, 153–158.

Janda, M., Stanek, C., Newman, B., Obermair, A. & Trimmel, M. (2002b). Impact of videotaped information on frequency and confidence of breast self-examination. *Breast Cancer Research and Treatment, 73*, 37–43.

Jaspers, K. (1913). *Allgemeine Psychopathologie*. Berlin: Springer-Verlag.

Jeannerod, M. (1984). The timing of natural prehension movements. *Journal of Motor Behaviour, 16*, 235–254.

Jersild, A. T. (1927). Mental set and shift. *Archives of Psychology, 9*, Whole issue.

Joas, H. H. (2001). *Lehrbuch der Soziologie*. Frankfurt/M: Campus.

Johnson-Laird, P. N. & Steedman, M. (1978). The psychology of syllogisms. *Cognitive Psychology, 10*, 64–99.

Johnson-Laird, P. N. & Wason, P. C. (1970). A theoretical analysis of insight into a reasoning task. *Cognitive Psychology, 1*, 134–148.

Johnson-Laird, P. N. (1980). Mental models in cognitive science. *Cognitive Science, 4*, 71–115.

Johnson-Laird, P. N. (1983). *Mental models: Towards a cognitive science of language, inferences, and consciousness*. Cambridge: Cambridge University Press.

Johnson-Laird, P. N., Legrenzi, P. & Legrenzi, M. S. (1972). Reasoning and a sense of reality. *British Journal of Psychology, 63*, 395–400.

Johnston, W. A. & Heinz. S. P. (1978). Flexibility and capacity demands of attention. *Journal of Experimental Psychology: General, 107*, 420–435.

Jones, E. E. (1990). *Interpersonal Perception*. New York: Macmillian.

Jones, M. R. (1955). Introduction. In M. R. Jones (Hrsg.), *Nebraska symposium on motivation* (S. 7–10). Lincoln: University of Nebraska Press.

Jones, W. P. & Hoskins, J. (1987). Back propagation: A generalized learning rule. *Byte Magazine, October 1987*, 155–162.

Jordan, M. I., & Rosenbaum, D. A. (1989). Action. In M. I. Posner (Hrsg.), *Foundations of cognitive science*. Cambridge, MA: MIT Press.

Jost, A. (1897). *Zeitschrift für Psychologie, 14*, 436–463. (Zitiert nach Rohracher, 1971)

Kahneman, D. (1973). *Attention and effort*. Englewood Cliffs, NJ: Prentice Hall.

Kahneman, D. & Tversky, A. (1972). Subjective probability: a judgment of representativeness. *Cognitive Psychology, 3*, 430–454.

Kahneman, D. & Tversky, A. (1973). On the psychology of prediction. *Psychological Review, 80*, 237–251.

Kahneman, D. & Tversky, A. (1982). The simulation heuristic. In D. Kahneman, P. Slovic & A. Tversky (Hrsg.), *Judgement under uncertainty: Heuristics and biases* (S. 201–208). Cambridge: Cambridge University Press.

Kail, R. & Pellegrino, J. W. (1988). *Menschliche Intelligenz*. Heidelberg: Spektrum der Wissenschaft-Verlagsgesellschaft. (Original erschienen 1985: Human intelligence)

Kaminski, G. & Osterkamp, U. (1962). Untersuchung über die Topologie sozialer Handlungsfelder. *Zeitschrift für experimentelle und angewandte Psychologie, 9*, 417–451.

Kanfer, F. H. & Hagerman, S. (1987). A model of self-regulation. In F. Halisch & J. Kuhl (Hrsg.), *Motivation, intention, and volition* (S. 293–307). Berlin: Springer-Verlag.

Kanfer, F. H. (1970). Self-regulation: Research, issues, and speculations. In C. Neuringer & J. L. Michael (Hrsg.), *Behavior modification in clinical psychology* (S. 178–220). New York: Appleton.

Kanfer, F. H. (1975). Self-management methods. In F. H. Kanfer & A. P. Goldstein (Hrsg.), *Helping people change* (S. 309–355). New York: Pergamon Press.

Kant, I. (1781). *Kritik der reinen Vernunft.* In R. Schmidt (Hrsg.). Leipzig: Reclam.

Karau, S. J. & Williams, K. D. (1993). Social loafing: A meta-analytic review and theoretical integration. *Journal of Personality and Social Psychology, 65*(4), 681–706.

Karlin, L. & Kerstenbaum, R. (1968). Effects of number of alternatives on the psychological refratory period. *Quarterly journal of Experimental Psychology, 20,* 167–178.

Keidel, W. D. (1967). Kurzgefaßtes Lehrbuch der Physiologie. Stuttgart: Thieme.

Keidel, W. D. (1989). *Biokybernetik des Menschen.* Darmstadt: Wissenschaftliche Buchgesellschaft.

Keil, F. C. (1989). *Concepts, kinds, and cognitive development.* Cambridge, MA, US: The MIT Press.

Kelley, C.M., & Jacoby, L.L. (1993). The Construction of Subjective Experience: Memory Attributions. In M. Davies & G. Humphrey (Hrsg.) *Consciousness.* Oxford: Blackwell.

Kelley, H. H. (1967). Attribution theory in social psychology. In D. Levine (Hrsg.), *Nebraska symposium on motivation* Lincoln: Univ. of Nebraska Press.

Kelley, H. H. (1973). The process of causal attribution. *American Psychologist, 28,* 107–128.

Kelly, G. A. (1955). The psychology of personal construct. New York: Norton.

Kelman, H. C. (1958). Compliance, identification, and internalization. *Journal of Conflict and Resolution, 2,* 51–60.

Kesselring, T. (1988). Jean Piaget. München: Beck.

Kintsch, W. (1974). *The representation of meaning in memory.* Hillsdale, NJ: Erlbaum.

Kintsch, W. (1982). *Gedächtnis und Kognition.* Berlin: Springer-Verlag.

Klinger, E. (1971). *Structure and functions of fantasy.* Oxford, England: Wiley Interscience.

Kluwe, R. (1979). *Wissen und Denken.* Stuttgart: Kohlhammer.

Kluwe, R. (1990). Gedächtnis und Wissen. In H. Spada (Hrsg.), *Allgemeine Psychologie* (S. 115–187). Bern: Huber.

Kneer, V. (1994). *Computernetze und Kommunikation.* Diplomarbeit an der Universität Hohenheim. Fakultät für Wirtschafts- und Sozialwissenschaften.

Knowles, W.B. (1963). Operator loading tasks. *Human Factors, 5,* 151–161.

Koestler, A. (1964). *The act of creation.* New York: MacMillan.

Kohlbacher-Hess, M. & Trimmel, M. (1996). Transfereffekte beim Lernen von Computerprogrammen. In M. Jirasko (Hrsg.), *Perspektiven psychologischer Forschung in Österreich* (S. 221–224). Wien: WUV-Universitätsverlag.

Kohlberg, L. (1974). *Zur kognitiven Entwicklung des Kindes.* Frankfurt/M.: Suhrkamp.

Köhler, W. (1921). *Intelligenzprüfungen an Anthropoiden.* Berlin: Springer.

Kok, G. & Siero, S. (1985). Tin recycling: Awareness, comprehension, attitude, intension and behavior. *Journal of Economic Psychology, 6,* 157–173.

Kolb, B. & Whishaw, I. Q. (1980). *Fundamentals of human neuropsychology.* San Francisco: Freeman.

Koller, M., Haider, M., Kundi, M., Korenjak, F., Hautmann, W., Groll-Knapp, E. & Trimmel, M. (1987). Combined Effects of physical load and noise in diurnal and nocturnal exposure. In A. Okanda & O. Manninen (Hrsg.), *Recent Advances in Researches on the combined Effects of Environmental Factors* (S. 37–58). Kanazawa, Japan: Ryoei Co Ltd.

Kosslyn, S. M. (1980). *Image and mind.* Cambridge, Ma.: Harvard University Press.

Kosslyn, S. M. (1983). *Ghosts in the mind's machine: Creating and using images in the brain.* New York: Norton.

Kosslyn, S. M., Ball, Thomas & Reiser, B. J. (1978). Visual images preserve metric spatial information: Evidence from studies of image scanning. *Journal of Experimental Psychology: Human Perception and Performance, 4,* 47–60.

Kosslyn, S. M., Pinker, S., Smith, G. & Schwartz, S. P. (1979). On the demystification of mental imagery. *The Behavioral and Brain Sciences, 2,* 535–581.

189

Kosslyn, S. M., Reiset, B. J., Farah, M.J. & Fliegel, S. L. (l983). Generating visual images: Units and relations. *Journal of Experimental Psychology: General, 112,* 278–303.

Krapp, A. (1989). Neue Ansätze einer pädagogisch orientierten Interessensforschung. *Empirische Pädagogik, 3,* 233–255.

Krause, R. (1977). Produktives Denken bei Kindern. Weinheim: Beltz.

Krech, D., Crutchfield, R. S., Livison, N., Wilson, W. A. & Parducci, A. (1992). Grundlagen der Psychologie. Weinheim: Psychologie Verlags Union.

Kruse, L. (1986). Drehbücher für Verhaltenschauplätze oder Scripts für Settings. In G. Kaminski (Hrsg.), *Ordung und Variabilität im Alltagsgeschehen* (S. 135–153). Göttingen: Hogrefe.

Kuethe, J. L. (1962). Social schemas. *Journal of Abnormal and Social Psychology, 64,* 31–38.

Kuhl, J. (1983a). Emotion, cognition, and motivation, II. *Sprache und Kognition, 4,* 228–253.

Kuhl, J. (1983b). *Motivation, Konflikt und Handlungskontrolle.* Berlin: Springer-Verlag.

Kuhl, J. (1983c). Handlungs- vs. Lageorientierung als Vermittler zwischen Intention und Handeln. In W. Hacker, W. Volpert & M. Cranach (Hrsg.), *Kognitive und motivationale Aspekte der Handlung* (S. 76–95). Berlin: VEB Verlag Deutscher Wissenschaften.

Kuhl, J. (1984). Motivational aspects of achievement motivation and learned helplessness: Toward a comprehensive theory of action control. In B. A. Maher & W. B. Maher (Hrsg.), *Progress in Experimental Personality Research* (S. 99–171). New York: Academic Press.

Kuhl, J. (1985). Volitional mediators of cognition-behavior consistency: Self-regulatory processes and action versus state orientation. In J. Kuhl & J. Beckmann (Hrsg.), *Action control: From cognition to behavior* (S. 101–128). Berlin: Springer-Verlag.

Kuhl, J. (1987). Action control: The maintenance of motivational states. In F. Halisch & J. Kuhl (Hrsg.), *Motivation, intention, and volition* (S. 279–291). Berlin: Springer-Verlag.

Kukla, A. (1972). Attributional determinants of achievement-related behavior. *Journal of Personality and Social Psychology, 21,* 166–174.

Kusmitsch, C. & Trimmel, M. (1998). Hintergrundgeräusche und kortikale Informationsverarbeitung unter Berücksichtigung der Lärmempfindlichkeit. In J. Glück, O. Vitouch, M. Jiraschko & B. Rollet (Hrsg.), *Perspektiven psychologischer Forschung in Österreich Band 2* (S. 145–148). Wien: WUV-Universitätsverlag.

Laaser, U. & Hurrelmann, K. (1998). Gesundheitsförderung und Krankheitsprävention. In K. Hurrelmann & U. Laaser (Hrsg.), *Handbuch der Gesundheitswissenschaften.Neuausgabe* (S. 395–424). Weinheim: Juventa.

LaBerge, D. & Brown, V. (1989). Theory of attentional operations in shape identification. *Psychological Review, 96,* 101–124.

Labov, W. (1973). The boundaries of words and their meanings. In C.-J. N. Bailey & R. W. Shuy (Hrsg.), *New ways of analyzing variations in english.* Washington, DC: Georgetown University Press.

Laird, J. E., Newell, A., & Rosenbloom, P. S. (1987). Soar: An architecture for general intelligence. *Artificial Intelligence, 33,* 1–64.

Landau, E. (1969). *Psychologie der Kreativität.* München: Reinhardt.

Lange, C. G. (1885/1887). *Über Gemüthsbewegungen.* (Aus dem dän. übers. von Kurella.) Leipzig: Thomas.

Lange, L. (1888). Neue Experimente über den Vorgang der einfachen Reaktion auf Sinneseindrücke. *Philosophische Studien, 4,* 479–510.

Langer, E. J. (1989). *Mindfulness.* Reading, MA: Addison-Wesley.

Lansana, F. M. (1992). Distinguishing potential recyclers from non-recyclers: a basis for developing recycling strategies. *Journal of Environmental Education, 23,* 16–23.

Lantermann, E.-D. (1992). *Bildwechsel und Einbildung: eine Psychologie der Kunst.* Berlin: ed. q.

Lantermann, E.-D. (1983). Kognitive und emotionale Prozesse beim Handeln. In H. Mandl & G. L. Huber (Hrsg.), *Emotion und Kognition* (S. 248–281). München: Urban & Schwarzenberg.

Latané, B., Williams, K. & Harkins, S. (1979). Many hands make light the work: The causes and consequences of social loafing. *Journal of Personality and Social Psychology, 37,* 822–832.

Lazarus, R. S. (1966). *Psychological stress and the coping process*. New York: McGraw-Hill.

Lazarus, R. S. (1982). Thoughts on the relations between emotion and cognition. *American Psychologist, 37*, 1019–1024.

Lazarus, R. S. (1991). *Emotion and Adaptation*. New York: Oxford University Press.

Lazarus, R. S., Kanner, A. D. & Folkman, S. (1980). Emotions: A cognitive-phenomenological analysis. In R. Plutchik & H. Kellerman (Hrsg.), *Emotion: Theory, research, and experience* (Vol. 1). New York: Academic Press.

Lenneberg, E. H. (1977). *Biologische Grundlagen der Sprache*. Frankfurt/M.: Suhrkamp. (Original erschienen 1967: Biological foundations of language)

Lerner, M. J. (1974). Social Psychology of justice and interpersonal attraction. In T. Huston (Hrsg.), *Foundations of Interpersonal Attraction* (S. 331–355). New York: Academic Press.

Lerner, M. J. (1977). Justice motive in social behavior. *Journal of Personality and Social Psychology, 45*, 1–52.

Lerner, M. J., Miller, D. T. & Holmes, J. G. (1976). Deserving and the emergence of forms of justice. In L. Berkowitz & E. Walster (Hrsg.), *Advances in Experimental Social Psychology* (S. 92–133). New York: Academic Press.

Leventhal, G. S. (1976). Fairness in social relations. In J. Thibaut, J. T. Spence & R. C. Carson (Hrsg.), *Contemporary Topics in Social Psychology* (S. 211–239). Morristion: General Learning Press.

Levet, W. J. M. (1993). Die konnektionistische Mode. In J. Engelkamp & T. Pechmann (Hrsg.), *Mentale Repräsentation* (S. 51–62). Bern: Huber.

Lévy-Leboyer, C., Bonnes, M., Chase, J., Ferreira-Marques, J. & Pawlik, K. (1996). Determinants of pro-environmental behaviors: a five-countries comparison. *European Psychologist, 1*, 123–129.

Lewin, K. (1926). Untersuchungen zur Handlungs- und Affekt-Psychologie. I.: Vorbemerkungen über die psychischen Kräfte und Energien und über die Struktur der Seele. *Psychologische Forschung, 7*, 294–329.

Lewin, K. (1934). The concept of direction in psychology. Special and general hodological space. *Psychologische Forschung, 19*, 249–299.

Lewin, K. (1935). A dynamic theory of personality: Selected papers. New York: McGraw-Hill.

Lewin, K. (1951). *Field theory in social science: selected theoretical papers* (Edited by Dorwin Cartwright.). Oxford, England: Harpers.

Lilli, W. & Frey, D. (1993). Die Hypothesentheorie der sozialen Wahrnehmung. In D. Frey & M. Irle (Hrsg.), *Theorien der Sozialpsychologie: Band1: Kognitive Theorien* (S. 49–78). Bern: Huber.

Lindsay, P. H. & Norman, D. A. (1977). *Human information processing*. New York: Academic Press.

Lindsay, P. H. & Norman, D. A. (1981). *Einführung in die Psychologie*. Berlin: Springer-Verlag.

Lindsley, D. B. (1951). Emotion. In S. S. Stevens (Hrsg.), *Handbook of experimental psychology* (S. 473–516). New York: Wiley.

Linton, R. (1936). *The Study of Men*. New York: Appleton-Century-Crofts.

List, G. (1972). *Psycholinguistik* (2. Aufl.). Stuttgart: Kohlhammer.

Locke, E. A. (1968). Toward a theory of task motivation and incentives. *Organisational Behavior and Human Performance, 3*, 157–189.

Locke, E. A. & Latham, G. P. (1985). The application of goal setting to sports. *Journal of Sport Psychology, 7*(3), 205–222.

Logan, G.D. (1995). Linguistic and conceptual control of visual spatial attention. *Cognitive Psychology, 28*, 103–174.

Loo, C. (1972). The effect of spatial density on the social behavior of children. *JournL OF Applied Social Psychology, 2*, 372–381.

Lorenz, K. (1937). Ueber den Begriff der Instinkthandlung. / The concept of instinctive action. *Folia Biotheoretica, 2*, 17–50

Lorenz, K. (1943). Die angeborenen Formen möglicher Erfahrung. *Zeitschrift für Tiefenpsychologie, 5*, 235–409.

Lorenz, K. (1963). *Das sogenannte Böse*. Wien: Schöller-Verlag.

Lück, H. E. (1991). *Geschichte der Psychologie. Strömungen, Schulen, Entwicklungen.* Stuttgart: Kohlhammer.

Lüer, G. & Spada, H. (1990). Denken und Problemlösen. In H. Spada (Hrsg.), *Allgemeine Psychologie* (Kap. 4, S. 189–280). Bern: Huber.

Luria, A.R. (1966). *Higher cortical functions in man.* London: Tavistock.

Lyman, S. M. & Scott, M. (1967). Territoriality: A neglected sociological dimension. *Social Problems, 15*, 235–249.

Maccoby, E. E. & Jacklin, C. N. (1974). *The psychology of sex differences.* Stanford: Stanford University Press.

Mach, E. (1918). *Die Analyse der Empfindungen* (7. Aufl.). Jena: Fischer.

MacKinnon, D. W. (1962). The nature and nurture of creative talent. *American Psychologist, 17*, 484–495.

Maier, N. R. F. (1930). Reasoning in Humans I: On direction. *Journal of Comparative Psychology, 10*, 115–43.

Maier, N. R. F. (1931). Reasoning in humans II: The solution of a problem and its appearance in consciousness. *Journal of Comparative Psychology, 12*, 181–189.

Mandl, H. & Huber, G. L. (1983). *Emotion und Kognition.* München: Urban & Schwarzenberg.

Mandler, G. (1979). *Denken und Fühlen. Zu einer kognitiven Theorie emotionaler Prozesse.* Paderborn: Jungfermann.

Mangun, G., Hillyard, S. A. & Luck, S. J. (1993). Electrocortical substrates of visual selective attention. In D. Meyer & S. Kornblum (Hrsg.), *Attention and performance 14: Synergies in experimental psychology, artificial intelligence, and cognitive neuroscience* (S. 219–243). Cambridge, MA: The MIT Press.

Mann, L. (1972). *Sozialpsychologie.* Basel: Beltz.

Marr, D. (1982). *Vision. A computational investigation into the human representation and processing of visual information.* San Francisco: Freeman.

Marshall, N. (1972). Privacy and the environment. *Human Ecology, 2*, 93–110.

Matarazzo, J. D. (1980). Behavioral health and behavior medicine: Frontiers for a new health psychology. *American Psychologist, 35*, 807–817.

Mayer, R. E. (1979). *Denken und Problemlösen.* Berlin: Springer-Verlag.

Mayer, R. E. (1992). *Thinking, problem solving, cognition* (2nd ed.). New York: Freeman.

McClelland, D. C. (1984). The empire-building motivational syndrome. In D. C. McClelland (Hrsg.), *Motives, personality, and society: Selected papers* (S. 147–174). New York: Praeger.

McClelland, D. C. (1987). Biological aspects of human motivation. In F. Halisch & J. Kuhl (Hrsg.), *Motivation, intention, and volition* (S. 11–19). Berlin: Springer-Verlag.

McClelland, D. C., Atkinson, J. W., Clark, R. A. & Lowell, E. L. (1953). *The achievement motive.* New York: Appleton-Century-Crofts.

McClelland, J. L., & Rumelhart, D. E. (1981). An interaktive activation model of context effects in letter perception: Part 1. An account of basic findings. *Psychological Review, 85*, 375–407.

McClelland, J. L., Rumelhart, D. E., & Hinton, G. E. (1986). The appeal of parallel distributed processing. In D. E. Rumelhart & J. L. McClelland (Hrsg.), *Parallel distributed processing: Explorations in the microstructure of cognition.* (Vol. 1, S. 2–44). Cambridge, MA: MIT Press.

McCulloch, W. S. & Pitts, W. (1943). A logical calculus of the ideas immanent in neural nets. *Bulletin of Mathematical Biophysics, 5*, 115–137.

McDougall, W. (1902). The physiological factors of the attention process (I–IV ed.). *Mind* (New Series), *1*, 316–351.

McDougall, W. (1903). The physiological factors of the attention process (I–IV ed.). *Mind* (New Series), *12*, 289–302.

McDougall, W. (1905). *Physiological psychology.* London: Dent.

McDougall, W. (1906). The physiological factors of the attention process (1–4 ed.). *Mind* (New Series), *15*, 329–359

192

McDougall, W. (1928). *Grundlagen der Sozialpsychologie*. Jena: Fischer (Original erschienen 1908).

McDougall, W. (1932). *The energies of man. A study of the fundamentals of dynamic psychology.* New York: Methuen.

McGee, M. G. (1979). Human spatial abilities: Psychometric studies and environmental, genetic, hormonal, and neurological influences. *Psychological Bulletin, 86*, 889–918.

McGrath, J. E. (1964). *Social psychology: A brief introduction.* New Jersey: Holt, Rinehart & Winston.

McGuiness, D. (1976). Sex differences in the organization of perception and cognition. In B. Lloyd & J. Archer (Hrsg.), *Exploring sex differences* (S. 123–156). New York: Academic Press.

McLeod, C. M., Hunt, E. & Mathews, N. N. (1978). Individual differences in the verification of sentence-picture relationships. *Journal of Verbal Learning and Verbal Behavior, 17*, 493–507.

McLeod, P., & Posner, M. I. (1984). Privileged loops from percept to act. In H. Bouma & D. G. Bouwhuis (Hrsg.), *Attention and peformance X: Control of language processes.* Hove, UK: Lawrence Erlbaum.

McLeod, P. D. (1977). A dual task response modality effects: Support for multi-processor models of attention. *Quarterly Journal of Experimental Psychology, 29*, 651–667.

McLeod, P. D. (1978). Does probe RT measure central processing demand? *Quarterly Journal of Experimental Psychology, 30*, 83–89.

McNemar, Q. (1964). Lost: Our intelligence? Why? *American Psychologist, 19*, 871–882.

McReynolds, P. (1971). The nature and assessment of intrinsic motivation. In P. McReynolds (Hrsg.), *Advances on psychological assessment* (Vol. 2). Palo Alto: Science and Behavior Books.

Mead, G. H. (1968). *Geist, Identität und Gesellschaft.* Frankfurt/M.: Suhrkamp. (Original erschienen 1934: Mind, Self and Society)

Medin, D. L. & Smith, E. E. (1984). Concepts and concept formation. *Annual Review of Psychology, 35,* 113–138.

Meili, R. (1957). *Analytischer Intelligenztest* (AIT). Bern: Huber.

Meili, R. (1972). Denken. In R. Meili & H. Rohracher (Hrsg.). *Lehrbuch der experimentellen Psychologie* (S. 172–234). Bern: Huber.

Meltzoff, A. N. & Moor, M. K. (1977). Imitation of facial and manual gestures by human neonates. *Science, 198*, 75–78.

Metzger, W. (1966). Das einäugige Tiefensehen. In W. Metzger, (Hrsg.), *Handbuch der Psychologie* (Bd. l/l, S. 533–555). Göttingen: Hogrefe.

Metzler, J. & Shepard, R. N. (1974). Transformational studies of the internal representation of three-dimensional objects. In R. L. Solso (Hrsg.), *Theories in cognitive psychology: The Loyola Symposium* (S. 147–201). Hillsdale, NJ: Erlbaum.

Meyer, D. E. & Schaneveldt, R. W. (1971). Facilitation in recognizing pairs of words: Evidence of a dependence between retrieval operations. *Journal of Experimental Psychology, 90*, 227–234.

Meyer, D. E. (1970). On the representation and retrieval of stored semantic information. *Cognitive Psychology, 1*, 242–300.

Meyer, W. U. & Försterling, F. (1993). Die Attributionstheorie. In D. Frey & M. Irle (Hrsg.), *Theorien der Sozialpsychologie. Band 1: Kognitive Theorien* (S. 175–214). Bern: Huber.

Meyer, W. U. (1973). Anstrengungsintention in Abhängigkeit von Begabungseinschätzung und Aufgabenschwierigkeit. *Archiv für Psychologie, 10*, 119–299.

Meyer, W. U. (1976). Leistungsorientiertes Verhalten als Funktion von wahrgenommener eigener Begabung und wahrgenommener Aufgabenschwierigkeit. In H. D. Schmalt & W. U. Meyer (Hrsg.), *Leistungsmotivation und Verhalten* (S. 101–135). Stuttgart: Klett.

Mikula, G. (1974). Individuelle Entscheidungen und Gruppenentscheidungen über die Aufteilung gemeinsam erzielter Gewinne. *Psychologische Beiträge, 56*, 338–364.

Mikula,G. (Hrsg.). (1980). *Gerechtigkeit und soziale Interaktion.* Bern: Huber.

Milgram, S. (1974). *Milgram-Experiment.* Reinbek: Rowohlt.

Miller, G. A. & Selfridge, J. A. (1950). Verbal context and the recall of meaningful material. *American Journal of Psychology, 63*, 176–185.

Miller, G. A. (1956). The magical number seven, plus or minus two: limits on our capacity for processing information. *Psychological Review, 63*, 81–97.

Miller, G. A. (1962). Some psychological studies of grammar. *American Psychologist, 17*, 748–762.

Miller, G. A., Galanter, E. & Pribram, K. H. (1960). *Plans and the structure of behavior*. Oxford, England: Holt.

Miller, G. A., Galanter, E. & Pribram, K. H. (1973). *Strategien des Verhaltens*. Weinsberg: Ernst Klett. (Original erschienen 1960: Plans and structure of Behavior)

Miller, G. A., Galanter, E. & Pribram, K. H. (1973). *Strategien des Verhaltens*. Weinsberg: Ernst Klett. (Original erschienen 1960: Plans and structure of Behavior)

Miller, R. L. (1977). Preference for social vs. non-social comparison as a means of self-evaluation. *Journal of Personality, 45*, 343–355.

Milner, B. (1963). Effects of different brain lesions on card sorting. *Archives of Neurology, 9*, 90–100.

Minsky, M. L. & Papert, S. A. (1969). *Perceptrons*. Cambridge, MA: MIT Press.

Minsky, M. L. (1975). A theoretical framework for representing knowledge. In P. Winston (Hrsg.), *The psychology of computer vision*. New York: McGraw Hill.

Mischo, C. & Rheinberg, F. (1995). Erziehungsziele von Lehrern und individuelle Bezugsnormen der Leistungsbewertung. / Educational goals and teachers' preference for individual reference norms in evaluating academic achievement. *Zeitschrift fuer Paedagogische Psychologie, 9*, 139–151.

Mittenecker, E. & Raab, E. (1973). *Informationstheorie für Psychologen: Eine Einführung in Methoden und Anwendungen. / Information theory for psychologists: An introduction to methods and applications*. Oxford, England: Verlage für Psychologie C. J. Hogre.

Moray, N. (1959). Attention in dichotic listening: Affective cues and the influence of instructions. *Quarterly Journal of Experimental Psychology, 11*, 56–60.

Moray, N. (1967). Where is capacity limited? A survey and a model. *Acta Psychologica, 27*, 84–92.

Moray, N. (1970). Towards a quantitative theory of attention. *Acta Psychologica, 33*, 111–117.

Moruzzi, G. & Magoun, H. W. (1949). Brainstem reticular formation and activation of the EEG. EEG and Clinical Neurophysiology, 1, 455–473.

Mowrer, O. H. (1960). *Learning theory and behavior*. New York: Wiley.

Müller, G. E. & Hassebrauck, M. (1993). Gerechtigkeitstheorien. In D. Frey & M. Irle (Hrsg.), *Theorien der Sozialpsychologie. Band 1: Kognitive Theorien* (S. 217–240). Bern: Huber.

Müller, G. E. & Pilzecker, A. (1900). Experimentelle Beiträge zur Lehre vom Gedächtnis. *Zeitschrift für Psychologie* (Ergänzungsband 1).

Müller, G. E. (1923). *Komplextheorie und Gestalttheorie*. Göttingen. (Zitiert nach Rohracher, 1971)

Müller, H.J. & Krummenacher, J. (2003). Aufmerksamkeit. In J. Müsseler & W. Prinz (Hrsg.), *Allgemeine Psychologie* (S. 119–177). Heidelberg: Spektrum

Murray, H. A. (1938). *Explorations in personality*. New York: Oxford Univeristy Press.

Murray, H. A. (1943). *Thermatic Apperceptive Test Manual*. Cambridge: Harvard University Press.

Myers, D. G. (1982). Polarizing effects of social interaction. In H. Brandstätter, J. H. Davis & G. Stocker-Kreichgauer (Hrsg.), *Group decision making* (S. 125–161). New York: Academic Press.

Neisser, U. (1974). *Kognitive Psychologie*. Stuttgart: Klett. (Original erschienen 1967: Cognitive psychology)

Neisser, U. (1976). *Cognition and reality*. New York: W.H. Freeman.

Nerdinger, F. W. (1995). *Motivation und Handeln in Organisationen*. Eine Einführung. Stuttgart: Kohlhammer.

Neuman, O. (1984). Automatic processing: A review of recent findings and a plea for an old theory. In W. Printz & A. Sanders (Hrsg.) *Cognition and Motor Processes*. Berlin: Springer.

Neuman, O. (1987). Beyond capacity: A functional view of attention. In H. Heuer & A.F. Sanders (Hrsg.), *Perspectives on selection and action*. Hillsdale, NJ: Lawrence Erlbaum Associates Inc.

Newell, A. & Simon, H. A. (1972). *Human problem solving*. Englewood Cliffs, NJ: Prentice-Hall.

Newell, A. (1973). Production systems: Models of control structure. In W. G. Chase (Hrsg.), *Visual information processing* (S. 463–526). New York: Academic Press.

Newell, A. (1982). The knowledge level. *Artificial Intelligence, 18*, 87–127.

Newell, A. Shaw, J. C. & Simon, H. A. (1958). Elements of a theory of human problem solving. *Psychological Review, 65*, 151–166.

Newell, A., Rosenbloom, P.S., & Laird, J.E. (1989). Symbolic architectures for cognition. In M.I. Posner (Hrsg.), *Foundations of cognitive science*. Cambridge, MA: MIT Press.

Noack, R. H. (1997). Salutogenese: Ein neues Paradigma in der Medizin? In H. H. Bartsch & J. Bengel (Hrsg.), *Salutogenese in der Onkologie* (S. 88–105). Basel: Karger.

Norman, D. A. & Bobrow, D. J. (1975). On data-limited and resource-limited processes. *Cognitive Psychology, 7,* 44–64.

Norman, D. A. & Rumelhart, D. E. (1975). *Explorations in cognition*. New York: Freeman.

Norman, D. A. (1968). Towards a theory of memory and attention. *Psychological Review, 75*, 522–536.

Norman, D. A. (1973). *Aufmerksamkeit und Gedächtnis*. Weinheim: Beltz. (Original erschienen 1969: Memory and attention)

Norman, D. A. (l983). Some observations on mental models. In D. Gentner & A. L. Stevens (Hrsg.*), Mental models* (S. 7–14). Hillsdale, NJ: Erlbaum.

Norman, D. A., & Bobrow, D. G. (1975). On data-limited and resource-limited processes. *Cognitive Psychology, 7,* 44–64.

Norman, D. A., & Shallice, T. (1986). Attention to action: Willed and automatic control of behaviour. In R. Davison, G. Shwartz, & D. Shapiro (Hrsg.), *Consciousness and self regulation: Advances in research and theory*. New York: Plenum.

Nosofsky, R. M. (1986). Attention, similarity, and the identification-categorization relationship. *Journal of Experimental Psychology: General, 115,* 39–57.

Nosofsky, R.M. & Kruschke, J. K. (1992). Investigations of an exemplar-based connectionist model of category learning. *The Psychology of Learning and Motivation: Advances in Research and Theory, 28,* 207–250.

Oberquell, H. (1987). *Sprachkonzepte für benutzergerechte Systeme*. Berlin: Springer-Verlag.

Oerter, R. (1977). Intelligenz und Kreativität. In T. Herrmann, P. R. Hofstätter, H. P. Huber & F. E. Weinert (Hrsg.), *Handbuch psychologischer Grundbegriffe* (S. 213–227). München: Kösel-Verlag.

Oerter, R., Mandl, H. & Zimmermann, A. (1974). Neue Befunde zur Differenzierungshypothese. Ein Nachgesang. *Zeitschrift für Entwicklungspsychologie und Pädagogische Psychologie, 6*, 151–167.

Opwis, K. (1988). Produktionssysteme. In H. Mandl & H. Spada (Hrsg.), *Wissenspsychologie* (S. 74–98). München: Urban & Schwarzenberg.

Osgood, C. E. (1962). Studies on the generality of affective meaning systems. *American Psychologist, 17,* 10–28.

Oskamp, S., Harrington, M. J., Edwards, T. C. Sherwood, D. L., Okuda, S. M. & Swanson, D. C. (1991). Factors influencing household recycling behavior. *Environment and Behavior, 23*, 494–519.

Paivio, A. (1971). *Imagery and verbal processes*. New York: Holt.

Paivio, A. (1983). The empirical case for dual coding. In U. Yuille (Hrsg.), *Imagery, memory, and cognition* (S. 307–332). Hillsdale, NJ: Erlbaum.

Paivio, A. (1986). *Mental representations: A dual coding approach*. New York: Oxford University Press.

Panksepp, J. (1982). Toward a general psychobiological theory of emotions. *Behavioral an Brain Sciences, 5*, 407–467.

Papez, J. W. (1937). A proposed mechanism of emotion. *Archives of Neurological Psychiatry, 38*, 725–743.

Parks, M. & Floyd, C. (1996). Making Friends in Cyberspace. *Journal of Computermediated Communication, 1*(4).

Pashler, H. (1990). Do response modality effects support multi-processor models of divided attention? *Journal of Experimental Psychology: Human Perception and Performance, 16*, 826–842.

Pashler, H. (1993). Dual-task interference and elementary mental mechanisms. In D.E. Meyer & S.M. Kornblum (Hrsg.), *Attention and performanceXIV: Synergies in experimental psychology, artificial intelligence and cognitive neuroscience*. Cambrige, MA: MIT Press.

Pawlow, I. P. (1927). *Conditioned reflexes*. London: Oxford University Press.

Pelz, H. (1994). *Linguistik für Anfänger* (12. Aufl.). Hamburg: Hoffmann und Campe.

Perin, C. T. (1942). Behavior potentiality as a joint function of the amount of training and the degree of hunger at the time of extinction. *Journal of Experimental Psychology, 30*, 93–113.

Perrez, M. (1998). Prävention und Gesundheitsforschung. In U. Baumann & M. Perrez (Hrsg.), *Lehrbuch der Klinischen Psychologie – Psychotherapie* (S. 366–391). Göttingen: Hans Huber.

Petermann, F. & Vaitl, D. (1994). *Handbuch der Entspannungsverfahren. Band 1: Anwendungen.* Weinheim: Psychologie Verlags Union.

Peterson, L. R. & Peterson, M. J. (1959). Short-term retention of individual verbal items. *Journal of Experimental Psychology*, 58, 193–198.

Petty, R. E. & Cacioppo, J. T. (1979). Effects of forwarding of persuasive intent and involvement on cognitive responses and persuasion. *Personality and Social Psychology Bulletin, 5*, 173–176.

Petty, R. E. & Cacioppo, J. T. (1981). *Attitudes and persuasion: Classic and contemporary approaches.* Dubuque, IA: Wm. C. Brown.

Petty, R. E. & Cacioppo, J. T. (1986). The elaboration likelihood model of persuasion. In L. Berkowitz (Hrsg.), *Advances in experimental social psychology* Orlando: Academic Press.

Piaget, J. & Inhelder, B. (1956). *The child's conception of space*. London: Routledge.

Piaget, J. & Inhelder, B. (1966). *Die Psychologie des Kindes*. Olten: Walter.

Piaget, J. & Inhelder, B. (1975). *Die Entwicklung des räumlichen Denkens beim Kinde*. Stuttgart.

Piaget, J. & Szeminska, A. (1975). *Die Entwicklung des Zahlbegriffs beim Kinde*. Stuttgart.

Piaget, J. (1926). *Das Weltbild des Kindes*. Berlin: Ullstein.

Piaget, J. (1947). *Psychologie de l'Intelligence.* Paris: Alcan. (Deutsch erschienen 1972: Psychologie der Intelligenz. Olten: Walter)

Piaget, J. (1967). Language and thought from a genetic point of view. In J. Piaget, *Six psychological studies*. New York. (Zitiert nach Wieczerkowski, 1982)

Piaget, J. (1972). *Sprechen und Denken des Kindes*. Düsseldorf. (Original erschienen 1923: Le langague et la pensée chez l'enfant)

Piaget, J. (1974). *Urteil und Denkprozeß des Kindes*. 2. Aufl. Düsseldorf. (Original erschienen 1967: Le jugement et le raisonnement chez l'enfant, 6. Aufl. Neuchâtel)

Piaget, J. (1975a). *Das Erwachen der Intelligenz beim Kinde*. Stuttgart. (Original erschienen 1959: La naissance de l'intelligence chez l'enfant)

Piaget, J. (1975b). *Nachahmung, Spiel und Traum*. Stuttgart. (Original erschienen 1959: La formation du symbole chez l'enfant. Imitation jeu et rêve – Image et représentation, Neuchâtel)

Piaget, J. (1976). *Die Äquilibration der kognitiven Strukturen*. Stuttgart. (Original erschienen 1975: L'équilibration des structures cognitives)

Piaget, J. (1978). *Das Weltbild des Kindes. Stuttgart*. (Original erschienen 1926: La représentation du monde chez l'enfant)

Piaget, J. (1981). *Jean Piaget über Jean Piaget. Sein Werk aus seiner Sicht*. München: Kindler. (Original erschienen 1970: Carmichael's Manual of Child Psychology)

Piel, E. (1992). Wichtig ist, was oben rauskommt. *Geo Wissen*, S. 76–80.

Pinel, J. P. J. (1997). *Biopsychologie*. Heidelberg: Spektrum Akademischer Verlag.

Plomin, R., & McClearn, G.E. (1993). Nature, nurture and psychology. Washington, DC: American Psychological Association.

Plutchik, R. (1980). *Emotion: A psychoevolutionary synthesis*. New York: Harper u. Row.

Plutchik, R. (1980). A general psychoevolutionary theory of emotion. In R. Plutchik & H. Kellermann (Hrsg.), *Emotion. Theory, research and experience*. Vol. 1: Theories of emotion (S. 3–33). New York: Academic Press.

Posner, M. I. (1980) *Orienting of attention*. England: Taylor and Francis/Psychology Press.

Posner, M. J. (1975). Psychobiology of attention. In M. Gazzaniga & C. Blakemore (Hrsg.), *Handbook of psychobiology*. New York: Academic Press.

Posner, M. I. & Snyder, C .R. R. (1975). Attention and cognitive control. In R. L. Solso (Hrsg.) *Information Processing and Cognition: The Loyola Symposion*. Hillsdale, NJ: Lawrence Erlbaum Associates Inc.

Posner, M.I., & Boies, S.J. (1971). Components of attention. *Psychological Review, 78*, 391–408

Postman, L. (1951). Toward a general theory of cognition. In J. H. Rohrer & M. Sherif (Hrsg.), *Social psychology at the crossroads* (S. 242–272).

Preiser, S. (1976). *Kreativitätsforschung*. Darmstadt: Wissenschaftliche Buchgesellschaft.

Pribram, K. H. & McGuiness, D. (1975). Arousal, activation and effort in the control of attention. *Psychological Review, 82*, 116–149.

Pribram, K. H. (1984). The organization of memory in nonhuman primate model systems. In L. R. Squire & N. Butters (Hrsg.), *Neuropsychology of memory* (S. 340–363). New York: Guilford Press.

Pruitt, D. J. & Insko, C. A. (1980). Extension of the KELLEY attribution model : The role of consensus, target-object consensus , distinctiveness, and consistency. *Journal of Social Psychology, 39*, 39–58.

Pylyshyn, Z. W. (1973). What the mind's eye tells the mind's brain: A critique of mental imagery. *Psychological Bulletin, 80*, 1–24.

Quinn, J. G. & McConnell, J. (1996). Irrelevant pictures in visual working memory. *Quarterly Journal of Experimental Psychology: Human Experimental Psychology, 49A*(1), 200–215.

Rammsayer, T. & Lustnauer, S. (1989). Sex differences in time perception. *Perceptual and Motor Skills, 68*, 195–198.

Rapoport, A. (1975). Toward a redefinition of density. *Enviromement and Behavior, 7*, 133–158.

Reason, J. (1979). Actions not as planned: The price of automatization. In G. Underwood & R. Stephens (Hrsg.), *Aspects of consciousness* (Vol. 1). London: Academic Press.

Reeve, J. (1992). *Understanding motivation and emotion*. Orlando: Ted Buchholz.

Reeve, J. (2001). *Understanding motivation and emotion*. New York: Wiley.

Revelle, W. (1993). Individual differences in personality and motivation: ,Non-cognitive' determinants of cognitive performance. In A.D. Baddeley & L. Weiskrantz (Hrsg*.), Attention: Awareness, selection, and control*. Oxford: Oxford University Press.

Rheinberg, F. & Hoss, J. (1979). Disturbance and cooperation in class: A study of Kounin's categorization of teacher behavior. *Zeitschrift fuer Entwicklungspsychologie und Paedagogische Psychologie, 11*, 244–249.

Rheinberg, F. (1997). *Motivation*. Stuttgart: Kohlhammer.

Rieländer, M., Hertel, L. & Kaupert, A. (1995). *Psychologische Gesundheitsförderung als zukunftsorientiertes Berufsfeld*. Bonn: Deutscher Psychologenverlag.

Rips, L., Shoben, E. & Smith, E. E. (1973). Semantic distance and the verification of semantic relations. *Journal of Verbal Learning and Verbal Behaviour, 12*, 1–20.

Rockstroh, B., Elbert, T., Birbaumer, N. & Lutzenberger, W. (1982). *Slow Brain Potentials and Behavior*. Baltimore: Urban & Schwarzenberg.

Rogers, R. D., & Monsell, S. (1995). Costs of a predictable switch between simple cognitive tasks. *Journal of Experimental Psychology:General, 124*, 207–231.

Rohracher, H. (1948). *Einführung in die Psychologie* (3. Aufl.). Wien: Urban & Schwarzenberg.

Rohracher, H. (1969). *Kleine Charakterkunde*. Wien: Urban & Schwarzenberg.

Rohracher, H. (1971). *Einführung in die Psychologie* (10. umgearbeitete und erweiterte Aufl.). Wien: Urban & Schwarzenberg.

Rohracher, H. (1988). *Einführung in die Psychologie* (13. neu ausgestattete Aufl.). München: Psychologie Verlags Union.

Roland, P. E. & Friberg, L. (1985). Localization of cortical areas activated by thinking. *Journal of Neurophysiology, 53*(5), 1219–1243.

Roland, P.E. (1985). Cortical organisation of voluntary behaviour in man. *Human Neurobiology, 4*, 155–167.

Rosch, E. & Lloyd, B. B. (Hrsg.). (1978). *Cognition and categorization.* Hillsdale: Erlbaum.

Rosch, E. (1973). On the internal structure of perceptual and semantic categories. In T. E. Moore (Hrsg.), *Cognitive development and the aquisition of language.* New York: Academic Press.

Rosch, E. (1975). Cognitive representations of semantic categories. *Journal of Experimental Psychology: General, 104*, 192–223.

Rosch, E. (1977). Human categorization. In N. Warren (Hrsg.), *Advances in crosscultural psychology* (Bd.1). London: Academic Press.

Rosch, E., Mervis, C. B., Gray, W., Johnson, D. & Boyes-Braem, P. (1976). Basic objects in natural categories. *Cognitive Psychology, 8*, 382–439.

Rosenberg, M. J., Hovland, C. J., McGuire, W. J., Abelson, R. B. & Brehm, J. W. (1960). *An analysis of cognitive balancing.* New Haven: Yale University Press.

Rosenblatt, D. E. (1962). *Principles of neurodynamics.* New York: Spartan.

Rosenstock, I. M. (1966). Why people use health services. *Milbank Memorial Fund Quaterly, 44*, 94–127.

Ross, E. A. (1908). *Social psychology.* New York: Macmillan.

Ross, L. (1977). The intuitive psychologist and his short-comings: Distortions in the attribution process. In L. Berkowitz (Hrsg.), *Advances in experimental social psychology* (S. 173–220). New York: Academic Press.

Roth, E., Oswald, W. D. & Daumenlang K, (1975). *Intelligenz.* Stuttgart: Kohlhammer.

Rubinstein, S. L. (1977). *Grundlagen der allgemeinen Psychologie* (9. dtsch. Aufl.). Berlin: Volk & Wissen. (Original erschienen 1940 als russische Erstausgabe; 2. Aufl. 1946)

Rumelhart, D. E. & McClelland, J. L. (Hrsg.). (1986). *Parallel distributed processing* (Vol. 1). Cambridge, MA: MIT Press.

Rumelhart, D. E. & Norman, D. A. (1975). The computer implementation. In D. A. Norman & D. E. Rumelhart & the LNR Research Group (Hrsg.), *Explorations in Cognition* (S. 159–177). San Francisco: Freeman.

Rumelhart, D. E. & Norman, D. A. (1983). Representation in memory. Institute of Cognitive Science, University of California at San Diego, La Jolla, CA 92093, *CHIP 116* (June 1983).

Rumelhart, D. E. (1975). Notes on a schema for stories. In D. G. Bobrow & A. Collings (Hrsg.), *Representation and understanding.* New York: Academic Press.

Salovey, P. & Mayer, J. D. (1994). Some final thoughts about personality and intelligence. In R. J. Sternberg & P. Ruzgis (Hrsg.), *Personality and intelligence* (S. 303–318). New York: Cambridge University Press.

Sanson, J., & Albert, M. L. (1984). Varieties of perseveration. *Neuropsychologia, 22*, 715–732.

Santa, J. L. (1977). Spatial transformations of words and pictures. *Journal of Experimental Psychology: Human Learning and Memory, 3*(4), 418–427.

Sapir, E. (1921). *Language.* New York. (Zitiert nach Wieczerkowski, 1982)

Sarris, V. (1975). *Wahrnehmung und Urteil* (2. Aufl.). Göttingen: Hogrefe.

Schachter, S. & Singer, J. E. (1962). Cognitive, social, and physiological determinants of emotional state. *Psychological Review, 69*, 379–399.

Schahn, J. & Giesinger, T. (1993). *Psychologie für den Umweltschutz.* Weinheim: Psychologie Verlags Union.

Schahn, J. (1996). Umweltwissen und Geschlecht als Moderatoren der Beziehung zwischen Umwelteinstellung und Umweltverhalten: Ein Replikationsversuch. *Zeitschrift für Differentielle und Diagnostische Psychologie, 17*, 14–17.

Schank, R. C. & Abelson, R. (1977). *Scripts, plans, goals, and understanding.* Hillsdale, NJ: Erlbaum.

Scherer, K. R. (1980). Wider die Vernachlässigung der Emotion in der Psychologie. In W. Michaelis (Hrsg.), *Bericht über den 32. Kongreß der Deutschen Gesellschaft für Psychologie in Zürich*, Bd. l, (S. 304–317). Göttingen: Hogrefe.

Scherer. K. R. (1984). On the nature and function of emotion: A component process approach. In K. R. Scherer & P. Ekman (Hrsg.), *Approaches to emotion* (S. 293–318). Hillsdale: Erlbaum.

Schiefele, U. (1990). *Einstellung, Selbstkonsistenz, und Verhalten.* Göttingen: Hogrefe.

Schiefele, U. (1991). Interest, learning and motivation. *Educational Psychologist,* 299–323.

Schiff, W. & Oldak, R. (1990). Accuracy of judging time to arrival: Effects of modality, trajectory, and gender. *Journal of Experimental Psychology, Human Perception and Performance, 16,* 303–316.

Schmalt, H. D. (1976). *Die Messung des Leistungsmotivs.* Göttingen: Hogrefe.

Schmidt, R. A. (1975). A schema theory of discrete motor skill learning. Psychological Review, 52, 225–260.

Schneider, K. & Schmalt, H. D. (2000). *Motivation.* Stuttgart: Kohlhammer.

Schneider, W. & Shiffrin R. M. (1977). Controlled and automatic human information processing: I. Detection, search and attention. *Psychological Review, 84,* 1–66.

Schneider, W. X. (1993). Space based visual attention models and object selection: Constraints problems and possible solutions. *Psychological Research, 56,* 35–43.

Schroder, H. M., Driver, M. J. & Streufert, S. (1967). *Human Information Processing.* New York: Holt, Rinehart & Winston.

Schwager, U. & Trimmel, M. (1996). "Flusserleben" als intrinsischer Motivationsfaktor beim Computer-spielen? In M. Jirasko (Hrsg.), *Perspektiven psychologischer Forschung in Österreich* (S. 81–84). Wien: WUV-Universitätsverlag.

Schwartz, S. H. (1970). Elicitation of moral obligation and self-sacrificing behavior: An experimental study of volunteering to be a bone marrow donor. *Journal of Personality and Social Psychology, 15,* 283–293.

Schwarzer, R. (1990). Gesundheitspsychologie: Einführung in das Thema. In R. Schwarzer (Hrsg.), *Gesundheitspsychologie. Ein Lehrbuch* (S. 3–23). Göttingen: Hogrefe.

Schwarzer, R. (1992). *Psychologie des Gesundheitsverhaltens.* Göttingen: Hogrefe.

Schwarzer, R. (1996). *Psychologie des Gesundheitsverhaltens.* Göttingen: Hogrefe.

Schwenkmezger, L. R. & Schmidt, L. R. (1994). *Lehrbuch der Gesundheitspsychologie.* Stuttgart: Ferdinand Enke Verlag.

Seiler, B. (Hrsg.). (1973). *Kognitive Strukturiertheit.* Stuttgart: Kohlhammer.

Sejnowski, T. J. (1986). Open questions about computation in cerebral cortex. In J. L. McClelland & D. E. Rumelhart (Hrsg.), *Parallel distributed processing: Explorations in the microstructure of cognition, Vol. 2: Psychological and biological models.* Cambridge, MA: MIT Press.

Seligman, M. E. P. (1971). Preparedness and phobias. *Behavior Therapy, 2,* 307–320.

Seligman, M. E. P. (1975). *Helplessness: On depression, development, and death.* San Francisco: Freeman.

Selye, H. (1956). *Stress of life.* New York: McGraw-Hill.

Selz, O. (1913). *Über die Gesetze des geordneten Denkablaufs.* Stuttgart: Spemann

Shallice, T., Burgess, P. Schon, F. & Baxter, D. (1989). The origins of utilization behaviour. *Brain, 112,* 1587–1598.

Shannon, C. E. & Weaver, W. (1949). *The mathematical theory of communication.* Urbana IL: University of Illinois Press.

Shavitt, S. (1989). Operationalizing functional theories of attitudes. In A. R. Pratkanis, S. J. Breckler & A. G. Greenwald (Hrsg.), *Attutude structure and function* (S. 311–337). Hillsdale, N.J.: Erlbaum.

Shiffrin, R M. & Schneider, W. (1977). Controlled and automatic human information processing: II. Perceptual leaming, automatic attending and a general theory. *Psychological Review, 84,* 127–190.

Shneiderman, B. (1992). *Desining the unser interface. Strategies for effective human-computer interaction.* Reading, MA: Addison-Weseley.

Simmons, R. (1924). *The relative effectiveness of certain incentives in animal learning.* USA: Comparative Psychology Monographs.

Simon, H. A. & Newell, A. (1964). Information Processing in Computer and man. The American Scientist, 52, 281–300. (Deutsche Übersetzung erschienen 1972: Informationsverarbeitung in Computer und Mensch. In W. Ch. Zimmerli & S. Wolf (Hrsg.), *Künstliche Intelligenz* (S. 112–145). Stuttgart: Reclam)

Simon, H. A. (1957). *Models of man*. New York: Wiley.

Sinott, J.D. (1989). General systems theory: A rationale for the study of everyday memory. In L.W. Poon, D.C. Rubin, & B.A. Wilson (Hrsg.), *Everyday cognition in adulthood and late life*. Cambridge: Cambridge University Press.

Skemp. R. (1971). Schema-orientiertes Lernen im Bereich der Mathematik. In E. A. Lunzer & J. F. Morris (Hrsg.), *Das menschliche Lernen und seine Entwicklung* (S. 434–459). Stuttgart: Klett.

Skinner, B. F. (1953). *Science and human behavior*. New York: Macmillan.

Slobin, D. I. (1966). Grammatical transformations and sentence comprehension in childhood and adulthood. *Journal of Verbal Learning and Verbal Behavior, 5*, 219–227.

Sokolov, E. N. (1963). *Perception and the conditioned reflex*. Oxford: Pergamon Press.

Solomon, R. L. (1980). The opponent-process theory of acquired motivation: The costs of pleasure and the benefits of pain. *American Psychologist, 35*, 691–712.

Solso, R. L. (1977). *Cognitive Psychology*. New York: Harcourt Brace Jovanovich.

Sommer, R. (1959). Studies in personal space. *Sociometry, 22*, 247–260.

Sommer, R. (1969). *Personal space*. Englewood Cliffs: Prentice-Hall.

Soulage, P. (1978). In W. Hoffmann (Hrsg.), *Grundlagen der modernen Kunst* (S. 480). Stuttgart.

Spada, H. (Hrsg.). (1990). *Lehrbuch Allgemeine Psychologie*. Bern: Huber.

Spearman, C. (1904). General intelligence objectively determined and measured. *American Journal of Psychology, 15*, 201–293.

Spearman, C. (1927). *The abilities of man*. New York: Macmillan.

Spector, A. & Beiderman, I. (1976). Mental set and mental shift revisited. *American Journal of Psychology, 89*, 669–679.

Spence, K. W. (1960). *Behavior theory and learning*. Oxford, England: Prentice-Hall.

Sperling, G. (1960). The information available in brief visual presentations. *Psychological Monographs, 74*, 1–29.

Sperling, G. (1984). A unified theory of attention and signaldetection. In R. Parasuraman & D. R. Davies (Hrsg.), *Varieties of attention* (S. 103–181). Orlando, FL: Academic Press.

Springer, S. P. & Deutsch, G. (1988). *Linkes – rechtes Gehirn: funktionelle Asymmetrien*. Heidelberg: Spektrum der Wissenschaft Verlagsgesellschaft.

Squire, L. R. (1984). Opinion and facts about ECT: Can science help? *Behavioral and Brain Sciences, 7*, 34–37.

Squire, L. R. (1987). *Memory and brain*. New York: Oxford.

Squire, L. R. (1992). Memory and the hippocampus: A synthesis from findings with rats, monkeys, and humans. *Psychological Review, 99*, 195–231.

Squire, L. R. & Kandel E. R. (1999). *Gedächtnis*. Heidelberg: Spektrum Akademischer Verlag.

Stachowiak, H. (1973). *Allgemeine Modelltheorie*. Wien: Springer-Verlag.

Stahlberg, D. & Frey, D. (1993). Das Elaboration-Likelihood-Modell von Petty und Cacioppo. In D. Frey & M. Irle (Hrsg.), *Theorien der Sozialpsychologie. Band 1: Kognitive Theorien* (S. 327–359). Bern: Huber.

Steiner, G. (1988). Analoge Repräsentation. In H. Mandl & H. Spada (Hrsg.), *Wissenspsychologie* (S. 99–119). München-Weinheim: Psychologie Verlags Union.

Steiner, I. D. (1972). *Group process and productivity*. New York: Academic Press.

Steiner, I. D. (1976). Task-performing groups. In J. W. Thibaut, J. T. Spence & R. C. Carson (Hrsg.), *Contemporary topics in social psychology* (S. 393–422). Morristown, NJ: General Learning Press.

Steinzor, B. (1950). The spatial factor in face to face discussion group. *Journal of Abnormal and Social Psychology, 45*(552), 555.

Stern, W. (1912). *Die psychologischen Methoden der Intelligenzprüfung und deren Anwendung an Schulkindern*. Leipzig.

Stern, W. (1927). *Psychologie der frühen Kindheit* (4. Aufl). Leipzig.

Stern, W. (1950). Allgemeine Psychologie auf personalistischer Grundlage. Haag: Nijhoff.

Sternbach, R. A. (1966). *Principles of psychophysiology*. New York: Academic Press.

Sternberg, R. J. & Ruzgis, P. (Hrsg.). (1994). *Personality and intelligence*. New York: Cambridge University Press.

Sternberg, R. J. (1984a). Toward a triarchic theory of human intelligence. *Behavioral and Brain Science, 7*, 269–287.

Sternberg, R. J. (1984b). A contextualist view of the nature of intelligence. In P. S. Fry (Hrsg.), *Changing conceptions of intelligence and intellectual functioning*. Amsterdam: North-Holland.

Sternberg, R. J. (1988). *The nature of creativity. Contemporary psychological perspectives*. New York: Cambrige University Press.

Sternberg, R. J., Guyote, M. J. & Turner, M. E. (1980). Deductive reasoning. In R. E. Snow, P. A. Federico & W. E. Montague (Hrsg.), *Aptitude, learning and instruction*. Volume 1: Cognitive process analysis of aptitude (S. 219–245). Hillsdale, NJ: Lawrence Erlbaum.

Sternberg, S. (1966). High-speed scanning in human memory. *Science, 153*, 652–654.

Stevens, A. & Coupe, P. (1978). Distorsions in judged spatial relations. *Cognitive Psychology, 10*, 422–437.

Stroebe, W. & Jonas, K. (2002). Gesundheitspsychologie – Eine sozialpsychologische Perspektive. In W. Stroebe, K. Jonas & M. Hewstone (Hrsg.), *Sozialpsychologie* Berlin: Springer.

Stroebe, W. (1980). *Grundlagen der Sozialpsychologie*. Stuttgart: Klett.

Stroebe, W., Diehl, M. & Abakoumkin, G. (1996). Social compensation and the Koehler effect: Toward a theoretical explanation of motivation gains in group productivity. In E. H. Witte & J. H. Davis (Hrsg.), *Understanding group behavior, Vol* (S. 37). Hillsdale, NJ, England: Lawrence Erlbaum Associates, Inc.

Stroebe, W., Jonas, K. & Hewstone, M. (2000). *Sozialpsychologie*. Berlin: Springer.

Stroop, J. R. (1935). Studies of interference in serial-verbal reaction. *Journal of Experimental Psychology, 18*, 643–662.

Stucke, C. (2002). *PPT einer LV zu Sportpsychologie*. (Verfügbar am WWW, 1. 11. 2002).

Stucke, T. S. (2001). Der Zusammenhang zwischen Selbstkonzept und selbstberichtetem aggressiven Fahrverhalten. *Zeitschrift fuer Sozialpsychologie, 32*(4), 261–273.

Supa, M., Cotzin, M. &. Dallenbach, K. (1944). Facial vision: The perception of obstacles by the blind. *American Journal of Psychology, 57*, 133–183.

Swets, J. A., Tanner, W. P. & Birdsall, T. G. (1961) Decision processes in perception. *Psychological Review, 68*, 301–340.

Tannenbaum, P. H. (1956). Initial attitudes toward source and concept as factors in attitude change through communication. *Public Opinion Quart, 20*, 413–425.

Taylor, I. A. (1975). *Perspectives in creativity*. Chicago: Aldine.

Taylor, S. W. (1991). *Health Psychology*. New York: McGraw-Hill.

Thogersen, J. (1994). A model of recycling behavior with evidence from Danish source seperation programmes. *International Journal of Research in Marketing, 11*, 145–163.

Thomae, H. (1968). *Das Individuum und seine Welt*. Göttingen: Hogrefe.

Thompson, R. F. (1990). *Das Gehirn. Von der Nervenzelle zur Verhaltenssteuerung*. Heidelberg: Spektrum der Wissenschaft Verlagsgesellschaft.

Thorndike, E. L. (1898). Animal intelligence: An experimental study of associative processes in animals. *Psychological Review Monographs Supplement, 5*, 551–553.

Thorndike, E. L. (1911). *Animal intelligence*. New York: Macmillan.

Thorndike, E. L. et al. (1927). *The Measurement of Intelligence*. Teadlers, Col: Columbia University. (Zitiert nach Roth, Oswald & Daumenlang, 1975)

Thurstone, L. L. (1931). The measurement of social attitudes. *Journal of Abnormal and Social Psychology, 26*, 249–269.

Thurstone, L. L. (1944). Second order factors. *Psychometrika, 9*, 71–100.

Thurstone, L. L. (1969). *Primary and mental abilities*. Chicago: University of Chicago Press. (Original erschienen 1938)

Tipper, S. P. (1985). The negativ priming effect: Inhibitory effects of ignored primes. *Quarterly Journal of Experimental Psychology, 37A*, 51–590.

Tipper, S.P., Weaver, B., & Houghton, G. (1994). Behavioural goals determine inhibitory mechanisms of selective attention. *Quarterly Journal of Experimental Psychology, 47A*, 809–840.

Titchener, E. B. (1910). *Lehrbuch der Psychologie* (Teil 1). Leipzig: Barth.

Tolman, E. C. (1932). *Purposive behavior in animals and men*. New York: Appleton-Century.

Tolman, E. C. (1948). Cognitive maps in rats and men. *Psychological Review, 55*, 189–208.

Tolman, E. C. (1951). A cognition motivation model. *Psychological Review, 59*, 389–400.

Tolman, E. C. (1959). Principles of purposive behavior. In S. Koch (Hrsg.), *Psychology: A study of a science* (Vol. II, S. 92–157). New York: McGraw-Hill.

Tomkins, S. S. (1962). *Affect, imagery, consciousness* (Vol. 1). The positive affects. New York: Springer.

Tomkins, S. S. (1963). *Affect, imagery, consciousness* (Vol. 2). The negative affects. New York: Springer.

Torrance, E. P. (1965). *Rewarding creative behavior: Experiments in classroom creativity*. Engelwood Cliffs, NJ: Personnel Press.

Torrance, E. P. (1965). *Rewarding creative behavior: Experiments in classroom creativity*. Engelwood Cliffs, NJ: Personnel Press.

Treisman, A. (1970). Perception and recall of simultaneous speech stimuli. *Acta Psychologica, 33*, 132–148.

Treisman, A. (1992). Spreading suppression or feature integration? A reply to Duncan and Humphreys (1992). *Journal of Experimental Psychology: Human Perception and Performance. 18*, 589–593.

Treisman, A. M. (1964). Selective attention in man. *British Medical Bulletin, 20*, 12–16.

Treisman, A. M., & Gelade, G. (1980). A feature-integrationtheory of attention. *Cognitive Psychology, 12*, 97–136.

Treisman, A. (M). (1988). Features and objects: Thefourteenth Bartlett memorial lecture. *Quarterly Journal of Experimental Psychology, 40A*, 201–237.

Treisman, A. (M.) (1993). The perception of features and objects. In A.D. Baddeley & L. Weiskrantz (Hrsg.), *Attention: Awareness, selection and control*. Oxford: Oxford University Press.

Treisman, A. M. (1960). Contextual cues in selective listening. *Quarterly Journal of Experimental Psychology, 12*, 113–118.

Treisman, A .M., & Gelade, G. (1980). A feature-integrationtheory of attention. *Cognitive Psychology, 12*, 97–136.

Trimmel, M. & Atzelsdorfer, J. (in Vorbereitung). Impact of low intensity background noise on performance and autonomous activation.

Trimmel, M. & Gmeiner, G. (2001a). Partnerschaftliches Interaktionsverhalten und Stressverarbeitung von Migranepatientinnen. *Psychotherapie, Psychosomatik, medizinische Psychologie, 51*(11), 430–433.

Trimmel, M. & Guttmann, G. (1981). Ergopsychometrie: die Testung von psychologischen Variablen unter gesteigerten psychologischen und physiologischen Belastungsbedingungen. In ÖBSO (Hrsg.), *Vorträge bei der österreichischen Bundessportorganisation: Gespräche zwischen dem Sport und den Wissenschaften* Schielleiten: Österreichische Bundessportorganisation.

Trimmel, M. & Huber, R. (1998). After-effects of human-computer interaction indicated by P300 of the event-related brain potential. *Ergonomics, 41*(5), 649–655.

Trimmel, M. & Kopke, E. (2000). Motivations to control drinking behavior in abstainers, moderate, and heavy drinkers. *Pharmacology, Biochemistry, and Behavior, 66*(1), 169–174.

Trimmel, M. & Schweiger, E. (1998). Effects of an ELF (50 Hz, 1 mT) electromagnetic field (EMF) on concentration in visual attention, perception and memory including effects of EMF sensitivity. *Toxicology Letters, 96–97*, 377–382.

Trimmel, M. & Stanek, C. (1998). Motivationsfaktoren der Gesundheitsförderung. In W. Dür & J. M. Pelikan (Hrsg.), *Qualität in der Gesundheitsförderung* (S. 77–91). Wien: Facultas Universitätsverlag.

Trimmel, M. & Tyrvainen, S. (in Vorbereitung). *Attentional functioning and high performance in speeway.*

Trimmel, M. (1980a). Der durch EEG-Biofeedback kontrollierte corticale Aktivierungswechsel und seine kognitiven Korrelate. *Zeitschrift für Klinische Psychologie, 9*, 61–72.

Trimmel, M. (1980b). Fast arousal changes enhanced by alpha biofeedback and their personal evaluations. *Archiv fuer Psychologie, 133*, 323–337.

Trimmel, M. (1989a). Computerpsychologie – eine Einführung in den Arbeitskreis. In Berufsverband Österreichischer Psychologen und AUVA (Hrsg.), *Neuentwicklungen in der Psychologie* (S. 170–174). Wien: AUVA.

Trimmel, M. (1989b). Die psychologische Seite der Mensch/Computer-Interaktion: Computerpsychologie. *Psychologie in Österreich, 9*, 7–14.

Trimmel, M. (1990). *Angewandte und Experimentelle Neuropsychophysiologie.* Berlin: Springer-Verlag.

Trimmel, M. (1990). Computerpsychologie. *Informat, 1*(4), 10–12.

Trimmel, M. (1992). Auswirkungen der Mensch-Computer-Interaktion: psychologische Aspekte. *Informatik Forum, 4*, 194–202.

Trimmel, M. (1994). Computertätigkeit und Realitätsbezug. In H. Janig (Hrsg.), *Psychologische Forschung in Österreich* (S. 224–228). Klagenfurt: Universitätsverlag Carinthia.

Trimmel, M. (1994). *Wissenschaftliches Arbeiten in der Psychologie.* WUV-Universitätsverlag.

Trimmel, M. (1996a). Bedingungen des Computerspiels und psychologische Auswirkumgen bei Jugendlichen. *Informatik Forum, 10*(4), 215–234.

Trimmel, M. (1996b). Neuropsychophysiologische Wirkung von Hintergrundlärm. In M. Jirasko (Hrsg.), *Perspektiven psychologischer Forschung in Österreich* (S. 239–242). Wien: WUV-Universitätsverlag.

Trimmel, M. (1997). Neuropsychophysiologische Korrelate der mentalen Belastung durch Computertätigkeit. In E. Baumgartner (Hrsg.), *Qualitätskriterien in der Arbeitsmedizin: Praxis, Ausbildung und Überwachung, Moderne Arbeitsysteme (u.a.) Telearbeit, Besonders schutzwürdige Personen am Arbeitsplatz* (S. 147–154). Hall in Tirol: Österreichische Gesellschaft für Arbeitsmedizin.

Trimmel, M. (1998). Homo Informaticus – der Mensch als Subsystem des Computers? Thesen und empirische Ergebnisse zu psychologishcen Auswirkungen der Mensch-Computerinteraktion und der Informatisierung der Gesellschaft. In A. Kolb, R. Esterbauer & H. W. Ruckenbauer (Hrsg.), *Cyberethik. Verantwortung in der digital vernetzten Welt* (S. 96–114). Stuttgart: Kohlhammer.

Trimmel, M., Brand, M., Chmelik, R., Ewald, A., Froeschl, K., Huber, R., Motschnig-Pitrik, R. & Haider, M. (1993). Psychological and Psychophysiological Effects of Working with computers: Experimental Evidence. In H. Luczak, A. Cakir & G. Cakir (Hrsg.), *Work with displays units 92* (S. 121–128). Amsterdam: Elsevier Science.

Trimmel, M., Groll-Knapp, E., Sammer, G., Ganglberger, J. A. & Haider, M. (1985). Selbstkontrolle des transcephalen DC-Potentials und Konzentrationsleistung. In D. Albert (Hrsg.), Bericht *über den 34. Kongreß der Deutschen Gesellschaft für Psychologie in Wien 1984* (S. 519–522). Göttingen: Hogrefe.

Trimmel, M., Gustavik, G. & Köb, P. (in Vorbereitung). *Psychophysiological correlates of relaxation.*

Trimmel, M., Haring, S. & Meixner-Pendleton, M. (in Druck). Stress response induced by system response time during internet search. *Human Factors.*

Trimmel, M., Kundi, M., Binder, G., Groll, K. E. & Haider, M. (1996). Combined effects of mental load and background noise on CNS activity indicated by brain DC potentials. *Environment International, 22*, 83–92.

Trimmel, M., Soezen, F. & Guttman, G. (1982). Sicherheitstraining durch Programmierte Unterweisung. / Safety training through programmed instruction. *Zeitschrift fuer Experimentelle und Angewandte Psychologie, 29*, 674–689.

Trimmel, M., Stanek, G. & Groll-Knapp, E. (1994). Motivationsfaktoren des Gesundheits- und Umweltschutzverhaltens. In ÖGHMP (Hrsg.), *24. Tagung der Österreichischen Gesellschaft für Hygiene, Mikrobiologie und Präventivmedizin (Mai 1994)*. Salzburg: Österreichische Gesellschaft für Hygiene, Mikrobiologie und Präventivmedizin.

Trimmel, M., Strässler, F. & Knerer, K. (2001). Brain DC potential changes of computerized tasks and paper/pencil tasks. *International Journal of Psychophysiology, 40*, 187–194.

Trimmel, M., Streicher, F., Groll-Knapp, E. & Haider, M. (1987). The electromyographic DC potential as a correlate of muscular activity. *European Journal of Applied Physiology, 58*, 459–465.

Trimmel, M. & Meixner-Pendleton, M. (in press). Relationships of brain DC potentials to vigilance based ERPs and operator functional state. In G.R.J. Hockey, A.W.K. Gaillard & O. Burov (Hrsg.), *Operator Functional State: The Assessment and Prediction of Human Performance Degration in Complex Tasks*. Ch. 11.

Triplett, N. D. (1898). The dynamogenic factor in pacemaking and competition. *American Journal of Psychology, 9*, 507–533.

Tulving, E. (1972). Episodic and semantic memory. In E. Tulving & W. Donaldson (Hrsg.), *Organisation of memory*. London: Academic Press.

Tulving, E. (1983). *Elements of episodic memory*. Oxford: Oxford University Press.

Turing, A. M. (1936). On computable numbers with an application to the Entscheidungsproblem. *Proceedings of the London Mathematical Society, 42*. 230–265.

Tversky, A. & Kahnemann, A. (1973). Availability: a heuristic for judging frequency and probability. *Cognitive Psychology, 5*, 207–232.

Ulich, D. & Mayring P. (1992). *Psychologie der Emotionen*. Stuttgart: Kohlhammer.

Urbantschitsch, V. (1875). *Zentralblatt der medizinischen Wissenschaften* (S. 625). (Zitiert nach Rohracher, 1971)

Vaitl, D. & Petermann, F. (2000). *Handbuch der Entspannungsverfahren. Band 1: Grundlagen und Methoden*. Weinheim: Psychologie Verlags Union.

Van Essen, G.W., & Maunsell, J. H. R. (1983). Hierarchical organisation and functional streams in the visual cortex. *Trends in Neuroscience, 6*, 370–375.

Vernon, P. E. (1954). *The structure of human abilities*. London: Methuen.

Vining, J. & Ebreo, A. (1992). Predicting recycling behavior from global and specific environmental attitudes and changes in recycling opportunities. *Journal of Applied Social Psychology, 22*, 1580–1606.

Volpert, W. (1992). *Wie wir handeln – was wir können*. Heidelberg: Asanger.

Von Rosenstiel, L. & Nerdinger, F. W. (2000). Die Muencher Wertestudien-Bestandsaufnahme und (vorlaeufiges) Resuemee. / The Munich Value Study. Preliminary Summary. *Psychologische Rundschau, 51*, 146–157.

Vroom, V. H. (1964). *Work and motivation*. New York: Wiley.

Wallach, M. A. & Kogan, N. (1966). *Models of thinking in young children. A study of the creativity-intelligence distinction*. New York: Holt, Rinehart & Winston.

Wallas, G. (1926). *The art of thought*. London: J. Cape:

Walster, E., Walster, G. W. & Berscheid, E. (1978). *Equity theory and research*. Boston: Allyn & Bacon.

Wason, P. C. & Johnson-Laird, P. N. (1972). *Psychology of Reasoning: Structure and Content*. Cambridge, MA: Harvard University Press.

Watson, J. B. & Rayner, R. (1920). Conditioned emotional reactions. *Journal of Experimental Psychology, 3*, 1–14.

Watson, J. B. (1913). Psychology as the behaviorist views it. *Psychological Review, 20*, 158–177.

Watson, J. B. (1919). *Psychology from the standpoint of a behaviorist*. Philadelphia: Lippinicott.

Watson, J. B. (1976). *Behaviorismus*. Frankfurt/M.: Fachbuchhandlung für Psychologie. (Original erschienen 1930: Behaviorism)

Watson, J. C. (2002). *PPT der SS 4931*. http://www.wvu.edu/~physed/sportpsych/watson/ (Verfügbar 1. 11. 2002).

Watt, H. J. (1905). Experimentelle Beiträge zu einer Theorie des Denkens. *Archiv für die gesamte Psychologie, 4*, 289–436.

Watzlawick, P., Beavin, J. H. & Jackson, D. D. (1990). *Menschliche Kommunikation. Formen, Strömungen, Paradoxien.* Bern: Springer.

Wechsler, D. (1939). *The measurement of adult intelligence.* Baltimore: Williams & Wilkins.

Wechsler, D. (1956). *Die Messung der Intelligenz Erwachsener.* Bern: Huber.

Weinberg, R. S. & Gould, D. (1995). *Foundations of sport and exercise psychology.* Champaign, IL, England: Human Kinetics Publishers.

Weiner, B. (1979). A theory of motivation for some classroom experiences. *Journal of Educational Psychology, 71*, 1–29.

Weiner, B. (1992). *Human motivation: Metaphors, theories and research.* Newbury Park, Calif.: Sage.

Weiner, M. J. (1971). Contiguity of placebo administration and misattribution. *Perceptual and Motor Skills, 33*, 1271–1280.

Weiner. B. (1986). *An attributional theory of motivation and emotion.* New York: Springer.

Weinstein, N. D. (1980). Unrealistic optimism about future life events. *Journal of Personality and Social Psychology, 39*, 806–820.

Weinstein, N. D. (1988). The preauction adoption process. *Health Psychology, 7*, 355–386.

Welford, A. T. (1952). The psychological refractory period and the timing of high speed performance: A rewiew and a theory. *British Journal of Psychology, 43*, 2–19.

Welford, A.T. (1967). Single channel operation in the brain. *Acta Psychologica, 27*, 5–22.

Werner, C. M. & Makela, E. (1998). Motivations and behaviors that support recycling. *Journal of Environmental Psychology, 18*, 373–386.

Werner, C. M., Turner, J., Shipman, K., Twitchell, F. S., Dickson, B. R., Bruschke, G. V. & von Bismarck, W. B. (1995). Commitment, behavior, and attitude change: an analysis of voluntary recycling. *Journal of Environmental Psychology, 15*, 197–208.

Wertheimer, M. (1912). Experimentelle Studien über das Sehen von Bewegung. *Zeitschrift für Psychologie, 61*, 161–265.

Wertheimer, M. (1922). Untersuchung zur Lehre von der Gestalt. *Internationale Psychologische Forschung, 1*, 47–58.

Wessells, M. G. (1994). *Kognitive Psychologie.* München: Reinhardt.

Westin, A. F. (1970). *Privacy and freedom* (6. Aufl.). New York: Atheneum.

White, R. W. (1959). Motivation reconsidered: The concept of competence. *Psychological Review, 66*, 297–333.

Whorf, B. L. (1984). *Sprache, Denken, Wirklichkeit. Beiträge zur Metalinguistik der Sprachphilosophie.* Reinbek: Rowohlt. (Original erschienen 1956)

Wickens, C. D. (1984). Processing resources in attention. In R. Parasuraman & R. Davies (Hrsg.), *Varieties of Attention* (S. 63–101). New York: Academic Press.

Wickens, C. D. (1992). *Engineering psychology and human performance.* New York: Harper.

Wicklund, R. & Frey, D. (1993). Die Theorie der Selbstaufmerksamkeit. In D. Frey & M. Irle (Hrsg.), *Theorien der Sozialpsychologie. Band 1: Kognitive Theorien* (S. 155–173). Bern: Huber.

Wicklund, R. (1975). Objective self-awareness. In L. Berkowitz (Hrsg.), *Advances in experimental social psychology* New York, London: Academic Press.

Wicklund, R. A. (1974). *Freedom and reactance.* New York: Wiley.

Wieczerkowski, W. (1982). Spracherwerb und Sprachentwicklung. In W. Wieczerkowski & H. zur Oeveste (Hrsg.), *Lehrbuch der Entwicklungspsychologie* (Band 1, S. 241–318). Düsseldorf: Schwann.

Williams, S. B. (1938). Resistance to extinction as a function of the number of reinforcements. *Journal of Experimental Psychology, 23*, 506–521.

Wilson, E. O. (1975). *Sociobiology. The new synthesis.* Cambridge. Mass.: Harvard University Press.

Wispé, L. G. & Drambarean, N. C. (1953). Physiological need, word frequency, and visual duration threshold. *Journal of Experimental Psychology, 6*, 25–31.

Witkin, H. A., Dyk, R. B., Faterson, H. F., Goodenough, D. R. & Cox, P. W. (1962). *Psychological differentiation*. New York: Wiley.

Witkin, H. A., Goodenough, D. R. & Oltman, Ph. K. (1979). Psychological differentiation: Current status. *Journal of Personality and Social Psychology, 37*, 1127–1145.

Wolfe, J.M., Cave, K.R. & Franzel, S.L. (1989). Guided search: An alternative to feature integration model for visual search. *Journal of Experimenmtal Psychology: Human Percetion and Performance, 18*, 34–49.

Woodworth, R. S. & Sells, S. B. (1935). An atmosphere effect in formal syllogistic reasoning. *Journal of Experimental Psychology, 18*, 451–460.

Wortman, C. & Brehm, J. (1975). Responses to uncontrollable outcomes: An integration of reactance theory and the learned helplessness model. In L. Berkowitz (Hrsg.), *Advances in experimental social psychology (Vol. 8)* New York: Academic Press.

Wright, R. A. & Brehm, J. W. (1984). The impact of task difficulty upon perceptions of arousal and goal attractiveness in an avoidance paradigm. *Motivation and Emotion, 8*, 171–181.

Wundt, W. (1874). *Grundzüge der physiologischen Psychologie*. Leipzig: Engelmann.

Wundt, W. (1894). Über psychische Kausalität und das Prinzip des psychophysischen Parallelismus. *Philosophische Studien, 10*, 1–124.

Wundt, W. (1896). *Grundriss der Psychologie*. Leipzig: Engelmann.

Wygotski, L. S. (1993). *Denken und Sprechen*. Frankfurt/M.: Fischer. (Original erschienen 1934)

Yerkes, R. M. & Dodson, J. D. (1908). The relation of strenght of stimulus to rapidity of habit-formation. *Journal of Comparative and Neurological Psychology, 18*, 459–482.

Zajonc, R. B. (1980). Feeling and thinking. Preferences need no inferences. *American Psychologist, 35*, 151–175.

Zeigarnik, B. (1927). Über das Behalten von erledigten und unerledigten Handlungen. *Psychologische Forschung, 9*, 1–85.

Zimbardo, P. G. (1995). *Psychologie*. Berlin: Springer-Verlag.

Zimbardo, P. G. & Gerrig, R. J. (1999). *Psychologie*. Berlin: Springer-Verlag.